1세대
목사 가정
이야기

1 세대

마르틴 루터의 결혼 이후
시작된 목사 가족의 삶

목사 가정

Pastors Kinder

이야기

클라우스 핏셴 지음
이미선 옮김

홍성사

이 책에 등장하는 목사의 자녀들

아주 다양한 인물이 목사 가정에서 배출되었다. 저자는 본문에
다음과 같은 목사 가정 출신 유명 인사의 짧은 전기를 수록하였다.

요한 발렌틴 안드레: 교회역사학자, 신학자

요한 아른트: 신학자, 신비주의자

고트프리트 벤: 작가

요아힘 에른스트 베렌트: 음악 기자, 재즈 전문가

알프레트 브렘: 동물학자, 자연과학자

헨리에테 슈라더 브라이만: 교육자

야코프 부르크하르트: 문화사학자

마티아스 클라우디우스: 시인

크리스토프 디크만: 언론인

요한 구스타프 드로이젠: 역사학자

구드룬 엔슬린: 테러리스트

파울 펠겐하우어: 종말 예언자

쿠노 피셔: 철학자

파울 플레히지히: 두뇌 연구자

에른스트 포르스트호프: 법학자

프리드리히 프뢰벨: 교육자

클라우스 푹스: 핵물리학자

요한 크리스토프 고트셰트: 작가, 문학이론가

안드레아스 그리피우스: 바로크 시인

루이제 헨젤: 시인

헤르만 헤세: 작가, 노벨문학상 수상자

게르트루트 횔러: 시사평론가

프리드리히 루트비히 얀: 독일 체조협회 창시자

카를 구스타프 융: 심리학자

요헨 클레퍼: 작가

아르눌프 클레트: 법학자, 슈투트가르트 시장

카를 람프레히트: 역사학자
고트홀트 에프라임 레싱: 작가, 계몽주의자
카를 폰 린데: 기술자
마르쿠스 메켈: 정치가
앙겔라 메르켈: 정치가
프리드리히 니체: 철학가, 문헌학자
한스 오스터: 장교
미하엘 프레토리우스: 작곡가
요하네스 라우: 정치가
크리스티안 고트힐프 잘츠만: 교육자, 계몽주의자
카를 프리드리히 싱켈: 건축가, 화가
레초 슐라우흐: 정치가
아우구스트 빌헬름 슐레겔: 작가, 번역가
프리드리히 슐레겔: 작가, 언어학자
프리드리히 슐라이어마허: 철학자, 신학자
하인리히 슐리만: 고고학자
카타리나 슈바베디센: 정치가
알베르트 슈바이처: 의사, 노벨상 수상자
엘케 좀머: 배우, 화가
닐스 쾨니히젠: 의사, 면역학자
게르하르트 슈톨텐베르크: 정치가
게오르크 필리프 텔레만: 작곡가
마리 토아호르스트: 교육자, 정치가
알프레트 베게너: 극지 연구가
호르스트 베셀: 나치 돌격대 중대장

차례

1.

2.

3.

── 〈가족과 함께 음악을 연주하는 루터〉: 아돌프 폰 멘첼 작.

—— 뤼네부르크의 성직자 쉐르치우스의 일곱 자녀를 위한 묘비. 이들은 1626년 페스트로 사망했다. 뤼네부르크 장크트 니콜라이 교회의 그림.

목사관의 역사를 통해
교회의 미래를 그리다

2009년 바젤 시의 목사 파울 베른하르트 로텐은 《목사직 Das Pfarramt》[1]이라는 제목의 책을 출판했다. 책의 부제는 '유럽 문화의 위태로운 기둥'이다. 첫 장 '배척당한 존재에서 의미 없는 존재로'에서 로텐은 위기를 진단한다. 교회와 목사들은 아직은 공공을 대표하는 종교를 지배하고 있지만, 그들의 권위는 사적私的으로 치부되는 종교적인 영역에 한정되어 있다는 것이다. 로텐은 묻는다. 직책을 수행하기 위해 목사가 예전처럼 오늘날에도 할 수 있는 것은 무엇일까?

목사와 목사관

로텐이 이 책에서 제시한 답은 결국 전통적이라 할 수 있는 한 가지 해결책에 도달한다. 즉 목사직에 있는 사람은 세상의 질서를 위협하는 죄에 대항해 특

---

[1] Pfarr는 주임 신부를 뜻하는 단어였지만, 종교개혁 이후 개신교 목사를 칭하는 말이기도 하다. Amt는 공직, 관청, 근무처라는 뜻이다. 따라서 Pfarramt는 목사(주임 신부)관, 목사(주임 신부) 집무소, 목사(주임 신부)직이라는 뜻이 있다. 이 책에서는 문맥에 따라 다르게 번역될 수도 있다. 이하 모두 옮긴이 주.

별한 방식으로 싸워야 하므로, '군주의' 지위를 가져야 한다는 것이다. 그렇다면 이제 목사직이 보여 주어야 하는 '유럽 문화의 기둥'이란 과연 무슨 뜻인가? 이를 면밀히 알아보기 위해 독일 목사들의 거주지인 '목사관Pfarrhaus'[2]이 주제로 다루어지며, 오늘날까지도 이어지는 목사관의 문화사적 영향을 살펴볼 것이다. 그러나 목사직이나 그 직책을 맡은 사람들은 다루지 않았다. 이들에게 문화적 실행 능력이 있다고 생각하지 않았기 때문이다. 목사관은 목사관에 거주하는 사람들보다 더 영적이며 문화적 잠재력이 있는 듯 보인다. 로텐의 주장에 따르면, 목사관이 목사직보다 더 확고하게 '기둥'으로서의 역할을 하는 것 같다.

목사직은 최근 수십 년간의 사회적인 대변혁, 세속화, 교회 내부의 더욱 활발해진 공동 결정, 이 직위에 대한 여러 가지 기대로 인해 그 의미가 크게 실추되었다. 도시에서 주민 상당수에게 목사는 그저 익명의 존재일 뿐이다. 마을 목사는 어떤가. 대도시를 오가는 사람들에게 마을이란 그저 잠을 자기 위한 장소에 불과하고, 그곳의 목사는 보다 열성적인 교회 성도의 눈에만 보일 뿐이다. 서독 대도시의 목사는 교회가 국유화되었던 동독 목사와 아주 유사하다. 반면 농촌의 국민교회[3] 구조 안의 목사의 존재는 동독 목사와는 완전히 다르다. 또한 많은 남녀 목사들은 이제 아예 목사관에서 살지 않는다. 그들은 관사Dienstwohnung[4]에 산다. 특히 그들이 구제 사업, 영적 상담 혹은 다른 활동 영역에서 특별 목사직을 맡은 경우에는 관사가 그들의 거주지다.

2_ Pfarrhaus는 목사(주임 신부)관이라는 뜻으로 위에 언급한 Pfarramt와 동의어이다. Pfarramt가 목사직이라는 뜻도 포함하고 있는 반면, Pfarrhaus는 목사와 그의 가족이 거주하는 '집'으로 한정되어 있다.

3_ 국민교회Volkskirche: 그 나라 국민이면 누구나 신도가 되어야 하는 교회 혹은 민중교회.

4_ Dienstwohnung은 우리말로 '사택, 관사'로 번역된다. 사택은 '기업체나 기관에서 일하는 직원을 위하여 그 기업체나 기관에서 지은 살림집', 관사는 '관청에서 관리에게 빌려주어 살도록 지은 집'을 뜻한다. 독일의 목사는 일종의 공무원이어서, 이 책에서는 Dienstwohnung을 '관사'로 번역한다. 정원이 딸린 단독주택인 전통적인 목사관과 달리, 관사는 다세대 주택 중 한 채인 경우도 있다. 목사관이 외부에서 관찰할 수 있는 공개적인 곳이라면, 관사는 일반인의 집처럼 외부와 단절된 개인적인 공간이라 할 수 있다.

11

아무튼 이미 수십 년 전부터 목사의 역할이나 그 직책에 대한 이해가 논의의 대상이었던 것처럼, 최근 목사관이 논의의 주제가 되고 있다. 결국 목사직도 목사관에 속하기 때문이다. 그런데 이 직분을 맡으려는 사람은 점점 줄어들고 있는 듯 보인다. 남녀 목사들이 자신의 직분을 어느 정도로 규정해야 할지, 혹시 그것이 그들의 인격, 영향력, 개인적 능력에 달려 있는 것은 아닌지, 이런 것들은 어차피 논란의 여지가 있었다.

목사 중 어떤 이들은 신도 앞에서 배우가 되지 않으려고 노력한다. 물론 직분이나 그 직분을 맡은 사람 모두 교구의 기대에서 자유롭지 못하다. 또한 사람에 대한 신뢰도나 전하는 말의 신빙성에 대한 평판 역시 예나 지금이나 교구의 기대에서 자유로울 수 없다. 특히 이런 평판은 역할에 대한 기대, 목사의 공직자로서의 권리, 직업상 필수적인 수행 등이 규정해 놓은 것과 충돌한다.

개신교 목사관과 가톨릭 주임 신부관

지난 수십 년간 전형적인 사회 변화의 현상이었던 산업화는 전승되던 목사의 역할도 의심하게 만들었고, 목사 개인과 그 직책을 분리시켰다. 이러한 분리가 가능했던 이유는 목사(남녀 모두)라는 직업이 다양한 특성, 즉 성직자, 교사, 관리자, 영적 상담사 및 예술가의 특성까지도 갖고 있기 때문이다.

사실 목사들은 시간적으로 과중한 부담에 시달린다고 자주 불평하기도 한다. 이미 19세기 후반부터 이런 불만은 있었다. 하지만 특별한 관심사나 신학에 몰두할 시간을 가졌던 사람들도 항상 존재했다. 관직, 업무 혹은 직업, 역할에 대한 기대, 개인, 이 모든 것은 상호관계 속에서 서로 협조한다. 근대에는 이런 상황이 늘 유지되었다고 할 수 있을 것이다. 또한 자기 계발 가능성을 활용했다면, 목사라는 직업은 자신의 인격 계발에 항상 이런 가능성을 부여할 수 있었다고 감히 주장할 수도 있을 것이다.

어쨌든 오늘날까지도 목사관은 하나의 이상理想으로서, 즉 목사관에 사는 남녀 거주자들에 대한 기대를 투사해 주는 스크린으로서 독자적인 삶을 영위하고 있다. 여기서 '목사관'이란 일반적으로 통용되는 내용으로 채우기는 어려운, 다양한 해석이 가능한 하나의 개념이다. 그렇다면 목사관이란 목사 가족을 의미하는 것인가, 아니면 사적·공적 영역이 뒤섞인 여러 공간이 있는 집을 말하는 것인가?

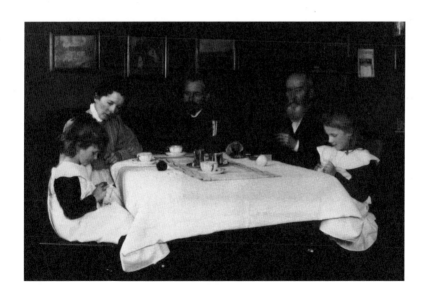

── 목사관은 수세기 동안 사회의 모범이라는 특성이 있었다. 작가이자 화가인 빌헬름 부쉬(오른쪽에서 두 번째)와 메히트하임(하르츠 지방)의 목사인 조카 오토 뇔데케의 가족. 1907년.

그러나 목사관에 대한 대부분의 서술은 개략적일 뿐이다. 느낌으로 무엇일 거라고 여기는 정도이거나 그저 목사관에 관해 설명하는 정도이다. 이런 설명들 중 특히 18세기와 19세기라는 역사의 특정 시기가 눈에 띈다. 이 당시 목사관은 농촌에서조차 시민 생활의 모범이었다. 신학계에서 가장 권위 있는 사전 중 하나로 꼽히는《RG-G Religion in Geschichte und Gegenwart》4판에서 실천신학자 볼프강 슈테크 Wolfgang Steck는 목사관을 근대 프로테스탄티즘의 독창적인 산물이라 부르며, 시민 계급 시대가 목사관의 전성기였다고 주장한다.

—— 〈성탄절 전날 가족과 함께 있는 루터〉: 종교개혁과 함께 생겨난 목사 가정은 시민 계급 가족상像에 결정적인 영향을 끼쳤다. 1887년 베른하르트 플로크호르스트 그림.

그에 따르면 목사관이란 경제적인 것, 문화적인 것, 교육적인 것, 종교적인 것이 융합되어 있는 '사회문화적 소우주'이다.

오래전부터 개신교 목사관은 가톨릭 주임 신부의 삶과 구분 지어 평가되었다. 당연히 종교개혁을 되짚어 보게 된다. 종교개혁으로 인한 독신제 폐지의 결과가 곧 개신교 목사관이기 때문이다. 이에 따라 가톨릭 주임 신부는 고독하게 묘사되기도 했고, 특정 시기에는 국가적으로 신뢰할 수 없는 존재로 묘사되기도 했다. 그에게는 민족의 존속을 보장하는 자녀가 없기 때문이다. 가톨릭 주임 신부와 그의 가사를 맡아 주는 여자 관리인의 관계는 과거에도 그렇고 현재에도 논란거리이다.

그러나 오늘날 가톨릭 측도 이들에 관해서는 과거와 견해가 다르다. 《신학과 교회 사전Lexikons für Theologie und Kirche》 3판에 '주임 신부관Pfarrhaus'이라는 짧은 항목을 쓴 콘라트 하르텔트Konrad Hartelt는 '가톨릭 주임 신부관das katholische Pfarrhaus'을 신부가 근무하는 관청이자 주거지라고 아주 간략하게 정의한다. 그러나 이 사전에서 보면, '주임 신부관' 바로 다음 항목인 '주임 신부관의 여자 가사 관리인'은 개신교적 의미와 유사하게 설명된다. 이 항목을 쓴 아넬리제 크니펜쾨터Anneliese Knippenkötter는 뷔르츠부르크 주교회의Würzburger Synode의 결정 사항을 참조했다.

이 주교회의는 1970년대 초 제2차 바티칸 공회의(1962-1965)의 개혁 추진을 위임받았는데, 여기서는 주임 신부관을 다음과 같이 규정했다. "사제의 집과 가사는 그의 공무에 상응해야만 한다. 사제의 집은 동시에 교구민의 집이어야 한다." "주임 신부관의 가사를 돌보는 여인들은 교회 업무를 맡아야 한다. 그들은 배려를 통해, 사제가 방해받지 않고 종교적 과제에 보다 충실하도록 만들어 주기 때문이다." 따라서 오늘날 가톨릭 신부관의 가사를 담당하는 여인들은 개신교 목사 아내의 전통적인 역할 또는 기능과 어느 정도 유사한 활동을 한다.

'목사관'은 유난히 독일적인 주제이다. 이는 이 지역의 개신교와 가톨릭이 공존하면서, 전통적으로 두 종파가 경계를 확실히 그어 왔기 때문이라 할 수 있다. 스위스 출신 작가들이나 독일의 개신교 소수파도 예전에는 목사관에 대해 독일적이라는 똑같은 생각을 했다. 그래서 소수파 목사들은 구스타프 아돌프 협회[5]가 소박한 목사관을 장만해 주었을 때 기뻐했다. 다른 나라의 경우 목사관과 가톨릭을 비교할 만한 적당한 사례가 없다. 예를 들면 스칸디나비아 지역의 개신교는 오래전부터 가톨릭 파트너가 없었다.[6] 이곳에는 당연히 개신교 목사관만 있고, 이와 연관된 가족 구성도 잘되어 있으며, 목사관은 교구민을 향해 열려 있다. 단지 이에 대해 문학적으로 풍요롭게 서술되어 있지 않고, 역사적인 기준점으로서의 목사관의 기능이 결여되어 있다는 점이 아쉬울 뿐이다.

목사관 논쟁

개신교 목사관은 자주 그 의미가 강조되었고, 오늘날까지도 그렇다. 때문에 목사관이 지난 수십 년간 대단한 위력을 발휘한 '기억문화Erinnerungskultur'(편집자 주: 국가의 잘못에 대하여, 피해자들의 아픈 상처를 치유하고, 각계각층의 사람들이 아픈 역사를 통한 교훈을 새기고자 노력하는 일련의 활동 및 자세)에서 '기억의 장소'가 된 것은 거의 불가피한 일이었다. 그런데 기억의 장소란 그 의미상, 확정된 어떤

5_ 구스타프 아돌프 협회Der Gustav-Adolf-Verein : 1832년에 설립된, 독일에서 가장 오래된 개신교 지원 단체.
6_ 스칸디나비아 반도의 국가들인 덴마크, 노르웨이, 스웨덴, 핀란드 국민들 대부분은 루터파이다.

장소일 필요는 없으며, 그저 기억과 관련된 어떤 사람, 하나의 이름이며 관습일 수 있다. 하겐 슐체Hagen Schulze와 에티엔 프랑수아Etienne François가 발행한 세 권으로 된《독일의 기억의 장소들Deutsche Erinnerungsorte》에서 목사관은 확고한 지위를 얻었고, 제3권에서는 '신앙과 고백'이라는 제목 아래 시냇물, 바이에른 지역 오버아머가우, 칼 마르크스, 성년식과 나란히 배열되었다. 이 글의 저자인 올리버 얀츠Oliver Janz는 개신교 목사관과 관련된 여러 이미지를 제시하면서, 낭만적인 농촌의 전원, 쾌락에 대한 개신교적 반감, 환상, 시, 문학과 철학도 목사관의 영향을 받았다고 주장한다. 얀츠는 간단하게 이렇게 말한다. "목사관에 관한 논쟁이 매력과 긴 생명을 갖게 된 것은 특히 목사관의 개방성, 다양성, 여러 기능성 덕분이다." 바로 이 때문에 목사관 논쟁과 사람들이 목사관의 특징이라 생각한 것들, 목사관에 관해 느낀 점 등이 오래 유지되어 왔다. 그러나 목사관에 대한 이러한 생각은 19세기에 와서야 발전되었고, 얀츠도 동일한 생각을 갖고 있다. 크리스토프 마르크쉬스Christoph Markschies와 후버트 볼프Hubert Wolf가 전全교회적[7] 사상에서 출판한《기독교의 추억 장소들Erinnerungsorte des Christentums》이라는 광범위한 책에서도 개신교 목사관은 빠지지 않고 다뤄졌다.

　(목사의 딸이자) 작가인 크리스티네 아이헬Christine Eichel은 2012년 출판한《독일 목사관. 정신과 권력의 아성Das deutsche Pfarrhaus. Hort des Geistes und der Macht》에서 얀츠보다 근본적으로 훨씬 풍부한 내용을 제시한다. 아이헬은 개신교 목사관 출신의 남녀들, 특히 1989년 이후 정치적 책임을 짊어진 사람들을 열거하며, 목사관의 권력에 대해 언급한다. 아이헬은 이들이 목사관의 역사에서 완전히 새로운 방향을 잡은 사람들이라고 전

7_ 모든 기독교 교회를 교파와 교회의 차이를 넘어 하나로 통일시키고자 하는 에큐메니컬적 기독교 신학 움직임.

한다. 예를 들어 앙겔라 메르켈Angela Merkel(8대 독일 수상), 요아힘 가우크Joachim Gauck(11대 독일 대통령), 리하르트 슈뢰더Richard Schröder(7대 독일 수상), 마르쿠스 메켈Markus Meckel(독일 정치가) 등이다.

'독일정신'과 관련된 분야에서 중요한 인물을 찾아내는 일은 쉽다. 사람들은 목사의 자녀들이 다른 집 자녀들에 비해 독일의 문화와 정신적 삶에 더 많은 영향을 끼쳤다고 늘 주장한다. 그런데 이런 주장에 절대 반론이나 반박이 제기되지 않는다. 그렇다면 법률가나 교사의 자녀들은 독일 문화와 정신적 삶에 얼마나 많이 관여했을까?

기억문화의 의미에서 개신교 목사관을 다루는 사람은, 역사적 관점으로 목사관에 접근할 수밖에 없다. 따라서 결국 21세기의 목사관은 종교개혁 시대의 목사관이 아니며, 또한 시민 계급 시대의 목사관도 아니고 그렇게 될 수도 없다는 사실을 인정해야 한다. 목사관이 지난 수십 년 동안에만 바뀐 것은 아니다. 모든 시대마다 목사관은 변화했고, 시대를 거치면서 도시의 목사관인지 농촌의 목사관인지, 목사의 보수가 좋은지 나쁜지 등 경제·문화적 한정 조건에 따라 아주 다양한 모습을 보였다. 자녀의 수도 중요한 역할을 했고, 목사와 그의 아내가 얼마나 오래 살았는가도 중요했다.

역사적 관점으로 목사관이라는 주제에 접근할 때, '집'과 '가족'은 일반적인 개념이지만, 그 의미가 상당히 변형되었다는 점을 우선 근본적으로 설명해야 한다. 역사적으로 '집'이라는 개념은 한 지붕 아래의 생활 공동체와 경제 공동체를 의미하는 데 사용되었다. 다른 한편 '가족'은 현재에서뿐만 아니라 과거를 돌아봐도 역시 모호한 개념으로, 루터 같은 사람은 전혀 알지 못했던 개념이다.

이 개념은 16세기에 생겼고, 19세기가 되어서야 독일에서 일반적으로 통용되었다. 오늘날 '목사관'과 '목사 가족'에 대한 연상은 대부분 약 1770-1970년 사이의 사회적 한정 조건 아래에서 정의된 '집'과 '가족', 이 두 개념의 역사에 영향을 받았다. 때문에 목사관은 종종 시민사회의 목가적 삶으로 여겨진다. 이런 삶은 근대에 대한 고요한 반항처럼 보인다. 하지만 그 사이 사회 현실은 변해서 목사관에도 부모와 자녀로 구성된 가족만 사는 것이 아니다. 그 안에는 독신자가 살기도 하고, 한 부모 가정 혹은 동성애 커플이 살기도 한다.

바로 이러한 변화가 지난 수십 년 동안 목사관과 교회의 위기를 드러내는 특징으로 여겨졌다. 이 변화 속에서도 목사관에는 이전과 똑같이 교구 생활과 교구 부흥의 중심적 지위가 맡겨졌다. 변화된 생활 설계로 전통적인 직업 역할도 불확실해졌다. 그러나 또한 간과할 수 없는 사실은, 수많은 남녀 목사의 직업 만족도가 목사관 건물에 달려 있다는 것이다. 이에 대해서는 이 책 마지막 장에서 다시 한 번 다룰 예정이다. 그러나 목사관의 실내 설비와 필요한 개선, 목사가 지불해야 하는 집세 및 교구 모임에 관한 문제 때문에 일어나는 교회 지도부와의 갈등은 명확히 해명되지 않을 것이다. 이 교구 모임에서 목사관은 더 이상 그 중심에 있지 않다. 어쩌면 더욱 확장된 교구의 언저리로 밀려났다고 볼 수 있다.

남녀 목사가 '거주 의무' 때문에 목사관에 살아야만 하는가에 대한 질문에도 명확한 답이 내려지지는 않을 것이다. 늘 그렇듯 교회 지도부 측은 목사관에서 직업과 사생활의 일치가 분명하게 드러나기를 원한다. 그러나 직업과 사생활은 계속 발전해서 현재의 조건 아래서, 삶의 위기와 관계의 위기가 발생할 시점에서, 이 둘의 일치는 점점 더 어려운 과제가 되고 있다. 목사의 결혼은 예나 지금이나 공적인 결혼이고, 그 결혼의 파탄은 남녀 목사의 직업상 문제를 유발한다.

목사관 역사를 서술할 때 근본적인 난제는 목사관이나 목사 가정의 내면을 살펴보는 것, 적어도 20세기 이전이라면 살펴보기란 거의 불가능하다는 사실이다. 게다가 20세기의 목사관에 관한 보고들도 살펴보면, 목사관을 이상화시키지 않으려는 조심성을 드러낸다. 따라서 교육, 남녀 관계, 혹은 목사관의 '열린 문'을 통한 가족 형성과 같은 특별한 방식에 대한 주제는 늘 미해결 상태이다. 목사관 안에서 목사, 그의 아내와 자녀들이 어떻게 행동하는지에 대해서는 아주 우연히 전해질 뿐이다.

수십 년 전부터 경험적 연구가 행해졌는데, 이 연구는 양적인 방식을 취한다. 즉 목사의 출신, 목사 자녀의 직업에 중점을 둔다. 인쇄물로 남겨진 인터뷰들은 질적·사회 연구 방식을 제공하지는 않는다(이와 반대되는 예는 목사 부인과 여성 목사를 다루는 여성 및 성 연구 분야에서 볼 수 있다). 대부분 우연히 실행된 것이며 시사하는 점도 많다. 물론 대부분 20세기의 관점이기는 하다.

이 책에서는 계몽주의 이래 전성기를 맞았고, 목사와 그의 가족 그리고 목사관까지도 주제로 다룬 '목사관 문학'에 관해 부수적으로 서술할 것이다. 목사관 영화와 목사관 범죄소설과는 확연히 구분되는 '목사관 문학'이라는 장르에서 목사는 모든 사람의 본보기이며 목가적 풍경의 일부로 묘사되었지만, 그저 한 개인일 뿐이었다. 결국 여기서 목사란 사람들이 이상적인 상황에서 기대하는, 그런 존재였다. 물론 이런 문학은 목사관을 연구하기 위한 원전으로서는 거의 쓸모가 없다. 목사관이 이미 오래전부터 묘사의 대상이었다는 증거가 될 뿐이다.

이 책의 근본 주제는 '목사의 자녀들'이며, 내용으로는 목사관 및 목사 자녀들의 생활환경을 다룰 것이다. 예로 제시할 목사 자녀들의 전기는 따로 언급될 것이다. 역사에 흔적을 남기지 않았거나 큰 영향을 끼치지 못한 목사의 자녀들은 서술하지 않는다. 예전에는 많은 사람들이 너무 어린 나이에 죽어 아무 일도 할 수 없었다. 목사 가정 출신이라 추측되는 일부 엘리트는 유년기를 잘 넘긴 사람들 중 소수일 뿐이다. 성년에 이른 사람 중에 성공한 축에 들지 못한 인물이 몇 명이나 되는지 숫자를 제시할 수 없다. 따라서 독일 역사에 이름을 남긴 사람들에 초점을 맞출 수밖에 없다. 지난 백 년간 이름을 남긴 사람들, 신학자, 작가, 음악가, 정치가, 자연과학자 등은 상당히 많다.

모든 변화에도 불구하고, 또 달리 말하자면 목사관이 직면한 위기에도 불구하고, 현 상황에서 목사의 자녀들에 관한, 적어도 유명해진 목사 자녀들에 관한 관심이 일고 있다. "목사관에 대한 작별의 노래"[8]의 일부일까? 아니면 이력이나 경력에 대한 일반적인 관심 때문인가? 즉 접시 닦이가 재벌이 되었다든가 하는 것이 아니라, 목사의 자녀에서 혁명가, 은행가, 언론인 혹은 음악가가 된 이력에 대한 관심 때문인가? 이러한 이력은 열심히 노력하는 태도, 포기, 음악 수업, 공적인 것과 사적인 것의 한계 파괴 등 오랫동안 목사관이 대표했던 '건전한' 가족의 결과일까? 목사 자녀들은 교제하는 법, 사회적으로 목표를 위해 전력하는 법, 삶을 조직하는 법을 다른 사람들보다 일찍 배울까? 이러한 질문에 목사 자녀의 이야기가 답을 줄 것이다. 물론 그 답은 아주 다양할 것이다. 목사관에 대한 정해진 개념이 없듯이 목사 자녀에 대한 규정도 없기 때문이다.

8_ 독일어 'Abgesang'은 '찬송가의 후렴, 마지막 노래, 이별의 노래'라는 뜻이다. 이전의 이상적 목사관을 재조명한다는 은유적 의미로 후렴이라고 번역할 수도 있겠으나, 이 책 맺음말에도 이 말이 다시 반복되어 "작별의 노래를 부르기에는 너무 이르다"라고 한 것으로 보아, 후렴보다는 작별의 노래가 적당할 것이다.

─── 요한 하인리히 포스의 책《루이제. 세 개의 목가적 풍경으로 이뤄진 시골풍의 시 Luise. Ein ländliches Gedicht in drei Idyllen》(1795)는 문학에 등장하는 목사의 가족상에 큰 영향을 주었다. 1884년 판《루이제》에 있는 아르투어 폰 람베르크의 삽화.

목사관을 통해 본 교회의 미래

이 책은 개신교 목사관에 대한 찬미가도 아니고 작별의 노래도 아니다. 사회 변화 속에서 목사관은 변화의 대상이 아니라 그것을 이끄는 행위자이다. 이 변화 속에서 남녀 목사, 그들의 배우자와 자녀들은 지난 수십 년 동안 자신들의 지위를 새로 찾고 발견해야 했다. 나는 개신교회사학자로서 이러한 변화에 놀라지 않는다. 과거를 돌아볼 때, 적응하거나 자기 것으로 수용하는 일은 그렇게 이례적인 것이 아니었으며, 또한 그러한 것을 해내는 것은 개신교의 특별함도 아니고 '시대정신'의 결과도 아니다. 목사관에 논의를 집중함으로써, 목사관 거주자와 교회 지도부 그리고 교구민이 목사관을 위해 어떤 미래를 찾고 있는지 보여 줄 것이다.

목사를 공모할 때, 특히 건물로서의 목사관이 목사의 지위를 매력적으로 보이게 한다. 즉 목사관의 크기가 적당한가, 건물 상태는 어떤가, 주거용 건물이 하나뿐인가 등이 상당히 중요한 요소로 작용한다. 목사관은 생활 설계와 맞아떨어져야 하며, 여러 의미를 내포하는 비유적 의미에서의 목사관이 되기 위한 공간이 주어져야 한다.

이 책의 독자 중 목사직을 맡고 있는 사람이라면, 그가 남자건 여자건 상관없이 이 책을 여러 가지 관점에서 읽을 것이다. 특히 마지막 두 장이 그럴 것이다. 그 두 장에서 나는 국민교회 교구 소속으로 큰 목사관에 거주하는 남녀 목사를, '사회 변화'를 전통 및 역할 이해의 악의적 파괴라기보다는 오히려 변명으로 여기는 목사의 모습을 그렸다. 또한 익명의 대도시 교구에서 새로 지은 집에 거주하는 남녀 목사를, 그리고 그 가운데 일어나는 많은 실상들, 삶의 모델이 되거나 다양한 구조와 요구를 가진 교구에 대해서도 살펴보았다.

나는 목사관 출신이 아니다. 따라서 거리를 두고 많은 판단을 내릴 수 있다. 목사관에 살았기 때문에 그 속사정을 잘 아는 사람들에게는 의혹을 살 수도 있을 것이다. 내가 이 책을 준비하고 있다고 하자, 많은 목사 가정 출신 지인들은 그제야 자신들이 목사의 자녀임을 밝혔다. 나는 그들로부터 여러 이야기를 들을 수 있었고, 겉보기와 실제가 다르다는 "등잔 밑이 어둡다"라는 말을 실감할 수 있었다. 어느 곳에서나 그렇듯 아이들이나 청소년은 어떤 모습으로 자라날지 아무도 모른다. 목사의 자녀로 사는 것이, 특히 교회 재산이 국유화된 동독에서 목사의 자녀로 사는 것이 쉽지는 않았을 것이다. 그러나 이와는 상관없이 독일 전체 관점에서 볼 때, 목사관과 목사의 자녀에 관한 책을 쓰는 것은 꼭 필요한 일이다. 특히 1989년[9] 이후 몇 년간 서독 독일 개신교 연합[10]의 범주 안에서 교회 재통일이 이루어졌을 때 드러났듯이, 독일 분단 40년 동안 동서독의 목사관 안에서는 자아상이 철저히 다른 식으로 형성되었기 때문이다.

나는 목사 아들은 아니지만, 어릴 적 고향에서 기독교 청소년 회원으로서 목사관을 자주 드나들었다. 집무실, 부엌, 거실, 세 곳은 개방된 장소였다. 목사님이나 사모님이 열어 놓기도 했다. 집무실은 청소년의 여가 시간이나 그와 유사한 것에 관한 다양한 준비 회의를 위해 열려 있었다. 부엌은 먹을 것이나 마실 것이 필요해 보이는 사람을 위해, 그리고 거실은 생일을 위해 열려 있었다. 부모님 집을 대신하는 곳은 아니었지만, 그리스도인으로 이끌어 주는 다리, 그리고 목사가 되고자 하는 소망 안으로 이어 주는 다리였다.

9_ 1989년 11월 9일, 베를린 장벽이 무너졌고, 1년간의 준비를 거쳐 1990년 10월 3일 동일 재통일이 선포되었다.

10_ 독일 개신교연합Evangelische Kirche in Deutschlan: 약자로 'EKD'라고 표기하며, 직역하면 '독일 개신교회'이다. evangelisch는 '개신교의'라는 뜻 외에 '복음(서)의, 복음을 믿는, 복음주의의'라는 뜻도 있어, EKD를 '독일 복음주의교'라 번역하는 경우도 있지만, 일반적으로 Evagelische Kirche는 개신교회를 의미한다. 이 책에서는 EKD를 독일 개신교 연합으로 번역한다.

—— 비텐베르크에 있는 루터하우스. 이전 아우구스티누스 수도원이었던 이 집은
개신교 목사 가정의 탄생 장소이다. 루터가 이 집에서 아내와 아이들과 함께
최초로 개신교 목사 가정을 이루었다.

25

1.

16 –17세기
종교개혁 시대에 탄생한
목사 가정

루터와 종교개혁가들의
가정생활

　　개신교 목사관의 원형은 수도원이었다. 마르틴 루터^{Martin Luther}
(1483-1546)의 영주인 선제후選帝侯 현자賢者 프리드리히^{Friedrich der}
^{Weise}(1463-1525)는 1524년 이 개혁가에게 비텐베르크에 있는 아우
구스티누스 수도원을 거주지로 하사했다. 루터가 이 커다란 집을 넘
겨받았을 때, 집은 텅 비어 있었다. 루터처럼 얼마 전까지 이곳에 살
던 수도사들은 집을 떠났고, 쓸 수 있는 가재도구들은 얼마 남아 있
지 않았다. 루터는 거의 텅 빈 업무용 건물을 거주지로 받은 것이나
마찬가지였고, 급여가 크게 오르지 않았더라면 건물 수리비를 감당
하지 못했을 것이다. 수도원이었던 이곳은 루터가 결혼하고 가족이
생기고 나서야 비로소 목사관이 되었다.

루터의 결혼

　　사실 루터는 목사가 아니라 신학 교수였다. 그러나 그의 행동과 설

교는 비텐베르크의 교회적 삶과 밀접하게 연결되어 있었다. 1525년 41세의 나이에 독신의 수도사이자 신학자인 루터는 남편이자 가장이 되었다. 전에 수녀였던 카타리나 폰 보라Katharina von Bora(1499-1552)가 그의 아내가 되었다. 그녀는 친척도 없고 빈털터리인 데다가, 수녀원에서 도망친 뒤에는 마땅히 갈 고향도 없어 남편에게 부양받는 것이 절실했다. 그녀는 여느 여성들과는 다른 방식, 즉 스스로 에둘러 결혼을 제안함으로써 루터와 결혼하게 되었다. 루터는 종교개혁 동료들을 중매했지만, 사실 자신은 이 삶의 길이 적합하지 않다고 생각했다. 수도사였던 그는 독신에 익숙했고, 혼자 사는 삶에 만족했기 때문에 카타리나 폰 보라를 사귈 때도 처음에는 망설였다. 루터의 결혼생활과 가정생활에 대한 증거는 근본적으로 상당히 불충분하다. 그러나 그 스스로 남편과 아버지라는 새로운 역할을 받아들이고, 이 역할에 정서적으로 만족했던 것은 분명하다. 결혼에 의한 동반자 관계, 자녀의 출생, 성장, 몇몇 아이들의 이른 죽음은 이제 그에게 익숙해졌다. 다른 종교개혁가처럼 그의 삶도 경험과 감정 면에서 더욱 풍요로워졌다. 현대적 관점에서 말한다면 사회적·정서적 능력이 성장했다고 할 수 있을 것이다.

동시에 루터는 너무 유명했기 때문에 그의 결혼을 개인적인 일로 치부하기 힘들었다. 성직자의 결혼은—성찬식에서 평신도에게 포도주를 나누어 주는 것과 함께—처음부터 종교개혁의 상징이었다.[1] 루터의 주변 사람 중, 1525년 이전에 결혼한 사람은 필리프 멜란히톤Philipp Melanchthon(1497-1560), 요한 아그리콜라 Johann Agricola(1494-1566), 안드레아스 카를슈타트 Andreas Karlstadt(1486-1541), 유스투스 요나스Justus Jonas(1493-1555), 요하네스 부겐하겐Johannes Bugenha-

1_ 평신도가 성찬식 때 잔으로 포도주를 마시지 못하게 공식적으로 금지한 것은 1415년 콘스탄츠 공의회의 결정이었다.

1세대 목사 가정 이야기

gen(1485-1558), 토마스 뮌처Thomas Münzer(1489-1525)였다. 루터의 결혼은 비텐베르크에서 공적인 사건이자 공적으로 축하할 일이었으며, 글로 논평될 이슈였다. 구교는 당연히 악의적인 의견을 표명했다. 즉 루터의 결혼은 그가 충동을 억제할 능력이 없음을 보여 주는 증거이며, 어차피 그는 실패한 수도사라고 평했다.

—— 1529년, (아버지) 루카스 크라나흐는 루터와 그의 아내 카타리나 폰 보라를 그린 부부 초상화를 완성했다. 딥디콘2은 이 부부의 연대감을 상징한다. 두 사람은 개신교 부부로서 당대의 성 역할 및 그 외의 것에 영향을 주었다.

2_ 딥디콘: 가운데를 접을 수 있는, 두 면으로 된 그림.

—— 비텐베르크에 있는 멜란히톤하우스. 특이한 박공^{博栱}이 있는 이 집은 독일 종교개혁의 주요 장소 중의 하나다. 르네상스 양식의 이 집에서 멜란히톤은 1539년부터 가족과 함께 살았다.

1세대 목사 가정 이야기

루터의 자녀들

그 모든 비판과 상관없이 카타리나 폰 보라와 마르틴 루터의 결혼으로 하나의 가족사가 시작되었다. 카타리나는 여섯 자녀를 낳았다. 1526년에는 첫 아들 요하네스('한스')가, 1527년에는 딸 엘리자베트가 태어났다. 딸은 한 살도 되기 전에 사망했다. 1529년에는 딸 막달레나가 태어났다. 1542년 막달레나가 죽었을 때 루터는 몹시 슬퍼했다. 같은 해 루터는 이제까지 집에서 교육받던 아들 한스를 토르가우로 보내 그곳에서 학교를 다니게 했다. 당시에는 유년기와 아이들이 집에 머무는 시기가 아주 일찍 끝났다. 1531년과 1533년에 마르틴과 파울이 태어났고, 1535년에는 막내딸 마르가레타가 태어났다. 이 아이들 중 아들 셋과 마르가레타만 성년의 나이에 도달했다. 아들 중 아무도 목사가 되지 않았다.

그런데 루터의 자녀들은 아우구스티누스 수도원에 모인 가족 집단과 다양한 집단의 일부에 지나지 않았다. 이 수도원 건물은 식사 때 모이는 대학생과 동료, 잠시 묵어가는 손님, 친구, 먼 친척, 하인, 그 외의 일손들, 아이들의 가정교사 등에게 공간을 제공했다. 방들 중 일부는 대학생들에게 빌려주어 가족 살림에 경제적 도움이 되었다. 세상을 떠난 루터의 누나의 아이들도 때로는 함께 살았고, 카타리나의 친척인 '레네 숙모'도 함께 살았다. 커다란 식탁에서의 대화는 동시대인들에 의해 기록되었다. 이와 유사한 식탁 담화는 멜란히톤의 집에서도 기록되었다. 이러한 목사관은 '열려 있는 집'이었다. 물론 19세기에 그려진 루터의 그림, 즉 소규모 가족의 목가적 풍경과는 전혀 다른 시끌벅적한 집이었다. 그래도 루터는 라우테[3]를 연주하고 노래할 짬

3_ 라우테: 여섯 줄 혹은 열두 줄이 있는 만돌린과 유사한 현악기.

을 낼 수는 있었다.

　이로써 카타리나와 마르틴 루터의 가정생활은 당시에는 일반적이었던 집안 공동체 모델을 보여 준다. 그것은 오늘날 의미의 가족이 아니라 가족 및 농촌 경제적 기업이었다. 루터의 수입은 단독 수입원으로는 풍족하지 않았기 때문이다. 카타리나에 대한 기록은 불충분하고, 루터가 직접 말한 것들이 대부분이다. 훗날에는 종종 그 낭만적인 내용 때문에 진위가 의심되고는 했지만, 루터가 그의 자녀들에 관해 말했던 것들과 함께 늘 그의 가정생활에 관한 상상에 부채질을 했다. 그러나 이러한 기록들은 중세에서 근대로 넘어가는 문턱의 아주 평범한 가정생활의 증거로 생각할 수 있다. 사람들이 카타리나에 대해 알고 있는 많은 부분, 즉 살림에 쓸 비용 조달에 관한 그녀의 걱정은 괜한 것이 아니었다.

　이런 일에 대해 루터 자신은 별로 걱정하지 않았다. 끊임없이 바뀌는 수많은 루터의 손님들은 이 집에 머무는 비용을 스스로 지불하려고는 하지 않았다. 손님이 북적이는 이 큰 집을 유지·보수하는 것 역시 경제적 부담이었다. 카타리나는 도시 밖에 경작지와 양어장을 구입하여 살림에 보탬이 되게 했다. 수도원의 사회적 조직체는 루터의 경우 거대한 거주 공동체로 바뀌었고, 이는 수도원에서처럼 명백한 피라미드형 위계질서를 갖추었다. 거주 공동체의 꼭대기는 가장이었고, 안주인은 외부가 아닌 내부에 끼치는 영향에서 볼 때는 사실 가장과 동등한 권한이 있었다.

　다른 종교개혁가의 집안과 가정생활도 이와 비슷했다. 루터는 영주로부터 비텐베르크 시 콜레기엔 슈트라세에 있는 수도원 건물을 하사받음으로써, 먼저 결혼한 필리프 멜란히톤의 이웃이 되었다. 멜란히톤은 수도사도 신학자도 아니었기 때문에 애초부터 독신

　　　　　　　　　1세대 목사 가정 이야기

의 강요에서는 벗어나 있던 사람이었다. 물론 목사도 아니었다. 목사관 역사의 한 부분을 차지할 뿐이다. 종교개혁가의 삶의 역사 모두가 목사관에는 의미가 있기 때문이다. 1520년 멜란히톤은 23세의 카타리나 그라프(1497-1557)와 결혼했다. 그도 작센의 선제후, 즉 현자 프리드리히의 후계자인 불변공不變公 요한Johann der Beständige 으로부터 1536년에 집을 하사받았다. 하지만 이 집은 우선 완공되어야 했다. 멜란히톤은 처음에는 그의 아내가 결혼 지참금 명목으로 해 온 작은 집에서 가족과 살았다. 하사받은 집이 완성된 뒤, 이곳으로 이사했다. 멜란히톤의 집에도 대학생들이 숙박했고, 그들의 방세는 살림에 조금 보탬이 되었다. 카타리나 루터와 달리 카타리나 멜란히톤은 살림을 잘하지 못했다. 카타리나와 멜란히톤은 1522년부터 딸 둘과 아들 둘, 네 자녀를 낳았고, 이 중 딸 안나, 아들 필리프, 둘째 딸 막달레나가 성년의 나이에 도달했다. 1527년에 낳은 아들 게오르크는 1529년에 사망했다.

교구 목사관과 관련된 좁은 의미에서, 최초의 목사관의 기초를 세운 사람은 훗날 북독일의 종교개혁가가 된 요하네스 부겐하겐이다. 그는 1521년에 비텐베르크에 와서 '오막살이집' 한 채를 샀다. 1522년에 결혼한 뒤 아내 발푸르가Walpurga(1500-1569)와 함께 이 작은 집에 들어와 살았다. 다음 해, 목사 지위 임용권을 가진 비텐베르크 시의원회는 그를 시 목사로 임명했다. 따라서 이미 시 교회에 부속되어 있던 목사관으로 이사해야 했다. 부겐하겐 목사는 경제적으로 자립적이고, 스스로 목사관 운영비를 마련할 능력이 있어야 한다고 생각했다. 이것은 물론 전적으로 해당 목사의 경제적 상황에 달려 있었다. 부겐하겐의 가정생활에 대해서는 알려진 바가 거의 없다. 그러나 그가 여행길에 아내와 아이들을 데리고 다닌 것은 동시대 사람들에게는 흥미롭게 보였다. 이런 행동은 목사의 결혼을 선전하려는 출정出征으로 해석되었다.

부겐하겐처럼, 울리히 츠빙글리Ulrich Zwingli(1484–1531)의 후계 자인 하인리히 불링거Heinrich Bullinger(1504–1575)도 취리히 시참사회 로부터 목사로 임명되어 목사관, 코어헤렌하우스[4]로 배치받았다. 이곳은 그때까지는 대성당에서 일하던 구교 성직자가 살았고, 이후 수백 년 동안 그로스뮌스터[5]에 근무하는 목사의 거주지였다. 불링 거는 결혼하여 열한 명의 자녀를 낳았고, 나중에 그로스뮌스터 목사 직을 위임받게 되는 루돌프 그발터Rudolf Gwalther(1519–1586)도 함께 살았지만, 이곳 역시 한 사람 혹은 한 가족이 살기에는 너무 컸다. 츠 빙글리의 부인 안나 라인하르트(1484–1538)도 츠빙글리 사후 이곳 에서 살았다. 그녀는 1522년부터 츠빙글리와 함께 살았고, 1524년 에 정식으로 결혼했다. 두 사람 사이의 딸 레굴라(1524–1564)는 루 돌프 그발터와 결혼했다. 불링거의 목사관은 스위스와 독일의 종교 전쟁 때문에 고향을 떠나야 했던 망명객들에게도 장소를 제공했다.

이와 유사한 사회적 기능을 했던 곳은 스트라스부르에 있던 마 태우스 첼Matthäus Zell(1477–1548)과 카타리나 첼(1497–1562)의 목사 관이다. 첼은 결혼 때문에 파문당한 구교 성직자 중 한 사람으로, 루 터가 다른 사람의 권유로 결혼한 것처럼 스트라스부르(편집자 주: 현 재 프랑스 땅으로, 독일식 명칭은 '슈트라스부르크'이다)의 종 교개혁가인 마르틴 부처Martin Bucer(1491–1551)의 권 유로 1522년 결혼했다. 마태우스 첼의 스무 살 연하 의 아내 카타리나는 종교개혁가의 아내들 중, 문학으 로 또 구두로 신학적·교회정치적인 논쟁(특히 종교개혁 물결 안에서의 논쟁)에 가장 집중적으로 참여했던 사람

　　　　　　　　　　　　　　1세대 목사 가정 이야기

이다. 남편이 파문당하자 그녀는 곧바로 남편을 변론하는 글을 썼고, 동시에 이 글로 강제적인 독신에 비판을 가했다. 1534년 그녀는 찬송가집을 펴냈고, 책의 서문에서 일을 할 때와 가정생활에서 찬송가를 부르도록 권했다.

카타리나 첼은 구제사업 역사의 일부이기도 하다. 그녀를 통해 첼 가문의 목사관은 실향민과 빈민의 숙박소가 되었다. 때로는 오십 명에서 팔십 명의 망명객이 이 집에 머물기도 했다. 기부금만으로 이들을 부양했다. 카타리나 첼은 글을 통해 관용사상의 선구자가 되었고, 이 때문에 비방도 받았다. 사회적 관점에서 볼 때, 목사관들은 첼의 목사관처럼 어떤 방식으로든 중세 구빈원의 일부 기능을 충족시켰다. 물론 목사관 외에도 구빈원이 있었고, 시참사회나 수도원이 이를 관리했다.

가톨릭 사제의 결혼이
합법화되다

15세기, 도처에서 교회의 결점에 대한 불평이 쏟아졌다. 특히 사제의 결점이 많이 언급되었다. 사람들은 '우두머리와 구성원의 개혁'에 대해서도 말했다. 개혁은 농촌의 평범한 사제에서부터 교황에 이르기까지, 전체 성직자에 해당되는 것이었다. 이때 특히 성직자의 생활 태도 및 직무 수행 방식 개선에 대한 문제가 거론되었다. 그러나 성직자에게 제기된 요구 사항에도 불구하고 현실은 전혀 일치하지 않았다. 평신도뿐만 아니라, 최고의 자리에 있는 교황과 함께 신랄한 비판을 받고 있던 교회의 계급 조직도 성직자들의 개혁을 요구했다. 성직자들이 정신적인 것에서보다 세상적인 것에서 더 성공한 듯 보였기 때문이다. 중세에는 사제들의 결점을 없애기 위한 방법들이 촉구되었다. 즉 사제들은 더 나은 수련을 받아야 했고, 세상적인 일에 끼어드는 것이 금지되었으며, 반듯한 처신과 특히 독신을 철저히 지키라는 요구를 받았다. 그러나 많은 사제들이 '내연의 처'와 살면서 자녀까지 낳았다는 것은 명백한 사실이었고, 이는 비

1세대 목사 가정 이야기

요한 아른트
Johann Arndt
1555-1621년

아른트의 부친은 하르츠 지방에 있는 발렌슈테트 시의 목사로, 아른 트가 열 살 때 사망했다. 어머니는 영주인 에른스트 폰 안할트로부터 미망인 연금으로 땅 한 뙈기를 받았다. 아른트는 목사직을 목표로 직 업 행로를 이어갔다. 그러나 1580년대에 신교의 내부 분 쟁에 휘말리게 되었다. 1577년 〈신교의 일치신 조Konkordienformel〉를 통해 일단락된 분쟁 이 다시 불타오른 것이다. 안할트의 영주 는 자신의 영지가 루터파에서 개혁파 로 넘어가게 내버려 두었다. 아른트 는 영주의 이런 종파 정책에 반대했 고, 결국 목사직을 잃었다. 이 일에서 볼 때 아른트는 '구 프로 테스탄트적 정통 고수'의 시대에 어 울리는, 단순히 종파에 얽매인 루터 교도가 아니었다. 오히려 루터 신앙 이 새롭고 진지하게 목소리를 높일 수 있게 만들고자 했다. 아른트는 루터파가 있는 지역으로 피신하여 뤼네부르크를 거쳐 첼레에 정착했다. 첼레에서 그는 최고 행정관리 목사[6]가 되었다. 아른트의 저서 중 가장 유명한 것은 《진 정한 기독교에 관한 네 권의 책Vier Bücher vom wahren Christentum》으 로, 그의 책들은 독일 밖으로까지 대단한 영향을 끼쳤고 경건주의의 선 구였다. 그러나 동시대인들에게 심한 공격을 받기도 했다.

── 요한 아른트의 초상이 그려진 동판화. 1734년.

6_ 몇몇 개신교에서 각 주州 교구 내의 몇몇 교회 공동체와 목사를 통합 관리, 감독한다.

판과 조롱을 불러일으켰다. 따라서 특히 성직자를 볼 때, 개혁은 절
대적으로 필요한 듯했다.

사제 독신제의 종말

7_ '구교'는 '오래된, 옛날' 교회라는
뜻으로, 종교개혁 당시 가톨릭이
자신들이 전통을 고수하는 오래
된 교회로서 정통성과 정당성이
있음을 표현하기 위해 사용한 단
어다. 따라서 가톨릭이 자신을
칭했던 '구교'는 긍정적인 의미
를 담고 있다.

종교개혁의 결과로 구교[7] 교회, 이제는 가톨릭
으로 불러도 되는 그 교회는 이 점에서 더욱 절실하
게 조치를 취해야 할 필요를 느꼈다. 트리엔트 공의회
(1545-1563)는 요구에 상응하는 결의를 내렸다. 특히

── 〈가족과 연주하는 루터〉: 역사화가 구스타프 아돌프 슈팡엔베르크의 작품인
이 그림처럼 19세기 후반의 그림들에서는 목사 가족의 삶을 살펴볼 수 있다.

1세대 목사 가정 이야기

근대에 와서는 국가의 압박이라는 측면에서, 가톨릭 성직자는 근본적인 개혁에 내맡겨졌다. 주교는 적합한 사제들만을 임명해야 했다. 이는 교회의 요구였다. 사제들은 신학교에서 그리고 이후에는 대학 신학부에서도 정규 교육을 받아야 했는데, 이는 국가의 요구였다. 독신을 엄수하는 경우가 적어 조롱과 비난을 받기는 했지만 독신제는 유지되었다. 프랑스 혁명 중 가톨릭 사제에게 결혼이 허락되자, 수많은 사람들이 결혼 신청을 했다. 이미 함께 살며 아이를 낳은 여인이 있어 곧바로 결혼을 한 것이다.

　그러나 그것은 기독교 역사 중 구체적인 실례를 통해 검증된 두 번째 사실일 뿐이다. 첫 번째 검증된 사실은 의심할 여지 없이 종교개혁으로 인해 교회의 삶, 신앙심 및 신학의 광범위하고도 근본적인 개혁이라는 결과를 가져왔다는 점이다. 종교개혁은 또한 하나의 광범위한 사건을 의미했다. 이 사건에는 성직자 개혁과 이들의 사회 내 지위 개혁에 관한 문제도 포함된다. 목사 계층의 교양을 심화하고 교육 수준을 높이는 것은 이미 16세기에도 중요한 역할을 했지만, 특히 사제의 결혼이 합법화되고, 칭의론 신학에 근거를 둔 새로운 삶의 모델이 정착되자 더욱 중요한 문제가 되었다.

　이렇듯 가톨릭 사제의 결혼은 종교개혁의 근본적 특징이었고, 이는 당연한 일이었다. 개신교 측은 성직자에게 강요된 독신제를 끝냈고, 이로써 종교개혁은 끝없는 분노를 가라앉혔다. 마르틴 루터는 1520년 《독일 기독교 귀족에게 고함An den christlichen Adel deutscher Nation》에서 독신제를 언급하면서 "많은 불쌍한 성직자 나부랭이"가 아내와 아이들로 인해 "과도한 짐을 졌고", 자신의 양심을 괴롭히고 있다고 썼다. 이런 성직자는 종교개혁운동에 참여함으로써 그와 같은 상황에서 자유로워질 수 있었다. 물론 그 대신 자신의 영주 또는 주교한테 인정받지 못하는 대가를 치러야 했다.

합법화된 사제의 결혼

1530년 아우크스부르크에서 열린 제국회의에서 루터파 신앙고백의 근본 문서인 〈아우크스부르크 신앙고백Confessio Augustana〉이 통과되었다. 이 문서의 23번째 항목은 통계적으로 증명할 수 없고 그저 일반화시킨 것이기는 하지만, 사제의 "크나큰 간음"과 "황폐한 기질과 삶"에 대해 비난함으로써 강요된 독신제 종말의 기초를 세우다시피 했다. 같은 항목에서 "결혼생활에 대한 이 엄격한 금지가 더 오래 유지될 경우, 장래에는 사제와 목사가 분명 부족하게 될 것"이라며 독신제의 위협적인 영향에 대해 예언하듯 단언했다.

반면 이 항목에서 모든 신학적·이성적·성서적 근거들은 한 가지 사실을 주장하기 위해 실용적으로 사용된다. 즉 원칙적으로

〈요하네스 부겐하겐〉: 마르틴 루터의 친구이자 동료였던 그는 1523년 비텐베르크 시 교회Stadtkirche Wittenberg 목사로 임명되었고, 아내와 함께 시 교회 옆에 있는 목사관에서 거주했다. 1555년 (아들) 루카스 크라나흐 작.

　　　　　　　　　　1세대 목사 가정 이야기

독신제는 유지될 수 없으며, 독신제 하에서는 성욕이 다른 방식으로 해소되기 때문에 목사가 성욕을 적절한 방식으로 유지하기 위해서는 결혼을 해야 한다고 주장한다. 이러한 논거는 가톨릭이 인신공격을 하기에 아주 좋은 공격 지점이었다. 가톨릭은 루터와 다른 사람들의 결혼에서 의지와 신념이 나약하다는 증거를 확인했을 뿐이었다. 루터는 수도사, 수녀, 사제의 독신제에 대해, 욕구를 단념함으로써 하나님 곁에 좋은 모습으로 있으려는 행위의인이라 평가했지만, 구교의 공격을 방어하는 데 별 도움이 되지는 못했다. 사실 루터 자신은 결혼하지 않아도 아무 문제가 없다고 말할 수 있었다. 왜냐하면 그는 사제로서 또 수도사로서 자발적으로 독신제에 묶여 있었기 때문이다.

사실 종교개혁 이전에도 성직자 가정 Pfarrfamilie8은 있었지만, 이는 가톨릭 사제의 아내와 아이들을 의미하는 것이었다. 이제까지의 상태를 적법화하는 것은 이런 상황에 있던 사람들에게는 진보였다. 이를 통해 많은 1세대 목사 부인은 그 자녀들과 함께 혼외관계라는 법적 보호를 받지 못하는 상태에서 벗어나게 되었다. 물론 종교개혁과 관련 있는 사제들 모두가 자신들의 생활환경을 기꺼이 적법화 시키려 하지는 않았다. 그들은 결혼하지 않은 상태에 나름대로 익숙해진 것이 분명했다. 따라서 종교개혁이 진행되는 동안, 정식 결혼을 하지 않은 채 지내던 여러 사람들은 적법화에 동참하거나 내연녀와 결혼하라는 설득을 받았다.

사제의 결혼이 채택되면서, 결혼한 성직자가 도시와 농촌의 주변 환경과 융화되는 새로운 사회적 편입 방식이 나타났다. 19세기 독일에서는 반가톨릭 논쟁이 일었다. 이때 사람들은 가톨릭 사제들은 사회 현

8_ Pfarrer는 목사, 가톨릭의 주임 신부라는 뜻으로, 목사가 나오기 전에는 신부를 칭하던 단어였다. 따라서 Pfarrfamilie는 현재는 목사 가정 혹은 가족이라는 뜻이지만, 신부의 가족이라는 뜻도 된다.

—— 루터가 가정을 꾸림으로써 개신교 목사 가정이 탄생했다. 루터, 그의 아내 카타리나, 딸 막달레나, 루터의 아버지 한스와 어머니 마르가레테를 그린 동판화.

1세대 목사 가정 이야기

실을 전혀 이해하지 못했던 게 분명하다(그리고 여전히 그렇다)고 주장했다. 비록 이러한 반가톨릭 논쟁에 동조하지는 않았지만, 이제 개신교 목사는 가톨릭 동료들과는 전혀 다른 식으로 일상의 삶에 동참했다. 가족의 생계에 관한 걱정도 이런 일상적 삶에 속했다. 1세대 개신교 목사 다수도, 만일 그들이 사제이면서 이미 동거녀와 자녀들이 있는 상태였다면 이런 걱정에 익숙했을 것이다.

관심의 표적이 된 직업,
개신교 목사

    신학적·종교적 관점에서도 목사의 지위는 달라졌다. 미사 성제^{聖祭} 사상(편집자 주: 그리스도가 자신이 제물이 되어 희생되심으로써 드려진, 가장 완벽하고 귀한 '십자가의 제사'를 재현하는 것으로 미사를 이해함)에 따르면 사제는 미사를 드릴 때마다 예수의 십자가 희생을 재연해야 한다. 그런데 개신교 목사는 이 미사 성제 사상을 포기함으로써, 특히 성스러운 사제 서품이 끝을 맺음으로써, 이제 근본적으로 '평범한' 직업에 가까워졌다. 물론 목사 임명은 곧 목사 취임식과 연결되었다. 그러나 목사 취임식이 얼마나 성스러웠는지, 목사라는 관직이 그 권위를 어디서 얻었는지는 불분명하다. 또한 이미 종교개혁 시대에도 개신교 목사직에 관한 이해의 범주가 넓어, 교회와 국가가 공인한 공직자부터 카리스마적 설교자까지 목사의 의미에 포함되었다.

    이 두 가지 극단적인 예는 토마스 뮌처 같은 사람의 이력에서 모두 볼 수 있다. 이미 루터에게서 볼 때, 목사 직분은 특히 서열화

1세대 목사 가정 이야기

기능이 있었다. 이 기능은 도시와 국가 '정부 당국Obrigkeit'이 목사에게 기대하는 역할에 맞아떨어졌다. 사회 규범화의 의미에서뿐만 아니라, 종교적 삶이 목사 개인에게 집중된다는 의미에서도 목사에게는 그런 기능이 있었다. 한 도시 혹은 한 마을의 개신교적 (그리고 지역에 따라 종파가 분리되었다는 점을 참작하면 시민적) 지역 주민들은 종교적 삶에서 목사 개인과 연관되었다. 교회와 목사관은 공동체 삶의 중심을 형성했다.

높은 권한이 부여된 목사의 지위

1537년 제시된 〈슈말칼트 조항Schmalkalische Artikel〉(편집자 주: 루터가 기초하고 슈말칼트 동맹에 의해 보완된, 루터파의 신앙고백 문서)에서 루터는 미사복을 입고 전례를 집전하는 사제직Priestertum을 다음과 같이 풍자했다. "고맙게도 일곱 살짜리 아이도 교회가 무엇인지, 즉 목자의 목소리를 듣는 성스러운 신도와 어린 양이 누구인지 안다." 이런 말로 루터는 가톨릭 사제직을 거부했고, 사제직과 함께 교회도 일반 공공기관으로 세속화시켰다. 그러나 목사직은 높은 권한을 얻었다. 이러한 권한을 부여한 것은 〈아우크스부르크 신앙고백Confessio Augustana〉으로, 제5항[9]에서 목사직Predigeramt[10]의 성스러운 임명에 대해 말하고 있다.

목사는 하나의 '관직'이었다. 이것은 이전에는 사제였지만, 이제 종교개혁으로 노선을 바꾼 목사들이 원했던 것이다. 그들의 신분은 변화했지만, 지위가 떨

9_ 5. 직분에 관하여
이러한 믿음을 얻으려고 복음을 가르치고 성례를 집행하는 직분이 제정되었다. 도구처럼 말씀과 성례에 의해서 하나님이 기뻐하시는 때와 장소에 복음을 듣는 자들에게 믿음으로 역사하는 성령이 주어진다. 즉 하나님께서는 우리의 공로가 아닌 그리스도의 공로를 보시고 그리스도로 말미암아 은혜 안으로 받아드려짐을 믿는 사람들을 의롭다 하시는 것이다. 그러므로 말씀과 성례의 수단 없이 성령께서 자신들에게 말씀하신다고 하는 재세례파와 그 밖의 사람들을 정죄한다.

10_ Prediger는 설교사, 목사, 전도사를, Amt는 관직을 의미한다.

어진 것은 아니었다. 대중 및 정부 당국의 인정과 종교적 적법화라는 의미에서 오히려 지위가 높아졌다. 노선을 바꾼 사람들에게 '가톨릭' 과거가 없는 목사들은 점차 도움을 주었다. 그들 역시 성직 수여식 대신 목사 취임식을 했다.

목사직을 이처럼 유난히 강조하는 것은, 여러 사건에 관한 종교개혁의 한 관점일 뿐이었다. 루터는 초기에는 만인제사장(편집자 주: 신자는 누구나 하나님께 직접 예배하고 교통할 수 있으므로 사제 같은 인간 중보자 없이도 동일한 하나님의 자녀임을 가리키는 말)을 높이 평가했는데, 이는 목사직이 필요 없다는 뜻으로 해석될 수도 있었다. 그러나 곧 이미 1520년대에, 정부 당국이나 교회가 이 직분이 갖는 강력한 지위와 이 직분에 대한 공동체의 신임을 포기하려 들지 않는다는 것이 명백해졌다. 동시대인들은 교구민이 목사를 자유롭게 선출하자고 요구했으나, 이미 자리를 잡은 집단들이 반대했다. 그리고 확고한 질서를 유지하려던 루터의 생각은 특히 칼슈타트와 뮌처 같은 동료들이 철저하게 나가자 영향을 받았다. 루터는 이들을 질서의 파괴자로 보았다. 프로테스탄트의 역사가 진행되면서야 비로소 개신교 '자유교회'[11]안에서 교구 관리를 파악하기 시작했다. 그러나 적어도 교회, 교구, 목사직을 정치체계 안에 확정 짓는 것을 질서로 생각한다면, 교구 관리는 질서와는 상관이 없었다.

종교개혁 시대에 목사직이 목사와 교구라는 파트너 관계의 기초를 세울 만큼 강력한 기능을 발휘하지 않았더라면, 목사관 역사는 서술할 수 없을 것이다. 근본적으로 목사직은 공적인 관직이었다. 이 관직은 종교 영역뿐만 아니라 세속의 영역에서까지, 즉 현대의 정치적 의미에서가 아니라, 교회와 사회의 밀접한 결합을 통해 교육, 훈육, 사회

11_ 자유교회Freikirche는 원래는 개신교회를 뜻하며, 국가교회와는 반대로 국가에 종속되지 않은 교회를 뜻했다.

1세대 목사 가정 이야기

체제와 같은 분야에서 그 힘을 발휘했다. 그러나 이는 종파적으로 통일되었거나 아니면 종파에서 자유로운 지역에서만 가능했다. 프로테스탄트가 소수인 지역에는 목사관이 없었고, 목사는 은밀히 활동할 수밖에 없었으며, 관용의 시대에 이르기까지 그의 활동은 전반적으로 종교 영역에 한정되었다. 이런 조건 아래서, 가장의 종교적 관할 능력에 대한 루터의 생각은 커다란 영향을 발휘했다.

가장은 목사의 지위를 대신했다. 그는 소교리문답서와 성경을 손에 들고 모든 친척과 고용인을 포함한 가족을 가르치고, 종교적으로 선도해야 했다. 이렇게 가족 집단은 하나의 작은 교구였다. 성찬식은 성직을 받은 목사만이 집행할 수 있었다. 목사직에 중요한 가치를 부여하기는 했지만, 이런 상황에서 볼 때 종교개혁은 개개인의 종교적 자격을 강화했다. 성서번역과 교리문답서를 통해 이를 이해할 수 있는 독서 능력을 갖춘 사람들에게 충분한 자료를 제공했다. 이를 통해 목사의 가족 공동체뿐만 아니라, 도시나 농촌의 개신교 가족들도 모범적인 개신교적 삶의 현장이 되었다.

개혁파가 된 지역에서의 목사와 교구의 관계는 이와 달랐다. 이런 지역에서는 장 칼뱅Jean Calvin(1509-1564) 이후, 목사직은 참여 공동체 모델의 일부분이었고, 교구 지도권은 대체로 목사가 아닌 장로회에 있었다. 루터 교구에서는 19세기 후반에서야 비로소 장로회가 도입되었다.

주목받게 된 목사 가족

목사와 그의 가족은 관심의 표적이 되었다. 목사직은 지역 내 종파를 획일적으로 통합할 때 가장 중요한 중재자의 입장에 있었

미하엘 프레토리우스

Michael Praetorius

1572-1621년

프레토리우스는 부친의 성인 '슐트하이스'를 라틴어로 바꾸어 자신의 성으로 사용했다. 루터파 목사였던 그의 부친 미하엘 슐트하이스는 마르틴 루터와 가깝게 지내며 협력했던 성가대 지휘자 요한 발터Johann Walter의 제자였다. 프레토리우스의 두 형은 목사가 되었다. 프레토리우스도 대학에서 신학 공부를 시작했지만 음악가가 되었고, 통상적으로 하던 직업상의 편력을 시작했다. 이런 편력이 그를 볼펜뷔텔 궁정으로 이끌었다. 그의 창작이 절정에 이르고 최고의 인정을 받은 것은 드레스덴 궁정에서 카펠마이스터(편집자 주: 관현악단이나 합창단의 지휘자)로 있을 때였다. 종교음악 측면에서 볼 때 프레토리우스는 그의 곡들로(예를 들면 "장미 한 송이가 피었네")[12] 오늘날까지 개신교 찬송가에 생생하게 남아 있다.

프레토리우스가 집안 전통에서 받은 영향을 간과할 수 없다. 이런 영향 중에는 교회음악 분야도 두드러진다. 그의 유년기와 청년기에 대해서, 또 위에 언급한 목사가 된 두 형도 음악에 흥미가 있었는지에 대해서는 알려진 바가 없다. 그렇지만 부모 집에서 받은 인상이 그가 음악에 종사하도록 자극을 주었다고 할 수는 있다. 그는 개신교 찬송가 작곡 및 멜로디와 합창곡 편곡에서 큰 역할을 했다. 찬송가 작곡을 통해 그는 종교개혁 전통을 유지했다.

—— 미하엘 프레토리우스의 악보 인쇄 〈힘노디아 시오니아Hymnodia Sionia〉 초판 표지, 1611년 함부르크에서 출판.

12_ 새찬송가 101장(구 찬송가 106장), 〈이새의 뿌리에서〉. 원래는 독일 민요로, 프레토리우스가 편곡하여 찬송가로 사용되었다.

기 때문이다. 구교와 개신교 도시들과 지역들이 서로 분리되기 시작한 이후, 이미 16세기에 프로테스탄트 내부의 논쟁들이 영향을 끼치기 시작했다. 스위스에서 시작된 개혁파의 영향은 프로이센과

—— 목사 하인리히 케른과 그의 아내 안나 마리아 뮐러린의 세 딸인 안나 카타리나, 클라라 엘리자베트, 카타리나 막달레나 케른의 기념판. 이들은 1693년과 1694년에 12세, 20세, 21세로 사망했다. 1697년 작. 슈배비시 할의 성 미하엘 교회 소장.

브레멘까지 그 세력을 뻗쳤고, 루터파 안에서는 루터의 해석을 두고 다툼이 일었다. 이런 다툼은 루터파 제후들에 의해 어렵게 제어될 수 있었다.

따라서 이미 신교 내부에서 개신교 목사는 종교적 자유사상가가 될 수 있었다. 여기서 가장 유명한 사람으로는 개신교 찬송가 작사가 파울 게르하르트Pual Gerhardt(1607-1676)를 들 수 있다. 그는 프로이센 선제후 요한 지기스문트[13]가 개혁파로 넘어간 뒤에도 충실하게 루터파를 고수했고, 그 때문에 1667년 목사직을 잃었다. 하지만 곧 루터파 지역인 작센 선제후령에서 그를 받아 주었다. 이런 경우 목사 가족의 운명은 목사와 그의 운명에 좌우되었다. 가족은 공동 결정권을 가질 수 없었다.

목사와 그의 가족은 특히 30년 전쟁(1618-1648) 때 큰 시련을 겪었다. 이 전쟁은 수많은 전쟁에 영향을 주었을 뿐만 아니라, 특히 목사관에 끔찍한 영향을 끼쳤다. 약탈과 군대의 숙영은 농산물 수확을 전혀 못하게 만들어 기근을 불러일으켰으며, 전염병이 창궐하여 인구는 더욱 감소했다. 삶의 터전을 잃은 사람들은 일시적으로 목사관으로 피신했지만, 목사관도 교회와 마찬가지로 약탈당했고, 불길에 휩싸였다. 백성들이 강제로 종파를 바꾼 뒤에 목사들은 추방당해 고향을 잃었다. 전쟁의 결과 베스트팔렌 평화조약이 체결되었고, 이후 재건을 위해 오랜 세월이 필요했다. 이 재건 기간 동안 종파 관계들이 해결되어야 했고, 목사가 배치되고, 그들에 대한 경제적 부양이 보장되어야 했다.

13_ 요한 지기스문트Johann Sigismund(1572-1619): 호엔촐러른 가문. 1608-1619년까지 브란덴부르크의 선제후이자, 1612년 수여받은 프로이센 공작령의 관리자. 1613년 12월 25일 지기스문트는 루터파에서 개혁파로 종파를 바꾸었다. 이는 브란덴부르크-프로이센 역사의 중요 사건 중 하나다.

1세대 목사 가정 이야기

목사직의 열악함과
새로운 과제들

개신교 목사의 직업 이미지는 처음부터 분명했다. 목사는 하나님의 말씀을 설교해야 하며, 신학적으로 타당하게 세례와 성찬을 다루어야 했다. 그러나 이것은 도시뿐 아니라 농촌에서도 지켜야 했던 복잡한 과제 중의 핵심일 뿐이었다. 목사는 학교와 사회 체계에 대해서도, 도덕 질서와 목사관 및 목사 가족에 대해서도 책임이 있었다. 이를 통해 그는 본보기가 되어야 했다.

목사에게 주어진 과제들

목사의 생활 태도와 직무 수행 방식에서 드러나는 모든 결함이 제거되었다고 할 수는 없지만, 목사의 결혼, 목사 가족, 목사 가족이 형성된 결과 생활 공동체가 된 목사관, 그리고 목사직의 강력한 공적 지위와 같은 것들이 종교개혁이 추구하는 기본 방침의 본질적 요소였다. 가족과 함께하는 삶은 결과적으로 새로운 도전들, 특히 재정적인 도전에 직면하게 했다. 또한 목사의 전문교육 향상도 당면한 문제였다.

개신교 목사 첫 세대 중 일부는 구교의 사제에서 신분을 바꾼 사람들이었고, 일부는 다른 직업에 종사하는 남자들로, 이들 대부분은 대학 교육을 받지 않았다. 그들 중에는 교사, 성가대 지휘자, 교회 관리인도 있었고, 수공업자도 있었다. 부목사라는 명목으로 꽤 오랜 기간 실무 교육 기간을 두기는 했지만, 이런 교육 기간은 19세기가 되어서야 전국적으로 도입되었다. 이미 종교개혁이 시작된 직후 쿠어작센과 헤센에서는 군주에게 속한 행정관청들이 교회를 시찰했다. 이는 교회 차원이 아닌 국가 차원의 조치로, 교회의 전반적인 일상을 살펴보려는 것이었다. 시찰 결과 목사의 소양 부족에 대한 신도의 불만이 두드러졌고, 이러한 불만은 종교개혁 이전에도 전반적인 경향이었다. 특히 설교에 역부족인 목사들의 교육 상태와 그들의 태도에 불만이 있었고, 싸우기 좋아하는 버릇과 과다한 알코올 섭취는 비난을 받았다. 이런 불평과 비난은 보잘것없는 보수報酬, 부족한 교육, 근본적으로는 정부 당국에 귀속되었음에도 과소평가되는 이 직업에 자연스럽게 따르는 결과와 같았다.

보잘것없는 보수

그러나 이런 상황들은 나아지는 기색이 보이지 않았다. 구교의 붕괴와 더불어 진혼미사(편집자 주: 죽은 사람의 영혼을 위로하기 위한 미사) 같은 종교적 복무 수행에 대한 사례금과 십일조 체계도 붕괴되었기 때문이다. 경작지와 부동산에서 나오는 수입원은 곧바로 도시나 귀족들이 가져가 버리곤 했다. 따라서 목사직을 위한 재정적 자

　　　　　　　　　　　　1세대 목사 가정 이야기

립 자금은 지나치게 적거나 아예 자금이 없기도 했다.

결국 중세의 성직녹 체제를 유지함으로써 이러한 상황은 서서히 안정될 수 있었다. 이 체제 아래서 농촌의 목사는 자신의 농지에서 나오는 소득과 물납세로 받을 수 있는 것들로 생계를 유지해야 했다. 농촌 목사직의 보수는 너무나 형편없어서 가족과 함께 살 수 없을 정도였고, 많은 목사관은 가족이 거주하기에는 너무나 좁았다.

게다가 농촌 목사직 내지는 이 목사직과 관련된 살림살이는 상당한 노동력을 요구했다. 이런 상황은 목사의 관념상의 지위와 직무상의 지위를 위협할 수 있었다. 목사는 목사이면서 동시에 농부여서는 안 되었기 때문이다. 국가가 제정한 교회 규범에 따르면, 목사는 혼자 자신의 직무를 수행해야 하며, 정원을 보살피는 정도는 할 수 있지만 실제적인 농사일은 다른 사람에게 맡겨야 했다. 만일 농장에서 하인이나 하녀를 고용할 만큼 충분한 수익이 난다면, 농사일을 다른 사람에게 맡길 수 있었다. 농장에서 충분한 수익이 나지 않을 경우에도 고용인은 있어야 했지만, 비용을 감당할 수 없는 탓에 목사 가족이 농사일을 해야 했다. 직무에만 몰두하는 이런 이상적인 상황이 현실과 부합되었는지는 의문이다. 목사가 수공업이나 농사일을 했다는 조사 결과도 있기 때문이다.

여러 마을에서 목사는 결국 소작농일 뿐으로, 그를 선택한 지주에 종속되어 있어, 대농大農에게는 천대를 받았다. 농부들이 목사의 농장에 지불해야 하는 세금이나 부역은 목사를 일종의 세금 징수원으로 만들었다. 목사가 받는 농산물은 대부분 상태가 좋지 않아서 마을 주민과 다툼이 벌어질 수도 있었다. 특히 가족을 풍족하게 먹이려는 목사 부인이 이런 다툼에 끼어들었다. 교구민들은 십일조로 늙고 질긴 닭을 바치기도 했다. 목사관의 건축물 보존이나 개축

안드레아스 그리피우스

Andreas Gryphius

1616-1664년

"탑들은 화염에 휩싸이고 교회는 무너졌다." 이 유명한 바로크 시인은 그의 잘 알려진 시 〈조국의 눈물〉에서 30년 전쟁의 끔찍함에 대해 이렇게 썼다. 그는 슐레지엔 지방에 있는 글로가우의 목사 파울 그라이프의 아들로 태어났지만, 1621년에 부친을 잃었다. 어머니는 목사와 재혼했다. 전쟁은 가족의 삶에 그 흔적을 남겼고, 그리피우스에게 전쟁은 늘 이곳저곳 떠도는 것을 의미했다. 전쟁 때문에 글로가우에서 단치히로 거주지를 옮겼고, 대학에 다니기 위해서는 라이덴으로 향했으며, 그 후 교육을 받기 위해 유럽 전역을 떠돌아다녔다. 결국에는 다시 슐레지엔에 도착했다. 생애 마지막 기간에는 글로가우에서 개신교 계층의 법률 고문관으로, 즉 그들의 이해관계를 대변하는 법률 대리인으로 일했다. 이는 합스부르크의 구교정책에 대항하여 슐레지엔에서 종교의 자유를 지키는 특별한 과제를 맡은 직책이었다.

목사관에서 보낸 그리피우스의 유년기는 짧았다. 다섯 살에 부친이 사망했고, 일곱 살 때 그의 가족은 글로가우에서 추방당했다. 1632년이 되어서야 그의 삶은 앞으로 나아갈 수 있었다. 이제 그리피우스는 프라우슈타트에서 김나지움에 다니게 되었다. 프라우슈타트에서 그의 계부 미하엘 에더는 목사가 되었다. 에더는 이전에는 글로가우의 김나지움 교사였다. 그래서 어느 정도 교육 수준이 있어 이것이 그리피우스에게 자극이 될 수 있었을 것이다. 이 시기 그리피우스의 첫 번째 문학 작품인 〈헤로데스Herodes〉가 탄생했다. 1634년부터 1636년까지 그는 아카데미쉐스 김나지움[14]에 다녔고, 여기서 특히 시, 수학, 천문학을 공부했다. 그리피우스의 형제인 파울은 부친의 뒤를 이어 훗날 목사가 되었다. 일찍 부모를 잃은 탓에―모친은 1628년에 사망했다―부모의 집은 그로피우스에게 넓은 세상으로의 길을 열어 주지 못했다. 이를 가능하게 해준 것은 그의 교육적 후원자이자 한때 글로가우 법률 고문관이었던 법률가 게오르크 쇤보르너Georg Schönborner였다.

── 동시대인 필리프 킬리안이 1660년 완성한 바로크 시인 안드레아스 그리피우스의 동판화.

14_ 아카데미쉐스 김나지움Akademisches Gymnasium: 근대 초기 신성로마제국의 개신교 지역과 일부 지역에 생겼던 상급학교로, 인문 고등학교(김나지움)와 대학 공부를 연결해 주는 학교였다.

── 〈종교적 훈계〉: 풍속화가 루트비히 크나우스는 1864년에 그린 그림에서 농촌 목사를 마을 주민에게 훈계하는 도덕적 권위자로 표현했다.

　　　　　　　　　　　　　　　　　　　　1세대 목사 가정 이야기

요한 발렌틴 안드레아이
Johann Valentin Andreae
1586-1654년

이 신학자는 뷔르템베르크 쾨닉스브론의 목사의 아들로 태어났다. 1601년 부친이 사망하자 어머니가 가장의 권리를 넘겨받아 1607년 슈투트가르트 대공국 소속 약국의 관리인이 되었다. 안드레아이는 신학을 공부했지만, 행실이 방탕한 권력가를 실수로 비난한 사건 때문에 대학에서 쫓겨났다. 훗날 제네바를 경유하고 난 뒤에야 비로소 다시 대학에 다닐 수 있었고 목사가 되었다. 제네바에서의 경험에 영향을 받아 처음에는 바이힝엔에서, 그 다음에는 칼프에서 교회의 치리[15]를 자신이 해야 할 일로 생각했다. 그의 경력의 최고점은, 1638년 슈투트가르트에서 궁중목사이자 장로회최고위원으로 임명된 것이다. 안드레아이는 특히 유토피아적인 저서 《기독교 도시Christianopolis》로 유명해졌다. 그는 이 책에서 이상적 사회를 그려냈다. 안드레아이가 직업의 목표를 달성하기 위해 보여 주었던 불굴의 의지는 양친의 목사관에서 받은 인상의 긍정적인 면을 말해 주며, 이론과 실제에서 기독교의 이상을 실천하고자 했던 그의 시도도 마찬가지였다. 그의 아들 중 한 명인 고틀리프도 목사가 되었다. 이로써 직업적 열정이 확실히 유전되었다고 할 수 있을 것이다.

— 17세기, 요한 발렌틴 안드레아이는 저술들을 통해 장미십자회를 프로테스탄티즘 내부에서의 종교개혁운동이라고 격려했다. 1648년 동판화.

15_ Kirchenzucht: '교회의 치리'로 주로 번역된다. 프로테스탄티즘 내에 전래된 개념으로, 교회의 규율 및 가르침을 확고히 하기 위한 다양한 노력을 뜻한다.

파울 펠겐하우어
Paul Felgenhauer
1593-1677/년경

뵈멘의 개신교 루터파 목사의 아들로, 비텐베르크에서 가끔 집사(부목사)로 일하기도 했다. 30년 전쟁 동안 종파 간 긴장은 더욱 심해졌고, 이는 펠겐하우어의 삶에 영향을 주었다. 특히 1620년 바이센베르크에서의 전투는 그에게 깊은 인상을 주었다. 이 전투에서 가톨릭 제후들은 '빈터쾨니히'라고 불렸던 개신교 제후 프리드리히 폰 데어 팔츠가 갖고 있던, 팔츠 지역부터 뵈멘 지역까지의 통치권을 빼앗았다. 펠겐하우어는 종말 예언자가 되어 교회를 혹평했고, 이로써 자기 시대에 지배적이던 신학도 혹평했다. 이 신학은 훗날 구 프로테스탄트 정교라고 불리게된다. 그는 북독일 브레멘 주변에서 호응을 얻고 인정받았다. 물론 그의 예언적인 저술들은 암스테르담에서 인쇄되어야 했다.

펠겐하우어는 가족이 만들어 준 환경보다 그의 시대가 만들어 준 환경에 훨씬 더 영향을 받았다. 뵈멘에 거주하는 프로테스탄트에게 종교적 관용이 베풀어졌으면 하는 희망과 다시 가톨릭화하기 시작하는 시대 상황이 그에게 깊은 인상을 준 것이다. 이러한 상황에서 그는 종말을 기대했고, 교회와 신학을 비판했다. 이는 그의 신학적·종교적 인생 편력에서 유래했다고 볼 수 있다. 그러나 목사의 자녀에게는 전형적인 현상은 아니었다.

—— 1620년의 반종교개혁 전단지. 루터와 카타리나 폰 보라가 그려져 있다. 이러한 풍자화들은 반종교개혁 시대에 프로테스탄티즘을 조롱했다. 펠겐하우어의 종교적 종말 사상은 이와 같은 적대적인 분위기에서 유래했다.

에서도 다툼이 일어날 수 있었다. 교구민들은 목사관을 위해서 손으로 하는 부역이나 마소를 동원한 노역을 요구받기도 했다. 다른 한편 물납세 지불과 노역은 당연한 것이었고, 그것의 질은 목사직에 복무하는 사람에 따라 좌우되었다. 농민전쟁 중이던 1525년, 농부들은 목사의 자유 선출을 외치면서, 목사를 잃어버리기보다는 그를 농부사회에 편입시키려는 의지를 보여 주었다.

목사의 교육 부족에 대한 고민

개신교 목사가 임무를 수행하려면, 그에 어울리는 기초 지식이 있어야 했다. 이는 '정부 당국'의 입장에서는 바람직한 일이었지만, 도시에서 요구되는 전문 지식의 수준은 옛날식 사제가 갖췄던 것보다 더 높았다. 이미 종교개혁 이전부터 교육받은 설교자가 임명되기 시작했다. 사실 교육받은 설교자는 종교개혁 이전부터 필요했고, 종교개혁은 그 수요를 충족시키려 했다. 이제 도시에서도 교육은 목사의 사회 편입을 위한 요소였다.

목사의 교육 문제

목사는 도시보다 농촌에서 더 중요했다. 마을을 대상으로 정부나 교회 당국을 대변할 수 있어야 했기 때문이다. 이로써 개신교 목사들 사이에는 명백한 교육의 차이가 있었고, 환경이 나쁜 자리에는 기초 지식이 충분하지 않은 목사가 임명되었다. 그러나 이런 상

1세대 목사 가정 이야기

황이 목사관을 처음부터 교육의 장소로 만들지 않았다. 개신교 목사가 대학 교육을 마치는 경우가 점점 더 늘어나기는 했지만, 대학에서 학업을 받기 위한 통로도, 직업 생활로의 연장이나 이행도 규정되어 있지 않았다. 19세기에 이르러서야 대학 교육을 받기 위한 전제 조건으로 아비투어[16] 제도가 도입되었고, 최소 학업 기간이 확정되었으며, 시험을 통한 졸업이 요구되었다.

하지만 목사직은 여전히 시민 세계 혹은 대학 세계로 뛰어오를 수 있는 첫 번째 도약판이었다. 그래서 시민 계급 출신이 아니거나 대학 졸업자 가정 출신의 남자들은 그 직책을 얻기 위해 노력했다. 이상적인 대학 교육을 받지 못했고, 짧은 기간의 학습으로 만족해야 했던 수공업자의 아들들, '교사'라는 직업이 별로 존경받지 못했던 시대에 출세를 꿈꿨던 교사의 아들들이 목사가 되기 위해 애썼던 것이다. 그러나 도시에서는 상황이 다르기도 했다. 인문 고등학교 교사는 대학을 마쳐야 했고, 교육 면에서 교양 있는 목사와 비교할 때 동일하거나 더 높은 수준이었기 때문이다.

사실 교회 시찰 때도 목사의 교육 부족에 대한 불만이 있었지만, 이를 고려하지는 않았다. 게다가 대학에서 학업을 시작하거나 지속할 수 있는 것은 학생의 재정 능력에 좌우되었다. 목사관에서 이런 재정 문제는 다음 세대에도 계속되었다. 목사의 아들도 대학을 다닐 수 있을지는 의문이었다. 근대에 와서는 목사 아들에게 장학금을 수여함으로써 대학에서 신학 공부를 하고 이를 통해 목사직을 얻는 길이 쉬워졌다. 특히 뷔르템베르크에서 행해진 이 성공적인 모델 이후 사정이 바뀌기는 했다.

그렇지만 목사관에서 또 목사가 나오는 자동 시스템은 존재하지 않았다. 게다가 반드시 결혼해야 했

16_ 아비투어Abitur: 인문학교 졸업 시험이자 대학 입학 자격고사.

고, 결혼을 통해서만 생계를 이어갈 수 있었던 목사의 딸들의 미래
는 또 다른 문제였다.

역할 모델로서 목사 가족

근대 초기의 목사 부인은 생활 공동체와 경제 공동체를 통해 남편에게 종속된 관계였고, 대체로 이 공동체 안에서 훗날의 목사 부인에 비해 더 자유롭게 활동했다. 이런 관계 속에서 여성은 자신이 가진 능력과 습득한 능력을 집과 농장의 발전을 위해서만 사용할 수 있었다.

지정된 성 역할이 여성 해방적인 활동을 불가능하게 만들었다는 사실은 다른 측면이다. 루터가 자기 아내를 칭송했을 수는 있다. 그는 아내를 "헤어 캐테"[17]라 부르기도 했기 때문이다. 하지만 모든 다른 여성들과 마찬가지로 그녀에게는 명확히 종속적인 지위가 정해져 있었다. 즉 주부는 가정을 위해서만 존재했다. 목사 부인의 실제적인 능력은 한 면으로는 그녀 개인, 그녀의 자의식과 자기 이해에 좌우되었고, 다른 한 면으로는 남편이 그녀에게 허락한 활동 여지와 주변 환경의 사회적 기대에 달렸다. 목

17_ 루터는 아내 카타리나 폰 보라의 이름 약자인 캐테에다 남성에게 붙이는 존칭어인 헤어Herr를 붙여, 헤어 캐테라 부르기도 했다. 아내를 남성처럼 부름으로써 그녀의 능력을 존중했다고 볼 수 있다.

사 부인, 목사 가족, 목사관의 이상이 점점 확고해지면서, 목사 부인의 활동 여지는 확실히 제한되었다. 여기에 여성 적대적인 판에 박힌 생각, 일반적인 역할 기대, 예전부터 내려왔고 새롭게 강화되기까지 한 성차별에 관한 성서적·신학적 근거가 덧붙여졌다. 즉 아내는 남편의 시중을 들어야 하고, 남편은 아내를 사랑하고 존경해야 한다는 것이었다.

여러 관점에서 볼 때, 목사 부인은 근본적으로는 중세 사제의 내연녀 같은 존재, 다시 말해 가정경제 관리자이며 동시에 어머니와 아내의 역할이 부가된 것이다. 그리고 이 역할은 도시나 농촌 목사관 안에서 목사 부인에게 지정된 활동 영역을 위해 매번 보완되었다.

목사 부인은 가부장적 성향의 가장인 동시에 집 안팎에서 교구의 모범을 보여 주어야 하는 남성과 결혼했다. 가부장적 역할이 이렇게 과도하게 높아졌다는 것은 이로 인해 과하게 혹사당한다는 의미이기도 했다. 목사 부인이나 딸들 역시 유사한 상황을 감수할 수밖에 없었다. 삶의 실상이 다른 목사관도 많이 있었겠지만, 이를 증명하기란 쉽지 않다.

목사 부인의 생계

남편이 사망할 경우 목사 부인은 삶의 토대가 흔들렸다. 목사가 관장했던 농사일은 가족 소유가 아니라, 근무지에서 생계를 유지하라고 목사에게 제공된 성직록이었기 때문이다. 이미 루터가 사망한 뒤, 카타리나 루터는 재산을 지키기 위해 싸워야 했다. 교양과 출신 면에서 특별한 능력을 갖춘 카타리나 첼[18]은 남편이 죽은 뒤에도 투쟁적이고 문학적으로 활동했지만, 그녀 역시 심한 비판을 받아야 했다.

남편을 잃은 목사 부인에게 재정적인 도움을 주는 것은 17세기 이후에야 그 토대가 갖춰졌다. 물론 이런 조처가 전국적으로 시행되지는 않았다. 여느 때처럼 이 시기에도 과부가 된 목사 부인이 젊은 목사와 결혼할 경우, 젊은 목사는 성직록을 받게 되고 과부가 된 목사 부인은 생계를 계속 유지할 수 있기 때문에 양쪽 모두에게 득이 될 수 있었다. 당연히 이런 결혼의 전제가 꼭 사랑은 아니었다(다른 많은 경우처럼 사랑으로 하는 결혼은 드물었다). 이것은 후원자, 즉 목사 자리를 좌지우지하는 농촌 귀족의 관심이기도 했다.

목사의 자녀들이 어려서 아직 집을 떠나지 않은 상태라면, 이들은 자신들의 의견과 상관없이 바뀐 상황을 감수해야 했다. 규정상 이들이 물려받을 유산도 아주 적었다. 예를 들어 파울 게르하르트의 유언장을 보면, 그가 외아들에게 남겨 줄 것이라고는 자신의 훌륭한 이름 외에는 아무것도 없었다. 목사 입장에서 목사의 딸과 결혼하는 것도 홀로 된 목사 부인과 결혼하는 것과 비슷한 장점이 있었다. 적어도 목사의 딸은 자신이 어떤 일에 종사하게 될지 잘 알고 있었기 때문이다. 어차피 자유연애는 불가능했다.

삶의 거울로서 목사 가족

목사 가족은 애초부터 동시대 가족에게 삶의 거울과 같았다. 규정된 남녀 역할에서도 마찬가지였다. 목사 자녀들은 어쩔 수 없이 점점 더 많은 관심을 받게 되었다. 그들의 태도가 우선적으로 비판 거리가 될

18_ 카타리나 첼Katharina Zell(1497-1562): 작가이자 종교개혁가. 1523년 12월 마티아스 첼Mathias Zell(1477-1548)과 결혼한 뒤, 남편과 종교개혁에 동참했으며, 남편이 사망한 뒤 가난했지만 교구에서 봉사활동을 계속했다.

게오르크 필리프 텔레만

Georg Philipp Telemann

1681-1767년

17세기 후반에 성장한 이 작곡가는 목사 가정 출신이다. 아버지와 할아버지는 목사였고, 어머니는 목사의 딸이었으며, 남자 형제 중 한 명은 부친처럼 다시 목사가 되었다. 그리고 자신의 아들 중 한 명도 목사가 되었다. 텔레만은 마그데부르크에서 학교를 마치고 라이프치히에서 법학을 시작한 뒤 얼마 동안은 여기저기 떠돌며, 수차례 직업을 바꾸기도 했다. 그가 가장 오랜 기간 살았고 창작을 했던 곳은 함부르크로, 이곳에서 처음에는 교회음악가로 나중에는 오페라 작곡가로도 활동했다. 이 도시에서 그는 시민 계층 대중이 음악을 좋아하게 만들었다. 작품 대부분은 칸타타였지만, 바흐처럼 주문을 받아 즉흥 음악을 쓰기도 했다. 살아 있을 때는 독일을 넘어 외국에서도 크게 인정받았다. 그러나 사망 후 시대의 음악 취향이 바뀐 탓에 텔레만에 대한 높은 평가는 순식간에 사라져 버렸다. 그의 부모의 집에서 음악은 중요하지 않았다. 오히려 반대였다. 어머니는 아들이 음악을 하지 못하게 하려 했고 악기를 빼앗기도 했다. 텔레만이 음악을 통해 감동을 받은 것은 오히려 마그데부르크의 김나지움에서였다. 교회 모임에서 어머니의 의견이 별로 공감을 얻지 못했던 것은 그에게는 행운이었다. 집을 떠나서야 비로소 온전히 음악에 헌신할 자유가 주어졌다. 텔레만은 결코 음악에 헌신하도록 예정되어 있지 않았다. 그가 목사 집안 출신이 아니었더라면 동시대인인 요한 제바스티안 바흐와 같은 이력을 쌓았을지도 모를 일이다.

── 바로크 음악가 게오르크 필리프 텔레만은 종교·비종교 음악을 포함한 방대한 작품을 남겼다.

수 있었기 때문이다. 그리고 이들은 외부, 즉 농촌을 다스리는 정부 당국의 측면에서뿐만 아니라, 가족 내부에서도 관심을 받게 되었다. 실제 기독교적 교육이 뿌린 씨앗이 열매를 맺고 있는지 가장 먼저 드러나는 곳이 목사관이었다. 이 교육은 시대의 본보기에 어울리는 경건함과 도덕성을 우선 목표로 삼았다. 그러나 전기적인 자료가 부족한 탓에 이 교육이 결실을 맺었는지, 결실이 있었다면 어느 정도였는지를 밝힐 수 없다. 어쨌든 목사는 자기 자녀들이 보여 주어야

── 아우구스트 헤르만 프랑케August Hermann Francke가 1695년 할레 안 데어 잘레에 설립한 프랑케 재단은 고아원, 학교, 성경연구소가 통합된 단체로, 목사관의 경건주의적 정신을 이어받았다.

할 모범적 기능이 아니더라도 교회와 정부 당국의 입장에서 훈육과 질서를 위해 애써야 했다.

목사 가족이 혁신적 역할을 했는지, 새로운 생활 양식의 모범이라 할 수 있었는지는 계속 살펴봐야 할 문제다. 사람들이 직업과 가정에서 여성에게 총체적으로 기대했던 역할보다, 목사 부인에게는 오랫동안 더 제한적인 기대를 했는가에 대한 질문도 마찬가지다. 이미 루터는 목사가 자신의 처신 때문에 비난받듯이, 가족의 처신 때문에 공격받을 수 있다는 사실을 분명히 알고 있었다.

18세기 계몽주의와
경건주의 시대를 이끈
목사들

구 프로테스탄티즘과
경건주의

16세기 후반에서 18세기 초반까지의 신학과 교회는 '구 프로테스탄트적 정통 고수Altprotestantische Orthodoxie'¹라고 특징지을 수 있다. '정통 고수Orthodoxie'라는 단어는 이미 당대에, 그리고 '정교Rechtgläubigkeit'라는 의미에서 볼 때, 특히 루터적인 진리 요구를 더욱 굳건히 했다. 이 진리 요구는 개혁파 신학이나 가톨릭 신학을 인정하지 않으려 했다. 그러나 '구 프로테스탄트적'이라는 말은 19세기에 형성된 부가물이다. 개념상으로 볼 때, 구 프로테스탄티즘이 있다면 이에 반대되는 신 프로테스탄티즘이 존재한다.

정통 고수에 대항하는 세력

신 프로테스탄티즘은 계몽되고, 진보적이며, 비독단적이고, 현대적이라 할 수 있다. 따라서 이제 구 프로테스탄트적 정통 고수란 시대에 뒤떨어진 진리

1_ Orthodoxie는 '정교(신봉), 정통 고수, (루터나 칼뱅의) 순수 이론 고수, (편협한) 정통 학설 고수'라는 뜻이 있다.

요구에 매달리는 것, 이미 당대에 굳어 버린 것, 종교개혁 이전으로 돌아가 중세적 스콜라철학에 빠진 것을 의미했다. 교리뿐만 아니라, 신학자와 목사 중 이런 교리를 대변하는 사람의 종교적 행위까지도 그렇게 평가되었다.

구 프로테스탄트적 정통 고수를 이렇게 특징짓는 데는, 특히 현재까지도 '경건주의'를 바로 이런 경직으로부터의 해방으로 보는 것과 관계가 있다(계몽주의를 이렇게 보는 경우는 적다). 경건주의는 '정통 고수'와 반대되는 이미지로, 새로운 신앙심과 내면성의 각성을 의미한다. 이 새로운 신앙심과 내면성은 외형적일 뿐인 구 정교신봉을 극복하고, 그럼으로써 종교개혁 본연의 것과 연결된다는 것이다. 일반적인 경향에 따라 단순화된 이런 이미지는 원래 경건주의를 통해 성립되었다. 동시에 '정통 고수'와 특히 그 대변자들은 변화된 정신적·종교적 현 상황으로 인한 충격들을 알아차려야 했다. 한편으로는 초기 계몽주의의 이신론^{Deismus 2}을, 다른 한편으로는 특히 요한 아른트^{Johann Arndt}가 이끄는 신앙심을 강화하려는 노력으로 이런 충격이 발생했다.

어쨌든 이 두 세력은 후대를 대변하여 정통 고수를 말살하는 추진력을 강화시켰다. 사실 종교개혁적, 특히 루터적 전통의 성향과 관련된 근대 초기의 교리 발전에서 볼 때, 정통 고수는 이후에도 오랫동안 목사가 지향하는 표준 신학이었다. 따라서 정통 고수는 방어적인 반응을 보였다. 그러나 이런 반응은 새로운 이상적 신앙심에 대한 것이 아닌—오히려 무신론으로 보였던 이신론에 반대했다—, 경건주의의 비밀집회 활동과 보이기 위한 신앙심, 공허한 위선에 반대하는 것이었다. 따라

2. 신이 세상을 창조하기는 했지만 더 이상 세상에 어떠한 영향도 행사하지 않는다는 17-18세기의 계몽주의의 신관神觀 자연신론, 이신론理神論. 이신론은 자연종교라고 볼 수 있으며, 자연종교란 계시나 교회의 가르침을 통해 얻는 지식이 아니라 모든 사람이 타고났거나 이성으로 얻을 수 있는 종교적 지식 체계를 그대로 인정하는 것이다.

서 경건주의는 스스로 지향했던 대로 도전과 반항으로 인식되었다. 정통 고수, 교회, 근대 초기 국가제도의 한 부분인 교회 대변자들에게 도전하는 것이었다. 그러나 정통을 고수하는 이들은 국가가 특정 종교의 불가침성을 보호하고 있는 시점에 이러한 움직임이 부적절하다고 생각했다.

경건주의가 정통 고수에 맞서 새로운 신앙심이 도약하는 데 도움을 주려 하며, 정통 고수를 척결하려 한다는 견해는 틀에 박힌 생각이다. 경건주의가 계몽주의를 두 번째 반대자로 여기고, 계몽주의의 냉담한 합리주의에 진정한 기독교적 경건성을 대립시킨다는 생각 역시 그렇다. 이렇게 경건주의와 계몽주의를 대비시키는 것은 각성운동Erweckungsbewegung 때문이라 할 수 있다. 각성운동은 경건주의의 자아 인식에 영향을 받았고, 특히 19세기 경건주의의 뒤를 이어 일어났다.

경건주의와 계몽주의는 서로 반대되는 모든 점에도 불구하고, 개인의 신앙심에 대한 높은 이상, 교육에 대한 관심, 기독교의 새로운 사회화 형식이라는 점에서 볼 때는 유사하다. 거의 풍자적으로 축소화하는 점에서도, 가끔 소시민적 속물근성에서도 두 사상은 닮았다고 할 수 있다. 계몽주의나 경건주의 모두 개인의 삶과 사회생활에서 '도덕' 즉 윤리의 자제력을 중시하기 때문이다.

목사는 경건의 대가인가, 서민 남성인가, 생활 실천 교사인가?

이러한 신학적·교회적 갈등, 선동과 새로운 질서—세상은 정신적·정치적으로 바뀌기 시작했다—는 목사관을 그냥 지나치지 않았다.

경건주의와 계몽주의는 결과적으로 목사의 새로운 생활 양식, 새로운 자의식을 가져왔다. 전 영역에 걸친 것은 아니지만, 특히 목사 자녀에게는 새로운 선택권을 가져다주었다. 이들은 형편이 좋은 경우에는 오래 살았고, 사는 곳에 따라 다양한 경향의 영향을 받기도 했다.

목사와 그의 자녀들

계몽주의와 경건주의 시대에는 전기적 자료의 내용도 세밀해진 덕분에, 이 시기 사람들의 삶의 단계를 다양하게 살펴볼 수 있다. 알려진 바와 같이 계몽주의에서는 유소년기가 중요한 역할을 했고, 청년기에 대한 관심이 높아진 까닭에 이 시기의 많은 목사와 목사 자녀의 삶을 알 수 있다.

사회 규범은 엄격했지만 많은 사람들은 목사직에 있건, 계획을 실행할 과제가 있건 그 안에서 자유를 찾았다. 목사의 자녀들 중에는 양친의 집에서 받은 영향을 계속 유지하는 경우도 있었지만, 자신의 방식대로 변형하거나 완전히 그것과 결별하는 이들이 생겨났다.

특히 임마누엘 칸트로 대표되는 계몽주의 정신은 목사관도 예외로 하지 않았다. 1788년 유디텐의 목사 슈타인의 앨범에서 나온 철학자 칸트의 그림자 그림.

1세대 목사 가정 이야기

이때 아버지의 부수적인 관심이 신학보다 더 큰 역할을 하기도 했다. 그러나 근대 초기의 교육 기회도 중요했다. 교육받을 수 있다는 것은 여행할 수 있고, 특별한 네트워크에 편입될 수 있다는 것을 뜻했기 때문이다. 목사는 반드시 마을학교와 관련을 맺어야 했고, 도시에서도 학교 업무와 관련되었다.

목사 자녀의 첫 번째 교사는 거의 항상 아버지였다. 그는 종교, 문화, 자연과학 및 인문과학적 지식을 가르쳤다. 이 경우 목사는 자녀들을 가르칠 만한 학문적 기반이 있을 수도 있고, 그렇지 않을 수도 있었다. 계몽주의는 철학적 특성뿐만 아니라 문화적·실질적 특성을 가진 하나의 운동으로 이해되었다. 따라서 계몽주의가 매력적이 되면 될수록, 목사의 자녀들도 이를 더 매력적으로 생각했다. 자녀들의 아버지는 계몽주의에서 특별히 긍정적인 면을 찾지 못하는 경우도 있었고, 아니면 이미 그것의 영향을 받은 상태이기도 했다.

또한 목사인 아버지들은 직업 특성의 강조와 업종에 대한 자의식 형성을 목표로 성직을 이해하고 있었는데, 성직에 대한 이들의 이해가 바뀐 것도 자녀들에게 큰 역할을 했다. 그러나 이때 견해 차이가 두드러졌다. 즉 경건주의가 이제까지의 정통 고수를 유지하면서 힘겨운 역할을 해왔고, 특히 성직에 대한 이해와 목사의 역할 이상을 고려하면서 이를 행했던 것이다.

요한 크리스토프 고트셰트

Johann Christoph Gottsched

1700-1766년

고트셰트의 아버지 크리스토프(1668-1737)는 쾨니히스베르크 시 근처 유디텐의 목사였다. 가족은 시민 계급 출신이고, 외할아버지 역시 목사였다. 아버지에게서 관례적인 수업을 받고 난 뒤 아들은 14세의 나이로 대학에서 신학 공부를 시작했지만 곧 철학으로 바꾸었다. 계몽주

의자 고트프리트 빌헬름 라이프니츠(1646-1716)와 크리스티안 볼프(1679-1754)의 저술에 큰 영향을 받은 고트셰트는 1724년 프로이센의 강제징집을 거부하고 라이프치히로 갔다. 그리고 그곳에서 특히 문인, 극작가, 문학이론가로서 유명해졌다. 자신이 세운 여러 '클럽'에서 추종자들을 주변에 모았고, 주간지들도 발행했다. 1730년 고트셰트는 라이프치히 대학 시학 촉탁교수로 임명되었고, 문학 분야에서는 권위자가 되었다. 같은 해 그의 가장 중요한 저술의 하나인

〈독일인을 위한 비평적 시 작법 시론Versuch einer Critischen Dichtkunst vor den Deutschen〉을 발표했다. 이 논문으로 그는 문학의 혁신자라는 명성을 얻었다. 바로크 시문학과의 분리 및 규정된 이성적 규칙을 따라야 하는 계몽주의적 시학에 대한 관심도 고트셰트의 문학 계획에 속했다. 따라서 그에게 종교 역시 문학의 주제로 사용되어서는 안 되었다. 신학을 포기하기 전까지 고트셰트의 인생은 예측 가능한 방향으로 진행되었다. 그러다가 라이프치히에서 그의 독창적인 활동력이 드러나게

되었다. 또한 이곳에서는 외부의 영향, 즉 지식인과 문인으로 구성된 라이프치히의 새로운 인맥이 그에게 결정적 역할을 했다고 할 수 있다. 고트셰트는 세속적인 문학에 몰두했지만, 계몽적인 설교에서 주목할 만한 이론가이기도 했다. 따라서 그는 전형적인 독일 개신교 계몽주의자로 볼 수 있다. 그러나 자신의 설교론 때문에 정통 고수자들로부터 심한 비판을 받기도 했다. 이들은 교회 당국에 요청해서 고트셰트의 '철학적 설교'를 금지시키기도 했다.

—— 요한 크리스토프 고트셰트는 18세기 독일 문학의 혁신을 위해 노력했다. 1744년 레온하르트 쇼러가 그린 초상화.

경건주의 목사와 계몽주의 목사

독일 경건주의의 아버지 필리프 야코프 슈페너Philipp Jakob Spen-
er(1635-1705)는《경건한 열망Pia Desideria》을 통해 당시의 교회와 신
학을 위한 개혁 프로그램을 제공했다. 목사 교육 및 그에 따른 자아
상 확립이 중심 내용이었다. 이 책의 독일어 제목은《진정한 개신
교회가 하나님 마음에 들도록 개심改心하기를 바라는 간절한 열망》[3]
으로, 이 제목에서 드러나듯 근본에는 그때까지의 정통신학 교육에
대한 평가절하가 깔려 있었다. 슈페너는 정통신학교육이 신학적 지
식, 신앙심과 생활 태도의 통일을 지향하지 않았다고 생각했으며,
이에 합당한 모범을 보이지 않는 교수들에게 잘못이 있다고 했다.

슈페너는 과격한 종교개혁가처럼 자신이 진단한 폐해들을 격렬
히 비난했다. 그가 볼 때, 이런 폐해들은 국가와 사회에 내재되어 있
는 몰락의 한 부분일 뿐이었다. 목사들은 세속화되었고, 육신의 욕
망에 사로잡혔으며, 종교에 대한 흥미를 잃어 갔다. 그로 인해 원래
모든 믿는 자들 가운데서 새로운 성직자가 자라나야 하는 바로 그
교구에서 모범이 되는 것은 고사하고, 이를 제외한 정반대의 모습이
되었다고 슈페너는 생각했다.

오늘에도 자주 그렇듯, 이런 목사의 상을 맹신하
는 사람은 목사의 사회 편입에 반대하는 모든 편견에
동조하는 것이다. 목사가 즐겨 주점에서 시간을 보내
며 주민들 틈에 끼어든다는 비난은 이미 슈페너 이전
에도 들을 수 있던 것이며, 슈페너 이후에도 이를 비
난한 것은 경건주의만이 아니었다. 대학생들, 물론 신
학 대학생들도 대학을 정신의 고귀한 식민지로 볼 뿐

3_ 라틴어 'Pia Desideria'는 독일어로
는 'Herzliches Verlangen nach
gottgefälliger Besserung der
wahren evangelischen Kirche',
즉 '진정한 개신교회가 하나님
마음에 들도록 개심하기를 바라
는 간절한 열망'으로 번역되었
다. 우리말로는 '경건한 열망'으
로 번역되었다.

1세대 목사 가정 이야기

만 아니라 다양한 관점에서 권력을 가늠하기 위한 잣대로 여겼다는 사실 역시 계속 비난을 받았다. 동전의 다른 면을 보고자 한다면, 내면화와 분리 그리고 새로운 역할 모델의 기획을 위해 노력하지 않은 많은 목사들의 대중적인 습관에서 알아볼 수 있다.

경건주의 목사는 일반적인 의미에서의 '세상적'인 모습과 달라야 했다. 또한 새로운 내면성과 종교적 완벽성을 대변하는 모범, 남성 개개인(또한 교구민들 속에서의 여성 개개인)이 구현해야 하는 모범이 되려고 했다. 슈페너는 여기서 진정한 루터적 관심사를 다시 발견했다고 확신했다. 정말로 이 안에는 목사와 교구민의 종교적 성숙에 관한 요청, 즉 루터의 〈소교리문답서〉에서도 목표로 삼고 있는 그런 요청을 다시 부활시키려는 의도가 들어 있었다. 슈페너가 도입한 입교식은 목사를 통해 자기 시험 가능성과 믿음의 상태를 시험할 수 있는 가능성을 부여했다.

슈페너는 계몽주의적 목사의 상은 이와는 상반된 모습을 보인다고 했다. 즉 계몽주의적 목사는 내면성이 아니라 가르침에 치중하고, 목사의 종교적 모범성이 아니라 주변 환경으로의 편입을 목표로 삼는다고 했다. 그러나 여기서의 가르침이란 무턱대고 지식을 훈계조로 강의하는 것을 의미하지 않는다. 계몽주의와 계몽주의적 목사는 종교적 관심이 없다는 주장은, 경건주의의 종교 정의를 수용한다면 납득이 간다. 계몽화된 목사는 자신들을 새롭고, 시대에 부합하며, 실질적인 기독교 그리고 생활 영역을 바꾸고자 하는 그런 기독교의 대표자로 생각했다. 비록 다른 기반 위에 있기는 하지만 경건주의 역시 생활 영역을 바꾸고자 했다.

목사들의 전기를 살펴보면, 경건주의와 계몽주의는 이렇게 때로는 서로 가깝기도 하고, 관심사도 유사하며, 순수한 경건주의자도 순수한 계몽주의자도 없다. 프로그램과 현실은 어차피 늘 일치하지는 않았다.

경건주의적 또 계몽주의적 특징이 만들어 낸 결실은, 철저한 자아 반성, 어린이와 청소년 및 그들의 교육을 위한 책임감, 더욱 긴밀해진 성서와의 관계라 할 수 있다. 성서는 믿음의 책이자 이성의 책으로서 경건주의적이고 계몽주의적으로 해석되었다. 일반적으로 목사 개인도 이전보다 강하게 전면에 대두되었다. 이는 특히 경건주의에서 나타나는 현상이었다. 그래서 '자기 증거 서류Ego-Dokumente', 즉 일기나 전기처럼 의도적으로 자기를 증언해 주는 문서들도 늘어났다.

국가로부터 부여받은
목사의 특권

베스트팔렌 평화조약 이후 독일의 상황은 경건주의와 계몽주의가 꽃필 수 있는 기본 조건을 만들어 주었다. 국가의 영토는 근본적으로 종파에 따라 나뉘었고, 목사는 국가를 받쳐 주는 역할을 유지했으며, 교회·종교·문화·법률적 관점을 포함한 각 종파의 특수성은 계속 지켜졌다. 독일의 모든 지역이 30년 전쟁으로 피해를 입었지만, 그 정도가 똑같지는 않았다. 이 전쟁 이후의 복구 사업은 문화적으로는 바로크 시대로, 정치적으로는 공무원과 포괄적인 통제 권한을 갖춘 근대 국가 초기로 이어졌다. 목사는 이런 계획 안에서 특별한 지위를 차지했다. 목사는 국가로부터 전권을 받았지만, 고유한 자의식을 갖추지는 못했다. 따라서 정통 고수는 꺾일 기미가 보이지 않았으며, 정부 당국의 감독 아래에서도 마찬가지였다.

경건주의적 관점의 목사관

결국 경건주의란 여러 중심인물들이 이끄는 다양한 측면의 모든 운동을 총칭한다고 볼 수 있었다. 경건주의는 사회와 교회 내부 상황을 비판할 때, 강경한 비판이나 선동을 거침없이 해댔다. 지금

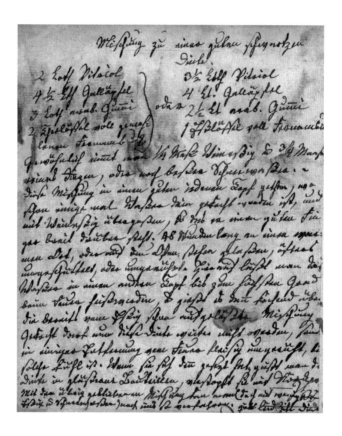

— 이 잉크 제조법은 1780년경 어떤 개신교 목사가 인쇄된 추도 설교지 뒷면에 쓴 것이다. 18세기에는 목사관에서의 생활에 관한 정보를 제공하는 일기, 편지 교환, 전기의 수가 늘어났다.

1세대 목사 가정 이야기

까지의 목사를 위한 교육뿐만 아니라 교회의 존재에 대해, 따라서 목사직과 목사관의 존재에 대해서도 문제를 제기했다. 슈페너는 목사의 공무 이행과 생활 양식을 비판했다. 목사직에 있는 사람을 경멸하고 비방하는 것이기는 했지만, 그렇다고 목사직을 거부하는 것은 아니었다. 경건주의의 중요한 역사가인 고트프리트 아르놀트Gottfried Arnold(1666-1714)는 슈페너의 영향으로 목사직을 받아들이지 않기로 했고, 독신 생활을 결심하기까지 했다. 그러나 이런 결심은 가톨릭과 밀접한 관계를 맺기 위해서가 아니라, 신비주의적 성향인 그가 아내로 인해 방해받고 싶지 않았기 때문이다. 물론 그는 훗날 결혼했고, 알슈타트의 목사직을 수락했다. 하지만 급진적 경건주의 성향 때문에 곧 이 도시를 떠나야 했다.

완곡하게 표현한다면 목사직에 대한 경건주의의 비판은, 자발적으로 모인 게 아니라 국가 차원에서 확정된 구조 안에 있는 교구민과 목사의 연관성에 대한 비판이었다. 그들이 교회를 떠나갈 가능성은 없었다. 다만 개신교가 소수일 경우, 다수 종파로 옮길 것인지는 문제가 될 수 있었다. 슈페너의 계획이 목사와 기독교도들의 믿음을 강화함에 자발성을 목표로 하고 있다면, 자발성이 모두에게 적용될 수 없다는 생각에서 그런 계획을 세운 것이다. 목사가 직무를 수행하면서 여전히 교구민 모두를 책임지려고 생각할 수는 있겠지만, 교구민의 믿음을 강화하려는 의도는 더 이상 없다. 믿음을 강화하겠다는 그의 과제는 그러한 예배에 포함되는 사람들, 즉 교회 안의 작은 교회(ecclesiola in ecclesia)를 구성하는 사람들에게만 해당되었다. 교회 안의 작은 교회는 외부로부터 비밀집회라는 비난을 받았다. 국가가 제시한 조직에 부합하지 않기 때문이다.

경건주의적 관점에서 볼 때 목사관은 이제 더 이상 교구의 중

레온하르트 오일러
Leonhard Euler
1707-1783년

수학자 레온하르트 오일러는 바젤 근방 리엔의 목사 파울 오일러(1670–
1745)의 아들로 태어났다. 레온하르트의 아버지 파울 오일러도 대학
에서 바젤의 수학자 야코프 베르누이^{Jakob Bernoulli}(1655–1705)에게

배웠다. 그는 아들이 아홉 살의 나
이로 바젤의 라틴어학교에 입학하
자, 신학자이자 수학 애호가인 요하
네스 부르크하르트^{Johannes Burck-}
hardt(1691–1743)에게 아들의 공부
를 도와주게 했다. 이미 열세 살의
나이로 바젤에서 수학을 전공한 레
온하르트는 담당 교수인 요한 베르
누이(1667–1748)의 초대로 일주일
에 한 번 사적으로 만나 미해결 문
제에 관해 토론했다. 수학과 함께 신
학을 배우겠다는 생각은 곧 포기했
다. 이미 그의 부친에게도 깊은 인상
을 주었던 도시·학교·대학의 환경은

레온하르트에게 특별한 매력을 주어 지식욕을 북돋았다. 그는 스무 살
에 베르누이 가족 중 한 사람의 중재로 상트페테르부르크에서 대학교
수가 되었다. 1741년에는 프로이센의 프리드리히 대제가 그를 베를린
으로 불러들였고, 여기서 1744년부터 1765년까지 학술원 수학과 원
장을 지냈다. 베를린에 체류하던 시절 오일러는 인구 통계 문제에 관해
요한 페터 쥐스밀히^{Johann Peter Süßmilch}(1707–1767)와 긴밀하게 협력
하며 연구했다. 쥐스밀히는 목사였고, 대학 때부터 수학적 문제를 다뤘
다. 1766년 오일러는 다시 상트페테르부르크로 돌아가 그곳 대학에서

일했다. 그러나 이미 31세에 오른쪽 눈의 시력을 잃은 그는 돌아가자마자 곧 완전히 시력을 잃고 만다. 이런 장애에도 불구하고 적극적으로 학술 활동을 계속했다. 이 유명한 수학자는 76세를 일기로 상트페테르부르크에서 사망하여 이 도시에 묻혔다. 오일러는 특히 시그마(Σ)와 같은 수학기호를 도입했고, 수학적 문제 제기 외에도 물리학·철학·음악에 관한 800편이 넘는 글을 포함한 방대한 전집을 남겼다.

가족과 부친은 오일러에게 대단한 영향을 주었다. 부친은 아들에게 수학에 관한 유별난 관심을 전해 주었고, 바젤 학자그룹의 인맥을 연결해 주었다. 베르누이 가족과 부르크하르트가 바로 그런 사람들이다. 오일러의 세 아들은 수학자, 의사, 장교가 되었다.

── 바젤의 수학자이자 물리학자 레온하르트 오일러는 많은 수학
　 저술을 집필했다.

심이 아니었다. 오히려 교구 내 경건 집단의 중심이 되었다. 이때부터 진정한 신앙인에 대한 목사의 사적 관계는 가정 방문과 영적 상담을 통해 강화될 수 있었다. 따라서 믿음의 강화 역시 사적 관계의 강화와 연관되어 있었다. 종교개혁 이후 행하지 않았던 개별 고해가 재도입되어, 사회 통제와 영적 상담의 특별한 가능성을 제공했다. 이런 인상을 받은 교구민에게 목사관은 특별한 방식으로 열려 있었다. 또 목사관은 교회 옆에 있으면서 예배를 통해 종교적 삶의 중심이 되어 가고 있었기 때문에 새로운 기능이 주어지기도 했다. 그러나 이 때문에 외부에서 볼 때 경건주의 목사는 전 교구민에 대해서 더 이상 책임감을 느끼지 않는 '엉터리 설교자Winkelprediger'가 되었다. 물론 경건주의적 구상에서 행해진 설교가 큰 의미가 있고, 교리문답적 조언을 위한 출발점이기는 했다.

그러나 이것은 경건주의의 일반적인 목사가 생각할 때는 주어진 한정 조건들과 타협하는 것이었다. 마을에서 다른 교구민을 돌봐줄 사람은 목사밖에 없었기 때문이다. 경건주의적인 핵심 교구민은 그 수가 고정되어 있지 않았다. 진정한 믿음으로 돌아설 가능성은 누구에게나 열려 있었다. 분리주의자로 낙인찍히고 싶지 않다면 목사는 좋든 싫든 전 교구민과 관련을 맺어야 했다. 그는 전 교구민의 생활 태도에 총체적인 책임을 지고 있었고, 특히 검열을 하는 정부 당국에 책임이 있었다. 경건주의가 지닌 내적 다양함은 결과적으로 목사 업무를 다양하게 이해하게 했다. 그래서 주로 신앙심이 깊다고 간주되는 사람에게 많이 집중했고, '세상'에 대해서도 대체로 큰 관심을 보였다. 목사 직업의 특권은 목사에 대한 정부 당국의 기대를 통해 규정되었다. 이러한 기대는 시찰을 통해 조정될 수도 있었고 엄한 제재를 받을 수도 있었다. 논란의 여지가 없는 생활 태도는

1세대 목사 가정 이야기

이러한 기대를 충족시켰지만, 배타적인 신앙심은 기대를 덜 충족시켰다. 목사는 여전히 농촌에서는 교회나 정부 당국이었고, 아주 작은 마을에서는 국가의 대변인이었다.

모든 것이 서로 얼마나 결합될 수 있는지는 아우구스트 헤르만 프랑케August Hermann Francke(1663-1727)가 보여 주었다. 프랑케는 슈페너의 관심사를 계속 발전시키고 세상에 적용시켰다. 그가 신앙 개선을 위해 기울인 노력들은 교육과 사회복지 개선에 대한 관심과도 연결되어 있었다. 이런 기반에서 글라우하에 프랑케 재단이 건립된 것이다. 글라우하는 당시 할레 시 바로 근처에 있는 지역이었다. 프랑케의 추진력은 할레 시의 신학 교육에도 깊은 인상을 주어, 많은 목사가 이곳에서 그들의 근본 사상을 배워 갔고 계속 퍼뜨렸다. 프랑케가 자발적으로 국가에 봉사하려 한 것은 아니지만, 국가는 프랑케의 경건주의를 잘 이용할 줄 알았다. 프로이센적 기질[4]과 경건주의는 좋은 결과를 내는 상호작용을 했다. 이러한 상호작용은 교회와 학교, 국가를 넘어 퍼져 나갔기에 할레 시에만 한정된 것이 아니었다. 프로이센적 미덕은 근본적으로는 경건주의적 미덕이었다. 즉 근면함과 규율로, 근면함은 교육에서도, 규율은 군대에서도 주장되는 미덕이었다. 노래 가사처럼 "늘 충성하고 성실하라"[5]였다.

4_ 프로이센적 기질을 한마디로 정의할 수는 없지만, 프로이센의 국가적 특성과 국가의 미덕을 바탕으로 추론해 볼 수는 있다. 검소하고 실질적이었던 프리드리히 빌헬름 1세가 집권하면서 프로이센은 군사력이 강화됐고, 중상주의, 교육 정책 등을 펼쳤다. 그는 개신교 칼뱅주의적 도덕과 계몽주의의 영향을 받은 미덕을 강조했다. 프로이센적 미덕에서 독일의 미덕이 파생되었다.

5_ "Üb immer Treu und Redlichkeit". 루트비히 크리스토프 하인리히 횔티가 1775년 지은 시에 볼프강 아마데우스 모차르트가 1791년 곡을 썼다.

고트홀트 에프라임 레싱
Gotthold Ephraim Lessing
1729-1781년

독일 계몽주의의 유명한 작가이자 문학비평가인 레싱의 양친은 개신교 목사관이 주는 환경의 영향을 받았다. 레싱의 아버지 요한 고트프리트 (1693–1770)는 작센 지역 카멘츠의 목사였고, 어머니 유스티나 잘로메 (1703–1777)는 목사 집안 출신이다. 부친은 지나치게 경건했고, 계몽주의적인 시대의 흐름을 받아들이지 못하는 비판적인 사람이었다. 그는 선제후가 주는 장학금으로 비텐베르크에서 대학을 다녔고, 철학을 전공한 뒤 철학부 석사를 마쳤으며 그 뒤 신학을 전공했다. 그가 아들을 위해 마이센에 있는 '선제후 학교'인 장크트 아프라의 장학금을 받았을

때, 아들에게는 장래의 길이 이미 결정된 듯 보였다. 슐포르타Schulpforta 학교처럼 이 학교는 목사 자녀들에게 대학 수업을 위해 필요한 기초 지식을 얻을 수 있는 특별한 기회를 제공했다. 그러나 레싱은 아버지가 원했던 신학 공부를 곧 그만두었다. 의학, 문학, 연극과 철학에 몰두했기 때문이다. 라이프치히는 이를 위한 최적의 학업 장소로서 가장 좋은 조건을 제공했다. 이와 관련한 여러 시도를 하려는 아들의 영혼을 구하고자 했던 부모의 시도는 무산되었다. 레싱은 설교단 대신 극장에 섰고, 최초의 시민 비극 〈미스 사라 샘슨Miß Sara Sampson〉으로 극장에 대단한 영향을 끼쳤다.

루터 정통주의자였던 아버지와 달리 계몽주의자인 레싱에게 교회의 조직 형태, 교의, 비판 불가인 성경의 권위는 더 이상 중요하지 않았다. 반

면 그는 관용적인 '이성의 기독교'를 고수했다. 레싱은 개신교 신학에도 자극을 주었는데, 특히 시대를 초월한 이성과 시대와 관련된 계시를 구분하자고 주장함으로써 큰 영향을 끼쳤다. 계몽적이며 또 다른 종교를 포용하는 그의 관용 사상을 드러내는 특별한 증거는 〈현자 나탄Nathan der Weise〉이다. 이 작품에서 반지의 비유는 역사적이 되어 버린 종교들 간의 상호 관련을 주제로 삼고 있다.

── 1771년 안톤 그라프가 작가이자 문학비평가인 고트홀트 에프라임 레싱의 이 초상화를 그렸다.

목사 부인의 근본적 역할

경건주의적 목사관이나 계몽주의적 목사관 안을 살펴보는 것은 거의 불가능하다. 가족생활 내부를 알려 주는 증인이 부족하며, 증인이 될 만한 입장인 사람은 이곳을 들여다보지 않도록 주의해야 했다.

목사 부인의 몫

경건주의적 목사관을 살펴보면 때로 순수함과 진심이 강조된다. 이는 사람들이 좀 더 의도적으로 서로에게 주의를 기울인다는 사실을 간접적으로 보여 주는 증거일 수도 있지만, 사회·경제적 외부 조건에 좌우되었다는 뜻이기도 하다. 슈페너의 아내는 열한 명의 자녀를 낳았고, 그중 여섯 명만이 슈페너보다 오래 살았다. 슈페너와 그의 아내 주자네 슈페너(1644-1705)의 관계에 대해서는 알려진 바가 없다. 경건주의, 그리고 경건주의 목사의 경건주의적 아내에 대한 글들은 많다. 이 주제에 대해서도 많은 선동적인 글들이 쓰였다. 이 글들은 여성해방을 추구하는 경향을 보이고, 규정된 성 역할에 반대하는 급진적 항의까지도 담고 있다. 물론 이런 현상이 있었다고는 해도, 그것은 목사 부인이 아닌 일반 여성들의 문제였다. 에파 폰 부틀라르^{Eva von Buttlar}(1670~1721)는 천국의 의무를 받아들이려고 남편을 떠났다. 신앙심과 개성을 지닌 목사 부인이 제시하는 새로운 자아상은 아주 드물었고 그런 징후만 보일 뿐이었지만, 이는 목사의 새로운 자아상이기도 했다.

이런 특성을 가진 목사 부인은 더 적극적으로 남편의 그늘에서 벗어날 수 있었다. 물론 출신과 교육도 이를 위한 중요한 전제조건이었다. 엘레오노레 폰 메를라우^{Eleonore von Merlau}(1644~1724)는 남편 요한 빌헬름 페터젠^{Johann Wilhelm Petersen}(1649~1727)과 신학적·공생적 조화를 이루었다. 심지어 누구도 다다를 수 없는 경건주의적 자의식의 본보기, 즉 남편과 아내로서의 모범을 보여 주었다. 그러나 그 이면에는 종말에 대한 간절한 기대, 교회적으로는 더 이상 용인될 수 없을 듯한 유심론[6]으로 치닫는 과도한 신앙심이 있었다. 결국 페터젠은 1692년 뤼네부르크의 행정관리 목사직에서 파면되었다. 일반적으로 이 부부 같은 경우는 흔치 않았다. 슈페너의 아내 주자네나, 프랑케의 아내 아나 막달레나(1670~1734)처럼 대부분의 목사 부인에 대해서는 알려진 바가 전혀 없기 때문이다. 목사미망인 구호금고가 설치됨으로써 점차 나아지기는 했지만, 과부가 된 목사 부인의 상황은 여전히 힘들었다. 최고의 해결책은 여전히 후임자와의 재혼이었다.

우정과 동반자 관계에 기초한 새로운 이상적 결혼상은 개별적 경우에서만 볼 수 있다. 설령 그런 경

6_ 유심론Spiritualismus: 성령과의 교감을 중시하는 자세.

마티아스 클라우디우스
Matthias Claudius
1740-1815년

"달이 떴다. 금빛 작은 별들은 찬란히 빛난다. 하늘에서 밝고 맑게." 이 유명한 저녁 노래의 작가는 슐레스비히홀슈타인 지방의 유서 깊은 목사 가문 출신이다. 그는 '예나'라는 도시에서 신학 공부를 시작했지만,

법학으로 전과하기 위해 곧 중단했다. 그러나 그를 더 매료시킨 것은 작가 활동이었다. 작가로서 활동하기 위해서는 재정적인 안정이 필요했고, 그 때문에 일생 동안 애써야 했다. 1768년부터는 잡지 〈함부르크 주소 안내소 소식Hamburgische AdreB - Comptoir-Nachrichten〉의 편집장으로 일하면서, 오락면을 담당했다. 클라우디우스는 잡지 〈반츠베커 보테Wandsbecker Bothe〉로 유명해졌다. 일주일에 네 번 출간되는 이 잡지 이름을 예명으로 사용한 그는 1771년부터 이 잡지의 편집장으로 일하면서, 지방 잡지에 불과했던 것을 중요한 문학잡지로 성장시켰

다. 글라임, 헤르더, 레싱, 클롭슈토크 같은 작가들의 글을 실을 정도였으나, 4년 뒤 재정적으로 타산이 맞지 않아 잡지는 폐간되었다. 클라우디우스는 원래 계몽주의 추종자였지만, 프랑스 혁명이 보여 준 폭력 때문에 점차 계몽주의와 거리를 두었다. 경건주의적인 성향은 없었으나 내면성을 중시하는 신앙심으로 마음을 돌렸다. 게다가 문학적, 개인적으로는 가톨릭과도 연결되었다.

클라우디우스는 입교식 전까지는 부친에게서 수업을 받았고, 이후 플뢴에서 라틴어 학교에 다녔다. 그러나 그의 신앙심은 부모의 목사관에서 나온 것은 아니었다. 그의 여러 동시대인들이 그랬듯이, 삶의 과정 중에

겪은 많은 자극에 의해 신앙심이 커졌다. 그는 작가로서 레싱, 포스, 슐레겔 등 다양한 인물들과 관계를 맺었다. 물론 세월이 지남에 따라 이들과의 관계는 변했다. 그의 다섯 아들 중 세 명은 가족의 전통을 이어 목사가 되었고, 여섯 딸 중 한 명은 목사와 결혼했다.

—— 마티아스 클라우디우스 초상화, 1890년경.

우가 있다 하더라도 전형적인 남녀 역할 규정은 그저 수정되거나 현대화되었을 뿐이다. 슈페너는 딸 엘리자베트(1670년 출생)에게 남편인 콜디츠의 행정관리 목사 크리스티안 고트헬프 비른바움Christian Gotthelf Birnbaum(1651-1724)에게 순종하라고 조언했다. 이런 점에서 볼 때, 목사 부인의 각성과 감정 폭발은 여성해방적인 특성이 없었다. 그런 것은 보통 아내가 가계 운영자 이상이기를 바라는 남편이 허용해 주었거나 지원한 시도에 불과했다. 그러나 목사 부인이 해야 할 근본적인 역할은 여전히 가계 운영이었다. 핵가족의 한계를 뛰어넘으며, 사회적 의무가 있는 목사관은 철저하게 관리되어야 했기 때문이다. 따라서 기품 있는 활동, 정신적, 종교적인 활동은 여전히 남편 몫이었다.

목사 부인의 지위의 변화는 그저 그 윤곽만 드러내고 있던 반면, 경건주의와 계몽주의는 특히 아이들을 교육의 대상, 혹은 루소가 주장하는 대상[7]으로 여기기 시작했다. 유년기를 독특한 발전단계로 인지했다는 것은, 이 시기를 훗날의 사고와 지각을 위한 초석을 놓을 열쇠가 되는 때로 생각했다는 것이다. 크리스티안 고트힐프 잘츠만[8] 같은 목사관 출신의 계몽주의자에게서 알 수 있듯, 유년기는 종교적 관점의 주제가 되기도 했다. 따라서 교육적 측면에서도 종교와 어린이 특유의 신앙심을 연결하려 노력했다.

문학에서의 목사관

문학에 등장하는 목사관은 독특한 관점을 보여준다. 작품 속에서 목사에게 주의를 기울이고 있는 교

7_ 루소Jean-Jacques Rousseau(1712-1778): 루소는 아동을 성인의 축소판이 아닌, 어른과 다른 독자적인 발달 특성이 있는 존재로 보았다. 유년 시대에 대한 높은 통찰력과 과학적 개념을 수립하여, 그의 아동교육사상은 이후 페스탈로치나 프뢰벨 같은 교육 개혁자에게로 이어졌다.

8_ 크리스티안 고트힐프 잘츠만 Christian Gotthilf Salzmann(1744-1811): 독일 개신교 목사이자 교육자. 계몽주의자인 그는 1785년 고타에 박애주의에 기초를 둔 학교 필란트로핀 슈넵펜탈Philan-thropin Schnepfenthal을 세웠다.

구민에게 교육적 모범 혹은 부부관계의 모범을 분명히 보여 주고 있었다. 또한 목사 가족의 예를 삽화로 그려 보여 줄 경우, 가족의 삶까지도 계몽주의의 매체가 될 수 있었다. 대표적인 예가 1795년 요한 하인리히 포스[9]가 발표한 《루이제. 세 개의 목가적 풍경으로 이뤄진 시골풍의 시 Luise. Ein ländliches Gedicht in drei Idyllen》이다.

이 작품에서 독자는 '시민 계급의 안락함'을 누리는 농촌 목사 가족, 즉 미덕의 모범을 접하게 된다. 이러한 미덕은 모두에게 적용된다. 왜냐하면 목사는 '높은 사람이나 낮은 사람에게 사랑받기' 때문이다. 야코프 미하엘 라인홀트 렌츠는 1777년 발표한 《농촌 목사 Der Landpfarrer》에서 이 주제를 다른 식으로 다루었다. 작품의 주인공인 목사 요하네스 만하임은 대학에서 신학을 전공하지만, 경제적 지식도 섭렵하여 농부들에게 조언자 역할도 할 수 있었다. 그리고 살림을 잘 운영한 덕에 부를 쌓았고, 일종의 문학 살롱까지 만들었다.

19세기에 점점 더 많이 다뤄지게 된 주제, 즉 도시에 반대하며 농촌을 이상화하는 이런 주제는 이미 농촌 목사관에서 볼 수 있었다. 농촌에서는 소박한 것, 단순한 것, 자연과 관련된 것을 찾을 수 있었다. 물론 심각한 사회적 차별과 마을의 고된 일상의 관점에서 본다면, 그런 내용은 실제와는 거리가 먼 묘사였다. 아무튼 목사, 그의 가족, 따라서 목사관 자체는 자주 사용되는 문학 모티브로 재발견되었다. 괴테는 자서전 《시와 진실 Dichtung und Wahrheit》에서 프로테스탄트 농촌 목사를 "현대 전원시의 가장 멋진 대상"으로, 또 "아버지, 가장, 농부"로 그렸으며, 농촌 목사의 "고상한 직업"은 그가 바로 이러한 존재이기 때문에 가능한 것이라 했다.

현실에서 많은 목사들은 농촌의 삶을 향상시키

9_ 요한 하인리히 포스Johann Heinrich Voß(1751-1826): 독일 시인. 호메로스의 《일리아스·오디세이》 및 그 외 그리스 로마 고전주의 작가이자 번역가.

고, 시민의 삶을 농부의 삶에 근접하게 만들고자 했다. 농촌은 이상적인 관심을 불러일으켰을 뿐만 아니라, 효과적인 농촌경제 운영이 절실하다는 인식이 확산되었다. 이러한 인식은, 마을 주민들이 도덕적·사회적 의미에서 더 나은 삶을 살아야 한다는 인식과 쌍을 이루었다. 우선 목사가 말과 행동으로 이러한 것을 전달했고, 가정생활을 통해서도 이를 인식시켰다.

—— 1731년에 제작된 이 동판화는 야외에서 행해진 개신교 설교 장면을 보여 준다.

1세대 목사 가정 이야기

목사 계층의
자기보존 계획

　이전에는 생각하지 않았던 유년기와 아동을 인식하고, 교육에 대해 심사숙고하며, 점차 하나의 메커니즘인 대물림을 통한 목사관의 자기보존 성향이 나타났다. 목사 계층이 경건주의와 계몽주의 시대에 와서야 비로소 집안에서 목사를 배출하는 자기보존을 계획한 것이다. 이제야 목사 아들들은 언젠가 목사가 되기 위한 교육을 받기 시작했다. 목사관 안에서 목사직을 대물림하는 일이 벌어졌고, 때문에 신분 의식은 더욱 견고해졌다. 신분 의식의 견고화는 다른 직업에서도 마찬가지였다. 물론 목사 아들들 중 일부만 아버지의 대를 이어 목사가 되었다. 왜냐하면 그들은 교육을 받고 대학을 다닌 덕에, 목사 외의 다른 존중받는 직업을 택할 기회가 자주 있었기 때문이다.

향상된 교육 수준

계몽주의와 마찬가지로 경건주의는 목사관 내에서 교육을 더욱 강화하는 결과를 낳았다. 이는 지적 수준을 높이는 것뿐만 아니라, 포괄적인 교양과 인격을 도야한다는 의미로 설명할 수 있다. 물론 이런 현상이 전 영역에 걸쳐 일어났고, 자신이 속한 종파의 견해에 따라 자녀를 교육한 목사 모두가 계몽주의자 아니면 경건주의자였다는 점을 무시할 수는 없을 것이다. 어쨌든 전체적으로 볼 때 목사관 안에서는 광범위하게 교육에 집중하는 풍토가 생겨났다. 게다가 아이들에게 개인교습을 해주고, 대학 공부를 위한 예비교육을 시켜 주는 사람은 대부분 아버지였다. 이런 교육이나 준비를 받지 못한 사람이 얼마나 많았는지, 혹은 혜택을 받았어도 아무 성과도 내지 못한 사람은 어느 정도인지는 알 수 없다.

목사 계층의 자기보존은 어느 정도 실용주의와도 관계가 있다. 대학에서의 신학 공부는 늘 그렇듯 학위가 필요한 직업을 선택하기 위한 가장 간단한 방법이었고, 특히 뷔르템베르크에서는 장학금 제도가 있어 대학에서 신학을 전공하는 것이 어렵지 않았다. 이 직업은 취업 후 직업과는 전혀 상관없는 분야에 몰두할 수 있는 기반을 마련해 주었다. 이러한 관심사 덕에 많은 계몽주의적 목사들은 문필가 혹은 양봉가로서 이름을 날리기도 했다. 반면 경건주의 목사들은 어느 정도 안정적으로 생계비를 받고 있는 상태에서 자신들의 종교적 관심에 전념할 수 있었다. 그러나 상류층 아들들에게 목사라는 직업은 별 매력이 없었다.

경건주의는 후진을 모집할 때, 경건주의적 의미에서 도덕적으로 비난의 여지가 없는 목사의 생활 태도에 관심이 있었다. 목사의

1세대 목사 가정 이야기

모범성이나 신뢰성 때문에도 그랬고, 신앙심과 절제에 대한 이상理想이 없다면 신학자로 교육받을 수 있는 길에 아예 들어설 수도 없어 보였기 때문이다. 따라서 목사직으로 가는 길에서는 개인의 소명이 중요한 요소가 되었다.

예비 목사는 학업 장소에 따라 대학 수업에 깊은 인상을 받기도 했고, 그렇지 않기도 했다. 경건주의나 계몽주의적 성향을 명확히 드러내는 교수들보다 전통 방식으로 가르치는 교수들이 더 많았기 때문이다. 교육 내용뿐만 아니라 구조적으로 볼 때도 18세기 목사의 교육은 이전보다 훨씬 더 유용하게 구성되었다. 이러한 환경은 신학적 교육보다는 직무 수행 방식에 더 큰 영향을 끼친 듯하다. 대학 교육에는 실용적 요소들이 포함되기 시작했다. 점차적으로 졸업시험과 학업 기간 규정도 도입되었다. 그래서 이전과 달리, 이제 대학 체류는 더 이상 단순한 중간단계일 수 없었다. 물론 많은 예비 목사들에게 여전히 대학 체류는 중간단계이기도 했고, 그들이 받은 교육의 질은 동일하지 않았다.

시간이 지나면서 신학단과대학이 생겨났다. 브라운슈바이크에 있는, 이전 시토 교단 수도원이었던 리닥스하우젠에 1690년 최초의 신학교가 세워졌고, 1735년에는 프랑크푸르트 암 마인 시에 두 번째 신학교가 설립되었다. 이 신학교는 프랑크푸르트 시 위원장(루터파 제국도시인 이 도시의 최고 종교지도자)인 요한 필리프 프레제니우스 Johann Philipp Fresenius(1705-1761)의 감독 아래 경건주의 정신도 들여왔다. 물론 온건한 의미에서의 경건주의 정신이었다. '목사 계층'은 질적으로 향상되어야 했다. 당시는 목회 신학[10]의 첫 발전 시기로, 성직자의 올바른 직무 수행 방식에 관한 많은 저서가 나왔고, 이러한 발전도 목사 계층의 질적 향상에 기여했다. 물론 아직 모든 것이

크리스티안 고트힐프 잘츠만
Christian Gotthilf Salzmann
1744-1811년

최초의 종교교육자라 할 수 있는 잘츠만은 평생 동안 교육 문제에 몰두했다. 아버지 요한 크리스티안(1715-1771)은 튀링겐 지역 목사였고, 어머니 라엘 쥐빌레 마르가레테는 약사의 딸이었다. 두 사람의 아들인 크리스티안은 김나지움을 졸업하고 대학에서 신학을 전공한 뒤, 에어푸르트 근처 로르보른과 에어푸르트에서 목사직을 맡음으로써, 목사가 되기까지 일사천리로 정규 과정을 거쳤다. 그러나 장 자크 루소(1712-1778)와 요한 베른하르트 바제도Johann Bernhard Basedow(1724-1790)의 영향을 받아 계몽주의 교육학에 몰두했고, 바제도의 중재로 데사우의 필란트로피눔에서 교사직을 얻게 되자 목사를 사임했다. 필란트로피눔은 계몽주의적 학교로서, 자연과학과 근대외국어 수업을 하고 있었다. 그러나 잘츠만은 1784년 내부의 다툼 때문에 다시 이 학교를 떠났고, 고타 근처 슈네펜탈에 자신의 학교를 세웠다. 이 지역 대공大公의 재정적 후원이 있어 가능한 일이었다. 이 기숙학교는 소박한 생활 방식, 신체 단련, 즉 체조 같은 근대적 교육학적 이상들을 실현할 가능성을 주었다.

열다섯 명의 자녀를 둔 잘츠만은 계몽주의 목사가 아니었다. 그는 계몽주의 교육자였고, 교회와 예배가 아닌 학교를 중요한 공적 장소로 여겼다. 그에게 아이들은 자신의 교육 수강생이었고, 이들을 가르치면서 어떻게 해야 학교에서 아이들에게 종교를 전달할 수 있을지에 몰두했다(《아동에게 종교를 가르치기 위한 가장 효과적인 방법에 관하여Über die wirksamsten Mittel, Kindern Religion beizubringen》). 그의 생각은 정통과는 거리가 먼 것으로 여겨졌다. 전통적인 성경이나 교리문답서 같은 소재를 거의 사용하지 않고, 성경 속 이야기를 아동에 맞게 알려 줬기 때문이다. 그렇게 함으로써 그는 아동의 태도에 맞는 예들을 전해 주려고 했다.

— 크리스티안 고트힐프 잘츠만은 18세기 말경 교육 방법의 개혁을 위해 노력했다.

규정되거나 효력이 있는 것은 아니었다. 신학교는 현대적 의미의 신학교가 아니라 '후보자 단체'로, 특히 능력 있는 사람들이 생계 걱정 없이 대학 수업 이후 실무와 관련하여 계속 교육받을 수 있는 가능성을 주었다. 그러나 누구나 이런 기회를 얻을 수 있는 것은 아니었다. 점차 목사가 과잉 공급되기 시작했고, 첫 부임까지 대기 시간은 점점 더 길어졌다. 19세기 목사 후보자들이 겪을 '후보자의 운명'의 조짐이 나타나기 시작했다. 대학에서의 신학 전공은 목사 직업을 위해 그리고 목사관에서는 당연한 것이었고, 마지못해서건 자발적이건 교사직 혹은 종종 인기 없는 가정 교사직도 신학 전공자들이 맡게 되었다.

10_ 목회 신학(혹은 사목 신학): 목사의 활동과 기능을 연구하는 학문으로, 실천신학의 한 분야다. 예배학, 상담학 등이 있다.

1세대 목사 가정 이야기

농촌 목사,
농부인가 시민인가?

자신을 계몽주의 목사라고 소개하기란 쉽지 않았다. 소소한 문제에서 볼테르나 칸트 같은 철학자는 중요하지 않았기 때문이다. 계몽주의는 전체적으로 철학적이라기보다는 오히려 삶의 실용적 운동이라 할 수 있다. 민중을 계몽시키는 것이 방법이고 목표였으며, 이를 위해서는 달력과 잡지 같은 출판물이 어울렸다. 아동에게는 모범이 되는 이야기가 활용되었다. 어른에게는 심미적 문학이 활용되었는데, 거기에는 소설도 포함되었다. 때로는 자주 목사가 그런 문학의 작가이기도 했다. 이들은 작품 속에서 자신들의 지식을 독자에게 전달했고, 이와 함께 독자가 자립적으로 실용적·의학적·자연과학적이며 삶과 관련된 문제들에 몰두하게끔 하려 했다. 사람들이 주로 농촌에서 살았기 때문에 대부분의 작품이 목표로 하는 집단은 농촌 사람들이었다.

농촌 목사의 역할

농촌 목사가 이런 식의 계몽주의를 습득했다면, 그는 농업과 목축의 중요한 개혁자가 되었을 것이다. 그런 행동 역시 모범이 되었을 것이다. 그 자신이 농부의 역할을 했기 때문이다. 또한 농촌 목사는 농촌 사람들에게 대학 교육 이상의 구현이기도 했다. 또한 빈약한 교육을 받은 계층이나 적어도 읽기는 가능한 계층의 대변자이기도 했다. 마을에서 이들을 대변해 줄 유일한 사람이 목사였기 때문이다. 따라서 목사의 자연관찰은 단순한 시간 보내기 이상이었고, 이제까지 농부로서 해왔던 일을 발전시킬 수 있는 기반이 되었다.

이미 16세기 후반부터 목사는 농업을 실질적으로 또 저술을 통해 향상시키기 시작했다. 처음에는 고대 그리스 로마의 전통으로 돌아갔다. 이러한 예의 초기 작품으로는, 마르틴 그로서Martin Grosser가 1590년에 지은 《농업지도Anleitung zu der Landwirtschaft》를 들 수 있다. 이 글에서 저자는 고대의 지식을 적용시키고 있다. 농촌 거주자들이 이 글을 읽을 수 있는 경우에는 가정용 도서나 달력이 실질적인 도움을 주었다. 이러한 목사의 사회 참여는 18세기에야 제대로 정착했고, 이때 포도나 다른 과일 혹은 곡물 재배 지역인가에 따라 목사의 관심이 좌우되었다. 그래서 1774년에는 요한 아우구스트 프리드리히 블로크Johann August Friedrich Block의 《농업 교과서Lehrbuch der Landwirtschaft》가 출판되었다. 이 책은 "이성적이고, 근본적이며, 연관적인 학문"에 대해 말하고 있다.

낭만주의 전단계의 분위기에서 민속문화 연구도 행해졌다. 이러한 연구 역시 목사들의 관심을 끌었다. 요한 고트프리트 헤르더Johann Gottfried Herder(1744-1803)는 1779년 민요 모음집을 펴냈다. 울

1세대 목사 가정 이야기

— 보주 산맥의 발더스바하에는 요한 프리드리히 오베를린[11]이라는 목사가 살았다. 그는 다양한 방식으로 농촌의 가난을 타파하려 애썼고 교육을 장려했다. 길을 닦고 다리를 놓게 했으며 유아학교[12]를 세웠다. 오늘날 발더스바하 목사관에는 오베를린 박물관이 있는데, 사회개혁자인 이 목사의 다양한 영향력을 살펴볼 수 있다.

11_ 요한 프리드리히 오베를린(1740-1826)의 프랑스 이름은 장 프레데릭 오베를린Jean-Frédéric Oberlin이다. 개신교 목사이자 교육자, 사회개혁자였던 그는 유아 교육에서는 프리드리 프뢰벨보다 선견지명이 있는 사람으로, 유치원을 창안한 선구자 중 한 사람이다. 그의 고향 알자스는 프랑스 동부이며 독일과 국경이 맞닿아 있어 프랑스와 독일이 번갈아가며 이 지역을 소유했다. 때문에 그의 이름은 독일식, 프랑스식으로 불린다. 오늘날에도 이 지역에는 두 나라의 문화가 섞여 있다.

12_ 유아Kleinkind는 3-6세 어린이를 칭한다.

름의 목사 요한 크리스토프 슈미트^{Johann Christoph Schmidt}(1756–1827)는 슈바벤 지역 방언과 민속학 연구에 몰두했다. 이미 종교개혁 시대부터 자연과학과 천문학 연구가 있었지만, 18세기에는 많은 기독교 목사들이 이런 연구에 열광했다. 목사 집안 출신이기도 한 필리프 마태우스 한^{Philipp Mathäus Hahn}(1739–1790)은 신학적 의미이기는 하지만 세계의 종말을 계산할 수 있도록 천문학 도구와 시계를 만들었다. 물론 목사가 농업에서 성공하는 것, 또는 다른 분야에 참여하는 것이 늘 정부 당국의 지지를 받은 것은 아니다. 이들의 이런 행동의 이면은 목사직에 태만했다는 뜻이기도 했기 때문이다. 18세기 말 뷔르템베르크에서는 성직자들 중 스스로 생각하고 꾸준히 일하는 신학자보다는 수학자, 통계학자, 지리학자, 역사가와 교육에 통달한 사람이 더 많다는 불평이 있어서, 이에 대한 조사 결과가 나왔다. 이는 위의 사실을 겨냥한 것이다.

계몽된 목사들

계몽주의적 설교는 많은 비난을 받았지만, 개혁에 대한 관심사를 강화했다. 또한 이에 관한 성경적 근거를 제시할 수 있는 다리 역할을 했다. 이런 설교에 대해 교리문답서나 사적 대화 같은 의사소통 방식이 행해졌다.

계몽된 목사는 마을 주민에게 이성, 절제와 절약을 가르쳤고, 과일 재배 방식과 농업을 개혁했으며, 천연두 예방접종을 도입했다. 오늘날의 관점에서 이 모든 것을 경멸하는 이가 있다면, 이런 일들이 생활 여건 개선에 얼마나 필요했는지 모르기 때문이다. 고도로 압축된 여론이라 할 수 있는 예배는 위의 사실들을 말로 표현할 수

1세대 목사 가정 이야기

있는 기회를 제공했다. 바로 이런 예배에서 19세기 사회의 핵심 문제라 할 만한 일들에 대한 논쟁이 시작되었다. 이 점에서는, 보주 산지에 있는 가난한 동네 목사였던 요한 프리드리히 오베를린(1740-1826)을 예로 들 수 있다. 그는 이곳의 사회개혁자이자면서 농업 현대화를 이끄는 인물로 활동했다.

목사는 이런 모든 상황을 감수해야 했다. 농촌에서는 확실히 그랬다. 농촌 목사는 농부이자 시민이었다. 반면 도시에 있는 그의 동료들은 이 이중적인 삶을 알지 못했다. 따라서 이 시대의 특징을 '시민화'라 할 것인지 '농부화'라 할 것인지 묻는다면, 답은 다양할 것이다. 계몽주의나 경건주의 아니면 그 중간적 성향을 지녔건 상관없이, 많은 목사들은 농촌의 시민이자 그의 이웃보다는 교육을 많이 받은 사람이었다. 물론 사회적으로는 농촌 귀족이나 부농과는 다른 계층에 속했다. 새 목사가 부임해야 할 경우, 후원자인 농촌 귀족은 주로 경건주의 목사를 선호했으나, 목사들과 사회적 친분 관계를 맺으려 하지는 않았다. '낮은 계층 사람들'은 목사를 귀족 주인의 충성스러운 추종자라고 생각하기는 했지만, 귀족 주인과 목사는 사회적 차이가 있었다. 귀족의 아들들은 목사가 되는 것을 소명이라고 느끼지 않았다. 이런 정황으로 볼 때, 목사 고유의 직업의식 및 신분의식은 정해진 사회적 한계 안에서만 형성될 수 있었고, 늘 그렇듯 이런 의식은 각 목사관의 물질적·사회적 여건에 좌우되었다.

후대가 기억하는
18세기 목사 직업

문학에서도 목사관을 이상적으로 묘사했다. 후대는 이러한 이상화를 자신들의 정체성을 형성하기 위한 기준점으로 삼았다. 그래서 포스가 지은 《루이제》는 19세기, 그리고 20세기에도 여전히 목사의 전형적인 삶의 이상으로 여겨졌다. 알다시피 괴테는 전통적인 기독교 정신을 좋아하지는 않았지만, 그 역시 목사의 삶을 높이 평가한 중요한 증인 역할을 했다.

18세기의 목사관

그러나 이렇게 자신들의 존재를 확인이라도 하듯 18세기로 회귀하는 모습에서는 불안이 읽혀졌다. 포스와 괴테의 동시대인들은 프랑스 혁명과 나폴레옹을 겪은 증인이다. 이들은 종파가 섞인 국가가 형성됨으로써 독일 지도가 바뀌는 것을 경험했고, 따라서 종파 통일이 더 이상 가능하지 않다는 것을 경험했다. 종파 분리는 이

1세대 목사 가정 이야기

미 베스트팔렌 조약에서 제안했던 것이다. 나폴레옹 정복과 그 이후의 해방전쟁 중 목사관들은 군대의 숙영 장소로 사용되거나 전쟁으로 파괴되었다. 이런 것은 특히 장소에 대한 기억과 그림에 여전히 남아 있다. 빈 회의[13]에 의해 독일 영토는 새롭게 배열되어, 많은 목사들은 새로운 국가들에서, 따라서 여러 새로운 란데스키르헤[14]에서 다시 등장했다. 그들이 속해 있던 작은 국가가 더 큰 국가에 흡수되어 버렸기 때문이다.

18세기를 돌아볼 때, 어쩌면 목사관은 바로 이러한 변화를 목격하고는 시간에서 벗어난 기관이 되었는지도 모른다. 목사라는 직업도 일반적인 변화와는 거리가 있는 것처럼 보였다. 일종의 착각이었지만, 목사가 자신을 마르틴 루터와 카타리나 폰 보라와 같은 선상에 놓고 보는 것은 유익한 착각이었다. 물론 목사관은 이제 그렇게 이상화되어 신학적으로 일하거나 영적 상담을 하는 곳보다는 개인적 삶의 피난처로 보였다.

13_ 빈 회의: 나폴레옹 전쟁 이후 유럽 재편을 논의한 국제회의(1814-1815).

14_ 란데스키르헤Landeskirche는 1) 독일개신교연맹 소속의 독자적인 지방교회, 2) 국가교회Nationalkirche 두 가지 뜻이 있다. 여기서는 독일이 독립적인 여러 연방으로 분리된 상태에서, 독일개신교연맹이 아직 설립되지 않았을 때이므로 '국가교회'라는 뜻이 있다. 독일개신교연맹은 1945년에 설립되어, 현재 루터파, 통합교회, 개혁파의 20개의 독자적인 지방교회가 소속되어 있다. 따라서 1945년 이후의 란데스키르헤는 '지방교회'라는 의미이다. 이 책에서는 이 명사가 두 가지 의미를 다 포함하기도 하고, 각각의 의미로 사용되기도 한다. 이 역서는 의미의 혼동을 피하기 위해, 원어를 소리나는 대로 표기한다.

카를 프리드리히 싱켈

Karl Friedrich Schinkel

1781-1841년

싱켈은 여섯 살부터 노이루핀에 있는 목사 미망인 시설에서 성장했다. 어머니 도로테아(1749-1800)가 아이들의 아버지 요한 크리스토프(1736-1787)가 사망하자 자녀들을 데리고 이곳으로 이사했기 때문이다. 오래된 목사 가문 출신인 싱켈의 아버지는 노이루핀에서 큰 화재가 났을 때 구조 조치를 하다 고열의 감기에 걸려 사망했다. 1794년 어머니는 아이들을 데리고 베를린으로 이주했고, 싱켈은 그곳 그라우엔 수

도원에 있는 김나지움을 다녔다. 김나지움 6학년 재학 중, 건축가 프리드리히 길리Friedrich Gilly(1772-1800)를 따르게 되어, 길리의 사설 건축학교에서 수업을 받았다. 이후 수십 년 동안 싱켈은 고전주의를 이끄는 건축가로 활동했다. 그러나 이에 머물지 않고 신고딕 양식을 실험하기도 했고, 더 나아가 회화와 공예 영역에서도 활발하게 활동했다. 그의 건축 작품으로는 교회 및 국가 기관 건물, 베를린에 있는 노이에 바헤와 프리드리히스베르더쉐 키르헤, 라이프치히 대학 파사데와 뤼

첸에 있는 구스타프 아돌프 기념비 등이 있다. 그의 사상은 그의 제자들을 통해 19세기 건축예술에 계속 적용되었다. 계몽주의 및 낭만주의의 영향은 싱켈의 종교 이해에 영향을 주었다. 그에게 종교는 예술 속에서 명료해졌다. 그는 자신의 건축예술을 기독교 및 기독교 이전 전통의 결합으로 여겼다. 그에 따르면 교회 건축은 설교의 중심 기능에 따라 설교단에 방향을 맞추어야 했다. 때문에 그의 이상은 집중식 건축이었다. 그러나 교회의 수장이기도 한 프로이센 왕은 생각이 달랐다. 따라서 농

촌 지역 교회 건축을 위한 '노르말키르헤'[15]의 모범 초안은 소박한 강당 건물이었다. 하지만 싱켈의 생각에 특히 교회 건축은 그 실내장식과 함께 신적인 것을 관조할 수 있게 해주는 하나의 예술 작품이어야 했다.

―― 작센의 화가 요한 카를 뢰슬러가 1803년 젊은 싱켈의 초상을 그렸다. 이 초상화는 1945년 이후 실종되었다.

15_ 노르말normal은 '표준의, 보통의'라는 뜻으로, 싱켈의 노르말키르헤 즉 표준교회는 비용 절감을 위해 싱켈의 설계에 따라 프로이센 농촌 지역에 세워진 교회 건축 형태를 말한다.

——〈풍속재판관〉: 19세기에도 목사는 중요한 도덕 기관 역할을 했다. 그림에서 보듯 결혼하지 않은 한 쌍이 태어난 아이를 데리고 이곳에 들어선다. 마티아스 슈미트의 원본을 카를 라우서가 1874년 부식동판화로 제작했다.

3.

신분사회와
근대의 사이에서,
19세기 목사의 역할 갈등

국가와 밀착된
목사의 신분

1794년 제정된 프로이센의 일반 란트법[1]은 19세기까지도 통용되었는데, 이 법은 국가가 목사, 그의 가족, 곧 목사관에 대해 무엇을 기대하고 있는지를 보여 주는 좋은 본보기다. 목사는 교회의 대변인으로서, 다시 말해 교구('교회 사회')의 대변인으로서, 타인에게 불쾌감을 주지 않게 처신해야 할 법적 의무가 있었다. 또한 자신의 가족 구성원이 '착실하며 평온하고 겸손한 품행'을 갖추도록 가르쳐야 했다. 이런 사상은 적게는 가족에게 해당하지만, 크게 보면 교구민들에게 '하나님에 대한 경외, 법에 대한 복종, 국가에 대한 충성, 전체 시민에 대한 도덕적 훌륭한 성향을 불러일으키기 위한' 관할권을 의미한다.

국가와 목사

목사가 이러한 의무를 얼마나 충족시켰는지는,

1_ 프로이센의 프리드리히 대제 재위기(1740-1786)에 편찬되기 시작하여 그 후계자인 프리드리히 빌헬름 2세 재위기(1794)에 공포된 프로이센의 법. 프로이센 민법전Prussian Civil Code이라고도 함.

목사 자녀가 잘 되었는가 그렇지 않은가로 점검해 볼 수 있었다. 그리고 이런 이상을 가족 범위에서 실현시키려는 목사의 노력에 교구도 신중하게 참여했다. 가능할 경우, 또 사회적 환경에 따라 교구 신도는 목사의 통제에서 벗어날 수 있었다. 그러나 목사의 가족은 그럴 수 없었다. 그들은 국가가 목사의 몫으로 지정한 여러 역할의 한 부분이었기 때문이다. 목사의 근무 상황은 점점 더 공무원과 닮아갔고, 목사관도 이러한 근무 상황 안에 포함되었다. 사실 일반적으

── 19세기 산업화를 그린 그림에서 드러나는 노동 세계의 변화는 개신교 목사관도 새로운 과제에 직면했음을 보여 준다. 1875년 아돌프 폰 멘첼이 그린 〈철압연공장〉은 사회 깊숙이 파고든 변화를 보여 주는 비유적 작품의 하나다.

1세대 목사 가정 이야기

로 국가는 공무원의 사생활에까지 영향을 끼쳤지만, 목사의 경우 국가의 개입은 훨씬 더 강했다. 목사는 사생활에서도 공공의 모범을 보여야 했기 때문이다. 반면 공무원은 근무지와 거주지가 달라 공적인 일과 사적인 일을 구분할 수 있었다.

프로이센 일반 란트법에 근거를 둔 것처럼, 19세기 개신교회들은 독일 여러 국가의 질서 구조에 확고하게 뿌리 내리고 있었다. 독일 내 각 국가의 목사들은 통치자의 의뢰를 간접적으로 실행하고 있었다. 이런 점에서 목사는 발탁된 인물로 존경받기도 했다. 국가로부터 권한과 자격을 부여받았기 때문이다. 그러나 다른 한편으로 보면, 목사는 작은 지역 사회의 일부에 불과했다. 즉 권리를 주장하는 어떤 교구에 지정된 사람, 또는 어떤 후원자에게 배정된 사람일 뿐이었다.

그런데 교회와 목사가 처한 정치·사회적 질서 구조는 긴장 상태에 있었고, 이미 18세기가 진행되는 동안 균열이 생겼다. 모든 삶의 영역에서 더욱 강력해진 국가의 권한과 계몽주의는 교회와 목사로 하여금 사회·정치적 유용성의 관점에서 자신들의 역할과 기능에 대해 질문하게 했다. 이런 질문에 대한 답은—무엇보다도 프로이센 일반 란트법 내에서 볼 때—아직은 긍정적이었다. 그러나 결과적으로 교회와 목사는 국가를 통해 이러한 역할과 기능을 갖게 되었다.

이런 사실은 19세기 내내 자유주의와 사회주의의 징후 안에서 새로운 정치 세력이 정착되어 가는 동안 비판을 받았다. 사람들은 이전부터 내려오는 목사와 교회의 지위가 정치 발전을 방해한다고 생각했고, 이를 가장 빨리 없앨 수 있는 방법은 국가와 교회를 분리하는 것이었다. 여기에는 반가톨릭적인 의도가 함께 작용했다. 따라서 프로테스탄티즘의 사상이기도 했던 반교권주의[2]는 프로테스탄

아우구스트 빌헬름 슐레겔
August Wilhelm Schlegel
1767-1845년

프리드리히 슐레겔
Friedrich Schlegel
1772-1829년

두 형제의 아버지 요한 아돌프 슐레겔(1721-1793)은 작센 지방의 오래된 목사 가문 출신이다. 그는 두 형제가 태어났을 당시 이미 하노버의 마르크트키르헤의 목사였다. 아버지는 프리드리히 슐레겔을 라이프치히에서 상인도제 교육을 마치게 하려 했지만 계획은 무산되었다. 아들이 견습을 중단하고, 대학에서 철학·고전문헌학·예술학을 전공하려 했기 때문이다. 아우구스트 빌헬름과 프리드리히는 대학 졸업 후, 잡지 〈아테노임Athenäum〉을 발행했다. 이 잡지는 1798년부터 1800년까지만 발간되었지만, 초기 낭만주의의 중요한 기관지였다. 두 형제의 아내인 카롤리네(1763-1809)와 도로테아(1764-1839)도 초기 낭만주의에 속하는 작가였다. 이 시기에 프리드리히 슐레겔은 종교에 몰두했다. 그에게 종교는 철학·도덕·시문학과 하나의 전체를 이루는 것이었다. 1808년 그는 아내 도로테아와 가톨릭에 입문했다. 이러한 행동은 그에게는 '종교를 바꾸는 것이 아니라, 그저 종교를 인정하는 것'이었다. 프리드리히 슐레겔은 오스트리아의 공무원이 되었지만, 계속 시사평론가·철학자·문헌학자로 일했다. 특히 공개 강의로 유명해졌다. 아우구스트 빌헬름 슐레겔은 1803년 카롤리네와 헤어졌고, 번역가로서 특히 셰익스피어 드라마 번역가로 오랫동안 큰 영향력을 발휘했다. 또한 그는 인도학에서 눈에 띄는 학문적 업적을 이루었다.

그들의 아버지 요한 아돌프도 유명한 목사이자 시인으로, 문학적 관심이 컸고 번역을 하기도 했다. 그는 계몽주의 시인 크리스티안 퓌르히테고트 겔러르트(1715–1769)와 친분이 있었다. 이 시인 역시 목사관 출신이며, 마찬가지로 종교 송가와 문학 작품으로 유명했다. 그러나 두 형제는 레부르크의 삼촌 집에서 성장했고, 그 후에는 형인 카를 아우구스트 모리츠(1756–1826)의 집에서 지냈기 때문에, 아버지의 영향을 받았는지는 의문이다.

— 프리드리히(왼쪽), 아우구스트 빌헬름(오른쪽). 슐레겔 형제는 독일 초기 낭만주의 사상에 큰 영향을 주었다.

티즘 자체에 타격을 주었다. 목사관이 장래에도 계속 눈에 띄게 존경받는 기관으로 남을 생각이 있다면, 이는 점점 작아지는 특정 사회 영역 안에서만 가능한 일이었다. 그러나 19세기 초, 그것도 농촌에서 '목사 계층'은 경멸당하고 있었다.

개신교와 가톨릭

개신교 란데스키르헤의 목사는 종파 경쟁에는 거리를 두었지만, 국가와는 밀착된 역할과 기능을 맡았다. 또한 이런 역할은 목사의 자의식에도 영향을 끼쳤다. 이와 반대로 가톨릭 사제는 주로 19세기 후반의 문화투쟁[3]에서 국가에 충성하지 않는다는 비난을 받았다. 당시 그 수가 많지는 않았지만 독일에 처음 등장한 '자유교회' 목사들에게도 동일한 비난이 쏟아졌다. 하지만 개신교 목사와 반대되는 이미지를 부각하기에는 가톨릭 사제들이 훨씬 쓸모가 있었다. 개신교 목사들은 시민 복장(당시 가톨릭 사제들은 여전히 사제복을 입었기 때문에 쉽게 눈에 띄었다)을 하거나, 가족과 국가를 대변하는 역할 등으로 가톨릭 사제와 다르다는 것을 분명히 보여 줄 수 있었다. 그러나 개신교 안에서도 의견이 다양해서, 목사도 일상에서 구별된 복장으로 알아볼 수 있어야 하지 않는가와 시민 복장을 함으로써 목사 자신의 생활 환경을 저속하게 만드는 것은 아닌가 하는 주장도 있었다.

개신교는 어느 정도 가톨릭을 수용했다. 이는 루

2_ 반교권주의(反敎權主義, Anti-clericalism) 또는 반성직자주의 또는 반성직주의는 로마 가톨릭교회나 가톨릭교회 성직자들의 권위주의에 반대하는 사상을 말한다. 대표적인 반성직자주의는 종교개혁가들이 '오직 성서'를 주장하면서 종교개혁 당시 로마 가톨릭의 권위주의를 반대한 사건이다. 신앙의 권위는 성서에서 나오지, 교회나 성직자의 권위에서 나오지 않는다고 주장하면서 로마 가톨릭교회의 권위주의를 비판한 것이다.

3_ 문화투쟁Kulturkampf: 열렬한 개신교 교도였던 오토 폰 비스마르크 독일제국 총리가 로마 가톨릭교회를 국가의 통제 아래 두기 위해 1871년경에서 1887년에 걸쳐 격렬하게 벌인 싸움이다. 비스마르크는 독일의 로마 가톨릭교도들이 새로 탄생한 독일제국에 충성한다고 믿지 않았으며, 정치적으로 가톨릭 중앙당으로 대표되는 로마 가톨릭교도들은 개신교 세력인 프로이센이 제국을 주도하는 것을 불신했고 종종 비스마르크의 정책에 반대했다. 이 투쟁은 국가가 교육과 공식 문서를 통제할 수 있다는 사실을 확인시켜 주었으나 한동안 로마 가톨릭교도들을 소외시켰다(다음백과).

1세대 목사 가정 이야기

터주의에서 일반적 경향에 따라 목사 취임식을 서품식과 비교함으로써, 교회와 관계에서 목사의 지위를 매우 높여 놓은 사실에서 알 수 있다. 그러나 문화투쟁과 함께 확실한 지위를 얻게 된 환경가톨릭[4]에 비하면 개신교 목사는 별로 명망을 얻지 못했다. 환경가톨릭의 사제는 교구의 중심에 있었고, 자주 국가의 처벌을 받음으로 인해 특별히 존경받곤 했기 때문이다.

목사의 신분

개신교 목사의 공적이며 국가와 밀착된 신분은 이들이 신학과 신앙심 안에 존재하는 거의 모든 분야에 개입하며 민족주의적 각성을 촉구하는 설교자가 되게 했다. 게다가 많은 목사들은 해방전쟁들[5] 중에 소명을 받았다고 생각했고, 1870-1871년에 있었던 독일과 프랑스 전쟁[6]에서도 마찬가지였다. 이로써 개신교 목사는 정신적 포로가 되었다. 물론 소수의 예외는 있었지만, 1914년[7]에는 이 상황에서 벗어날 수 없었고 그럴 마음도 없었다. 1918년에도 마찬가지였다. 민족주의 문제는 1871년 독일제국이 건립되고 독일 내에서 문화투쟁이 강화되면서 목사의 영향으로 시민적 프로테스탄티즘 안에 깊이 뿌리내리게 되었다. 개신교 남녀 노동자들은 대부분 사회민주당[8]에 표를 주었다.

교회는 민족 관련 사건에 참여할 권한이 있었고,

4_ Milieukatholizismus에 적합한 우리말이 없어 단어 그대로 '환경가톨릭'이라 번역한다. 교회는 항상 사회 발전 및 변화 과정에 참여했는데, 환경가톨릭도 그중 하나로서, 19세기 말 시민 산업사회에 대한 반대운동으로 일어났다. 환경가톨릭은 신 스콜라 신학을 중요시했다. 이 신학은 주변 사회 환경과 반대 입장에 있었고, 이렇게 해서 가톨릭 신자들은 점차 자신들만의 환경(Milieu) 속으로 고립되었기 때문이다. 이러한 과정을 통해 가톨릭과 개신교는 서로 적대적인 입장에 놓이게 되었다. 특히 개신교 국가인 프로이센에 의해 독일이 통일되면서 가톨릭 신자들은 소수파에 속하게 되었다.

5_ 해방전쟁(Befreiungskriege 혹은 Freiheitskriege)은 1813년부터 1815년까지 중부 유럽에서 벌어진 수차례의 전쟁을 말한다. 나폴레옹 보나파르트 아래서 프랑스가 유럽대륙 상당 부분에서 누렸던 패권은 이 전쟁들로 인해 끝났다.

6_ 이 전쟁은 독일의 승리로 끝났다. 독일 통일을 추진하던 프로이센 왕 빌헬름 1세는 베르사유 궁전의 거울의 방에서 독일제국의 성립을 선포하고, 독일제국의 초대 황제 대관식을 치렀다.

7_ 1914년 제1차 세계대전 시작. 1918년 11월 11일 독일이 마지막으로 항복함으로써 전쟁은 종결되었고, 군주제였던 독일은 1919년 바이마르 공화국으로 바뀌었다.

이런 권한은 일종의 연결고리였다. 특히 프로테스탄트 엘리트들은 참여적인 교구민은 아니었지만 민족 문제에 관여할 권한에 대해서는 의견이 일치했다. 스당의 날[Sedantag]—1870년 9월 2일 프로이센 독일 군대가 프랑스 군대에 승리한 것을 기념하는 날—에 목사는 애국주의를 권하는 설교자 역할을 맡아 했다. 애국주의적인 것은 곧 프로테스탄티즘적인 것이라고 여겼다. 목사는 전쟁 후원단체에서 동일한 역할을 할 수 있었다. 문화투쟁 중에 신학대학생들과 목사들은 가톨릭 성직자들을 물리치기 위해 군복무를 해야 했다. 나중에 복무가 해지되자, 개신교 대학생들 사이에서는 이에 반대하는 항의투쟁이 일어나기까지 했다.

19세기에는 중·장기간에 걸쳐 국가와 교회가 분리되기 시작했고, 이런 상황은 목사의 공적 지위에도 영향을 끼쳤다. 이러한 분리는 외부에 의해 행해지기도 했지만, 교회가 자체조직을 구성하려는 성향이 점차 두드러졌기 때문이기도 했다. 독일 내 각 영방국가들이 그랬듯이, 개신교 란데스키르헤 내부에서 강력한 민주화 과정은 찾아볼 수 없었다. 그러나 19세기 초 프로이센이 라인란데[9]를 점유하자, 교회의 일반 대중은 장로회(재직회의)와 감독이 이끄는 지역총회 결정에 참여하려는 욕구가 생겼다. 이는 개혁파적 전통에서 나온 것으로, 여기서 '지역총회'는 목사회의의 개념이기도 했다. 이 전통은 19세기 독일의 모든 란데스키르헤로 확산되었고, 이는 교회 자치에 대한 의지를 표현한 것이라 할 수 있다.

그러나 이와 같은 자치위원회는 교구 내 목사의 강력한 지위를 제한시켰다. 지금까지는 교구만이 국

8_ 사회민주당Sozialdemokratische Partei Deutschlands: 약자는 SPD(에스페데)로, 우리나라에서는 사민당으로 부른다. 1875년에 정식 창당되어 독일의 현존하는 정당 중 가장 오래 되었다. 중도 우파인 독일 기독교 민주연합(Christlich-Demokratische Union Deutschlands, 약칭 CDU, 체데우, Die Union, 기민당)과 함께 독일의 양대 정당 중 하나다. 사민당은 종전 후 빌리 브란트, 헬무트 슈미트, 게르하르트 슈뢰더를 총리로 배출하였다.

9_ Rheinlande: 라인 강 연안 프랑켄 지역.

1세대 목사 가정 이야기

가로부터 권력을 인정받았다. 그러나 이제는 독일 국경 내 각 영방 국가의 란데스키르헤들이 확실한 지위를 갖게 되었다. 란데스키르헤의 행정조직은 강화되었고, 이 영향으로 목사의 생활 환경은 일반적 경향에 따라 통일되었다. 란데스키르헤는 국가에 종속되지는 않았다. 그러나 교회 행정기구에는 중간 심의기관들이 구성되어 있어, 이것들이 목사의 지위 그리고 자신이 하나님과 왕에게 근접해 있다고 생각하는 목사의 감정을 제한시켰다.

19세기 후반에 도입된 재직 회의와 다른 '평신도들'을 교구 업무에 편입시키려는 시도는 거의 성과를 보지 못했다. 재직 회의는 목사의 직무 수행 방식에 영향을 주었다. 또한 재직 회의에 목사 선출권이 있거나, 후원자Patron[10]나 란데스키르헤가 목사 임명권을 갖지 않은 경우에는 재직 회의가 목사 선출에도 영향을 끼쳤다. 그러나 곧 재직 회의 임원들이 이러한 임무 수행을 부담스러워한다는 비난이 일었다. 재직 회의와 목사 사이에 불화가 있었다는 것은 모두가 아는 사실이었고, 그 불화가 공공연하게 드러나기도 했다. 따라서 많은 목사들은 교회 지도부의 결정에 따라 목사 자리에 임명되는 것이 더 낫다고 생각했다. 특히 상당수 목사들은 선거 원칙을 통해 민주주의가 교회에 억지로 도입된다고 믿었다. 보수민족주의 프로테스탄티즘은 민주주의를 별로 달가워하지 않았다. 그 외 교회 지도부가 목사를 임용하면서부터 후원자의 영향력도 감소했다. 후원자들은 이제 '자신들의' 영지 내 목사 임용에 대해 조언할 권리만 있을 뿐이었다.

10_ Patron: '후원자, (교회, 신분 계급, 도시 등의) 수호성인, (창립자로서 특권과 의무가 있는) 교회 창립자' 등의 뜻이 있다. 이 책에서는 '후원자'로 번역한다. 영주나 군주 (혹은 지역단체)는 Kirchenpatronat(lat. ius patronatus) 교회 창립자(후원자)의 법적 지위(권리, 의무)가 있어, 자신들의 지역 내에 있는 교회를 후원한다.

목사, 공무원이 되다

목사의 수입은 소작료와 농업 소득에 의존했는데, 임용 지역에 따라 차이가 있었다. 1800년경 목사의 수입은 눈에 띌 정도로 나빠졌다. 해방전쟁으로 목사직은 재정적 희생을 감내할 수밖에 없었고, 모두 산업혁명 이전 시대의 경제적 문제와 맞닥뜨렸다. 교구에 적합한 지원자를 찾기 위해서는 교구끼리 경쟁해야 한다는 사실도 점차 알려졌다. 급여가 나쁜 지역은 자격이 불충분한 후보자를 배정받기도 했다.

급여 지급

국가와 교회는 급여가 나쁜 목사 자리를 매력적으로 만들기 위해 노력했다. 목사 계층이 '농부화 되는 것'을 위기 증상으로 인식했기 때문이다. 또한 그것을 국가적으로 인정받는 직업의 신분이 약화되어 가는 전조이자, 지속적으로 감지되는 목사에 대한 경멸을 부

1세대 목사 가정 이야기

프리드리히 슐라이어마허
Friedrich Schleiermacher
1768-1834년

슐라이어마허의 아버지 고틀리프(1727-1794)는 개혁파 군목이었고, 어머니 엘리자베트(1736-1783)는 베를린 궁정목사 티모테우스 크리스티안 슈투벤라우흐(1693-1750)의 딸이었다. 1783년부터 1787년까지 슐라이어마허는 아버지의 뜻에 따라 괴를리츠와 바르비 안 데어 엘베 근처 니스키에 있는 헤른후트 형제단 학교에 다녔다. 이후에는 계몽주의 영향을 받은 할레 안 데어 잘레에서 신학을 공부했다. 이는 헤른후트의 영향인 경건주의를 포기했다는 것을 의미하기도 했다. 가정교사와 목사로 일한 뒤, 1804년 할레 대학 신학 촉탁교수로 임명되었고 동시에 대학 목사직을 맡았다. 슐라이어마허는 1810년 베를린 대학을 설립·개교하면서 생의 전성기를 맞이했다. 그는 25년간 베를린에서 신학 및 철학 정식교수였으며, 수차례 신학대학 학장직을 역임했다. 주요 저서도 베를린에서 집필했다. 그는 저서보다 설교로 더 유명했다. 프로이센에서 루터파와 개혁파가 조합으로 통합되는 데 한몫을 했지만, 조합을 실현하기 위한 강제조처는 비난했다.

8. Friedrich Daniel Ernst Schleiermacher.
Geb. den 21. Nov. 1768 zu Breslen; gest. den 12. Febr. 1834 in Berlin.

슐라이어마허는 19세기 교부는 아니지만, 사람들은 대부분 그렇게 부른다. 하지만 그는 신학, 신앙심, 교회와 대중을 새롭게 표현하려는 노력의 교차 지점에 서 있었다. 정교, 계몽주의와 경건주의의 저편에서 보다 깊은 종교의 핵심이 발견되어야 한다고 생각했다. 이렇게 해서 그는 헤른후트 경건주의 성향을 지닌 부친과 구별된다. 어차피 슐라이어마허는 아버지의 잦은 부재로 인해 교육적으로는 어머니에게서 더 큰 영향을 받았다. 어머니의 남자 형제인 신학자 자무엘 에른스트 티모테우스 슈투벤라우흐(1738-1807) 역시 그에게 결정적인 영향을 끼쳤다. 외삼촌인 그는 처음에는 신학자로서 소명을 느끼지 못했던 조카의 인생길을 안내해 주었다.

— 신학자이자 철학자인 프리드리히 다니엘 에른스트 슐라이어마허는 동시대인들로부터 탁월한 설교자로 칭송받았다.

프리드리히 루트비히 얀

Friedrich Ludwig Jahn

1778-1852년

1811년 베를린 하젠하이데에 최초의 옥외 체조장을 만든 '체조의 아버지 얀'의 부모는 모두 목사관 출신이다. 브란덴부르크의 란츠에서 활동한 아버지 알렉산더 프리드리히(1742-1811)는 아들이 열세 살이 될 때까지 직접 가르쳤고, 이후 얀의 교육 이력은 불안정했다. 그는 김나지움도 마치지 않았고 대학도 다니지 않았다. 아버지가 외아들인 그에게 바랐던 대학에서의 신학 공부는 중도에 그만두었고, 직업적으로도 확고한 자리를 잡지 못했다. 해방전쟁 때는 독일의 민족주의적 사상에 몰두했고, 이를 확고하게 하기 위해 준군사 훈련이라 할 수 있는 '조국의 체조'에 기여했다. 그러나 해방전쟁이 끝나자 정부는 이를 수상히 여겼다. 게다가 얀은 독일 대학생 학우회 창립자 중 하나였다. 체조를 배우는 모임이었는데, 정부는 이 학우회를 의심의 눈길로 보고 있었다. 1819년의 칼스바트 결의로 체조도 금지되었기 때문이다. 옥외 체조장들은 문을 닫았고, 체조 운동은 박해를 받았다. 얀도 체포되어 법정에 섰다. 5년간 수감된 뒤 1825년 풀려났지만, 이후에는 프라이부르크 안 데어 운스트루트에서 경찰의 감시하에 살아야 했다. 1840년에야 비로소 사면 절차에 의해 복권되었고, 독일제국 창건 후에는 독일민족 체조의 아버지로 재발견되었다. 그러나 이때 그의 자유주의적이고 반왕정복고적인 사상은 의도적으로 감춰졌다. 얀에게서 보이는 프로테스탄티즘과 애국주의의 결합은 부모의 집에서 만들어진 것은 아니지만, 시대 상황을 통해 발전되었고 민족주의국가의 촉매가 되었다.

── 프리드리히 루트비히 얀은 독일 체조 운동의 아버지로 불린다.

추기는 위험의 전조라고 생각했다. 그러나 농부와 같은 목사 자리
는 교육받은 목사, 즉 현대화를 추구하는 국가에 유용하게 쓰일 만
한 목사에게는 매력적인 자리일 수도 있었다.

급여 지급이 아직 제도화되지 않았던 농촌에도 점차 규정된 급
여를 지급하는 제도가 도입되었고, 소유지를 임대함으로써 농촌 목
사와 그의 부인은 부담이 덜어졌다. 또한 목사가 농부처럼 일해야
하는 성향이 있던 곳에서, 이 성향은 시민화가 되는 성향으로 바뀌
었고, 목사의 시민화는 농촌 주민과의 분리를 의미했다. 그러나 여
러 조처들을 통해 근무 시간은 자유로워졌고, 목사는 교구를 위해
이 시간을 쓸 수 있었다. 물론 농부처럼 생활하지 않아도 된다는 것
에 모든 목사가 동의하지는 않았다. 토지 임대도 모두를 열광시키
지는 않았다. 임대의 결과로 나온 토지 수입이 기대했던 것보다 적
었기 때문이다. 이는 목사 소유의 토지뿐만 아니라, 교회 소유의 토
지 즉 교회 건물 수리 비용을 대주던 경작지에서도 마찬가지였다.
전에는 농부들이 노동 봉사를 해주었지만 이제는 이런 봉사를 받을
수 없었고, 여러 가지 직무 수행의 대가로 받는 빠듯한 보수에 목사
의 불만은 커져 갔다. 멀리 떨어진 설교 장소에 가거나 병자를 방문
하는 일, 마차를 타고 가서 직무를 수행할 때도 형편없는 보수는 마
찬가지였다.

19세기 후반까지도 물납物納과 성식聖式사례는 목사의 중요 부
수입이었다. 그러나 예전부터 물납은 신도들의 분노를 유발했고, 성
식사례도 마찬가지였다. 특히 세속화[11]가 처음 추진
되면서 교회예식에 따른 혼례 및 세례의 의미와 사용
에 의문을 가졌던 그 시기에는 그랬다. 이러한 부수입
제체는 지역이나 란데스키르헤에 따라 차이가 있었지

11_ 세속화Säkularisierung: 개인, 국
　　가나 사회 집단이 교회로부터 벗
　　어남. 수도원을 떠나 서약의 의무
　　없이 생활해도 좋다는 허가.

만, 의식 집행의 대가는 점차 금전 지불로 바뀌었다. 상황은 이랬지만, 목사의 보수는 서로 달랐고 이 직위에 대한 매력도 지역마다 달랐다. 이에 상응하여 목사 공고에는 항상 연간 수입과 급여 등급이 명시되어 있었다. 전직轉職은 특히 경제적 이유에서 매력적일 수도 있었다. 의식 집행에 대한 사례의 경우, 큰 교구 안에서는 목사들마다 소득의 차이가 나기도 했다. 의식 집행 시 인기 있는 목사를 더 많이 찾았기 때문이다. '교구 강요Parochialzwang'[12] 제도가 도입되기 전에는 아직 강제로 교구를 분할하지 않았다. 이 제도는 목사 동료들 간의 경쟁을 방지하기 위한 일종의 방어벽이었다. 이를 통해 교구민들은 의식 집행을 치를 때 자신이 속한 교구의 목사를 청할 수 있었다. 교구 강요는 오늘날까지도 유효한 규정이다. 특히 목사의 급여를 지불할 때 근무 연수를 고려함으로써 목사의 상황은 공무원과 더욱 유사해졌다. 근무 연수 참작은 목사의 이익을 대변하는 측면에서 19세기 말에 반복적으로 요구되던 사항이다.

그러나 근세까지, 부분적으로 현대에 들어서도 특히 농촌에서는 목사나 그의 가족에게 주는 선물이라 할 수 있는 자발적인 농산물 기부가 남아 있었다. 이런 식으로의 기부는 꽤 유용했다. 19세기 말까지 목사 가족은 수입의 3분의 1 내지 절반은 음식을 위해, 대략 5분의 1은 의복에 지출해야 했기 때문이다. 절약해야 하는 상황이라면 음식을 먼저 줄여야 했다. 따라서 농산물 헌금은 큰 환영을 받았다.

목사에게 급여를 지불하기 시작하면서 지역 후원자에 대한 의존도는 낮아졌다. 지역 후원자는 목사를 식사 자리에 초대하기도 했지만, 둘 사이의 교류는 대등한 관계가 아니었다. 후원자가 교회에 호의적

12_ 교구 강요Parochialzwang: 교구에 속한 교구민들은 모든 의식 집행 혹은 특정한 종교적 의식 집행에 관련해서, 해당 교구 교회의 사제에게 의식 집행을 받아야 하며, 교구 비용 부담에 책임이 있다.

1세대 목사 가정 이야기

인지, 혹은 각성운동에 호감을 보이고 있는지, 후원자에게 후원이 그저 귀찮은 임무인지 등은 지역 상황에 달려 있었다. 교회 안에서는 여전히 신분 사회가 유지되었고, 여기서 농촌귀족은 모범적 기능을 해야 할 의무가 있었다. 후원자도 타의 모범이 되라는 요구를 받았다. 이들의 모범 기능은 목사의 기능과 유사하지만, 그들이 이것을 늘 지킨 것은 아니었다. 게다가 후원자들은 자신들의 영지에 살지 않는 경우도 종종 있었다. 그들은 도시에 살면서 영지는 관리인에게 돌보게 했다.

목사의 급여가 동일한 직위의 공무원이 받을 수 있는 급여와 반드시 일치하지는 않았다. 그래서 19세기는 불이익과 불공평에 대한 불평의 세기였다. 이후 이러한 불평은 목사조합이 떠맡았다. 한 술 더 떠 자유로운 삶의 목가적 풍경과 자신을 희생하며 근무하는, 그런 자화상까지 목사의 이미지에 더해졌다. 목사가 직업상의 과도한 요구에 시달린 것은 분명했다. 영적 상담, 교회 단체생활의 체계화, 장거리 업무를 위한 시간 소비 등과 같은 과중한 업무였다. 따라서 영적 상담자인 목사의 영적 상담은 누가 맡아줘야 할 것인가에 대한 문제가 제기되었고, 이러한 불만들은 절대 소득과 비례하지 않았다. 적절한 급료를 받고 있는가는 중요하지 않았다. 교회 지도부 측으로부터 충분한 지원을 받는가, 혹시 명성에 손상을 입었다면 이를 어떻게 완화시킬 수 있는가 등이 문제였기 때문이다.

아무튼 총체적으로 볼 때 이러한 경향은 목사, 퇴직목사, 사별한 목사 부인의 생활수준 향상과 통일화 추세로 나아갔다. 19세기 목사의 예측 수명은 다른 직업종사자들보다 길었고, 물론 근무 기간도 길었다. 연금 딸린 퇴직(정년퇴직)은 19세기에는 아직 모든 란데스키르헤에서 일반화되지 않았다. 대신 나이 든 목사에게는 수습 목사를 붙여 주었다. 퇴직 연령이 확정되지 않았기 때문에 신청해야 퇴직이 가능했다. 그러나 신청에 따른 연금부 퇴지이 가능한 곳에서는 퇴직 후 목사가 어디로 이사해야 하는가도 문제가 되었다. 퇴임 목사는 후임자를 위해 목사관을 비워 주어야 했기 때문이다. 따라서 은퇴는 누구나 바랄 만한 것은 아니었다. 게다가 지금까지의 지위로 누렸던 사회적 인정도 사라졌고, 연금은 이제까지 받던 급여의 절반 혹은 3분의 1밖에 되지 않았다.

— 〈목사〉: 목사의 자기 이해는 19세기에 확립되었다.
1897년 페르디난트 호들러 작.

1세대 목사 가정 이야기

직업 역할에 대한
정체성 찾기

19세기 후반, 목사의 직무—더 정확히 말하면 공직—에 대한 집중적 토론이 일어났다. 이는 앞서 말한 상황에서 볼 때는 납득할 만한 일로, 목사조합, 잡지, 목사회의, 동료 간 사적인 모임에서 이런 토론이 있었다. 이미 정통을 고수하던 시기나 경건주의 및 계몽주의 시대에 그랬듯이 목사 계층 안에서도 신앙심 표현법, 신학적 신조, 또 직업상의 자기 이해에 관해 다양한 의견이 있었지만 이는 일부의 상황이었고, 다른 한편에서는 단결심 부족에 대한 불평도 나왔다. 어차피 목사는 장교들과는 달랐다.

목사의 직업적 자기 이해

목사의 삶의 모델이나 자기 이해는 장교와 같은 공무원과는 달랐다. 목사는 자신을 지식인, 교양시민, 사회의 친절한 사람, 경건한 모범, 계몽주의자, 근대정신의 중재자 혹은 반대자라고 생각하기도 했다. 그렇지만 목사가 공무원과 유사한 존재로 고착되어 버림으로써 독일 국가 내지 란데스키르헤의 틀 안에서는 장교와 목사를 비교할 수 있는 가능성이 여전히 남아 있었다. 이 비교가능성은 자기 이해에서의 공통 핵심과 직업적 이해관계의 공통 핵심에도 정확히 모사되었다. 이러는 동안 사람들은, 성장을 거듭하더니 이제는 목사조합과 자서전 집필을 통해 끊임없이 눈앞에 생생하게 그려지고 있는 전통과 연관될 수 있었다. 이 전통은 개신교 목사라는 직업의 발생 및 그의 발전을 생생하게 기억하고 있었다. 종교개혁과의 관계는 다음과 같은 사실을 다시금 명확히 했다. 즉 개신교 목사관과 대립을 이루는 것은 독신으로 사는 가톨릭 사제라는 사실, 가톨릭 사제의 자의식은 일반적으로는 가톨릭교회가 그에게 부여한 지위에 기반을 두고 있는 것이지, 교육, 전문지식, 업적, 모범성에 기반을 둔 것은 아니라는 사실을 말이다.

다른 직업들이 굉장한 힘으로 전문화되던 시기에 목사들은 이제야 직업적 정체성을 찾으려 했다. 이는 19세기를 거쳐 20세기까지 계속되던 과정이다. 이제 목사는 공적·사적 삶의 다양한 영역을 자기가 원하는 대로 혼자 감당할 수 없었다. 이런 삶의 영역에는 많은 학술적·시민적 직업이 있었다. 그리고 이런 직업들은 빠르게 전문화됨으로써 자신들만의 권한을 갖게 되었고, 전문성을 인정해 달라고 요구하게 되었다. 의사는 돌팔이의사에서 자연과학적·경험적 교육을 받은 전문가가 되었고, 교사는 교육자가, 연금술사는 자연과학자가 되었으며, 이러한 모든 직업은 자신들만의 방식으로 세계와 삶을 설명했다. 특히 19세기 후반 다윈의 진화론이 대표하는 과학적 세계상은 대단한 인기를 얻었고, 목사들은 여기에 답변해야 할 도전을 받았다고 생각했다. 노동운동까지도 이러한 세계상을 자신

1세대 목사 가정 이야기

의 세계상으로 만들었다.

19세기에 출판된 '목회 신학' 관련 서적들을 보면, 목사는 자신에 관해 혹은 목사라는 관직을 어떻게 이해하는가, 목사로서 특히 잘할 수 있는 것은 무엇인가라는 질문이 어떻게 논의의 주제가 되었는지 알 수 있다. 이런 책들에서 목사는 행위자로서 그 중심에 있으며, 이 책들은 목사의 교구 활동, 특히 영적 상담에서의 안내서로 활용되었다. 사람들은 직업과 소명, 개인과 관직, 자기 목적에 대한 이상과 교구의 소망 사이의 갈등을 이런 토대 위에서 생각해 보아야 했다. 이때 그들이 모범으로 삼은 것은 목자와 그에게 맡겨진 양 떼라는 본보기였다.

이러한 안내서보다 더 많이 읽힌 것은 1865년 처음 출판된 이후 쇄를 거듭한 카를 뷕셀Karl Büchsel(1803–1889)의 《농촌 목사의 삶의 기억 Erinnerung aus dem Leben eines Landgeistlichen》이다. 공직과 영적 상담에 관해 서술한 일종의 목회 신학이라 할 수 있다. 뷕셀은 1829년부터 1846년까지 농촌 목사로 근무했고 이후 베를린으로 갔다. 그의 책은 비애에 찬 회상 같았다. 뷕셀은 시대가 급속도로 변화한다고 1882년 판 서문에 썼다. 그나마 위안이 되었던 것은 마을에 여전히 교회가 남아 있고, 교회와 함께 목사관도 남아 있다는 사실이었다. 이것은 설교가, 그리고 이제 실천적이 된 복음전도가 자리를 잡았다는 뜻이기도 했다. 즉 사람과 관직이 내적으로 일치해야 했고, 이는 결국 목사 아내, 목사 자녀와 고용인에게도 적용되었다.

19세기 말경부터 개신교 란데스키르헤에는 목사조합이 설립되어, 직업 계층의 자기 이해와 이익을 대변하는 기구가 되었다. 1892년부터 독일 목사조합연맹이 생겼고, 1897년부터는 〈독일 목사신문 Deutsche Pfarrerblatt〉이 발간되었다. 지방 및 지역에서 목사들은 특히

프리드리히 프뢰벨

Friedrich Fröbel

1782-1852년

유치원이라는 독창적인 생각을 창시한 이 교육자는 현재는 튀링겐 지역인 오버바이스바하의 목사였던 요한 야코프 프뢰벨의 아들로 태어났다. 어머니는 그를 낳고 1년 뒤 사망했다. 프뢰벨은 어린 시절 어머니와의 사별이 훗날의 활동을 하게 만든 동기라 생각했다. 계모는 프뢰벨의 유년 시절을 힘들게 했고, 엄격한 부친도 마찬가지였기 때문이다. 프뢰벨이 열 살 되던 해, 외삼촌 요한 크리스토프 호프만이 그를 자신의 목사관이 있는 슈타틸름으로 데려갔다. 프뢰벨은 그곳에서 집에서보다 훨씬 잘 지내면서 육체적·정신적으로 원기를 회복했다. 젊은 시절

의 삶은 순조롭지 못했다. 확실한 직업을 얻지 못했고, 교사가 되겠다는 계획을 세웠지만 그 역시 불안정했다. 스위스의 작가이자 사회개혁가인 하인리히 페스탈로치(1746-1827)의 사상에 고무되었고, 몇 가지 교육학적 계획에 실패한 후 그는 1840년 바트 블랑켄부르크에서 최초의 킨더가르텐Kindergarten, 즉 유치원을 열었다. 정원이라는 뜻의 '가르텐'이란 단어는 의도적으로 선택한 것으로, 특정 목적 없는 놀이의 장소, 하나님과 자연이 일치

하는 교육의 장소라는 개념이다. 그러나 이런 악의 없는 생각도 1848년 혁명 이후 시대에는 정치적 의심을 받았고, 그래서 1859년 프로이센에서 유치원은 무신론적이고 사회주의적인 것으로 인식되어 금지되었다.

1860년 금지가 풀렸다. 물론 프뢰벨은 이런 승리를 맛볼 수 없었다. 유치원의 아버지는 1852년에 사망했다.

낭만주의적 의미에서 또한 계몽주의적 의미에서 볼 때, 프뢰벨은 교육자로서도 확실히 종교적이었다. 부모님의 목사관은 그에게 상반된 영향을 주었다. 영향 면에서 볼 때 부모님의 집은 오히려 부정적이었다. 슈타틸름의 외삼촌 집에서 산 것은 긍정적이었다. 그러나 교육학적 문제에 몰두할 수 있었던 것은 훗날의 자극, 특히 개인적 불화로 끝을 맺기는 했지만 페스탈로치의 제자인 고틀리프 안톤 그루너(1778~1884)와 페스탈로치와의 교제에서 받은 자극 덕분이다.

─── 목사의 아들이며 교육자인 프리드리히 프뢰벨에서부터 유치원 사상이 시작되었다. 하인리히 슈트라우흐의 원본으로 제작한 석판화. 1850년경.

월요일에 열리는 '목사클럽'을 조직해서, 실천적·신학적 문제들을 토의하고 아울러 친목을 도모했다. 이렇게 토론하고 친목을 도모하는 일은, 목사들 간의 불화와 동료답지 않은 태도를 비난하고, 때로는 그런 일의 책임이 목사 부인에게 있다고 악의적으로 몰아붙이는 것보다 훨씬 더 필요한 일로 보였다.

목사 부인은 남편의 공적 업무에 끼어들고, 비밀을 누설하기도 했고, 환자를 방문할 때는 신학자로 활동하기까지 했다. 이런 경우 목사 부인이 목사관의 성스러움을 위태롭게 만드는 것처럼 보일 수도 있었다. 나이 든 목사와 젊은 목사, 교육을 받은 목사와 덜 받은 목사, 자유주의 목사와 전통을 고수하는 목사 사이에는 늘 갈등이 있었고, 명성을 위한 경쟁과 거부하는 태도 등에서도 갈등이 유발되었다. 연맹이나 클럽 활동 같은 만남에 대놓고 참여하지 않는 '독선적인' 목사 동료를 늘 불평하기도 했다.

목사관에 대한 이상

란데스키르헤의 범주를 넘어 목사들의 공통적인 직업상을 확립하려는 노력이 있었다. 1885년 라이프치히에서 처음 출간된 〈목사관Das Pfarrhaus〉이라는 잡지가 그 증거다. 독일 목사관에 관한 주요 연대기 저자인 빌헬름 바우어Wilhelm Baur(1826-1897)가 창간호 서문을 썼다. 바우어의 서문에서 보면, 목사관은 그 시대의 전형에 따라 사회구제사업을 위한 과제를 맡고 있어 민중의 죄악과 맞서 싸워야만 했고, 민중의 삶에 활력을 주고 민중과 호의적으로 교류해야 했다. 또한 민중의 슬픔을 가라앉혀 주며, 민중의 행복을 장려해야 했다. 물론 바우어의 서문은 다른 것을 시사하기도 했다. 목사관은 많

1세대 목사 가정 이야기

은 결함이 있을 수도 있고, 위와 같은 목사관에 대한 이상은 언제 어디서나 실제와 상응하지는 않다는 점이다. 특히 가난한 목사 가족과 조금 더 부유한 목사 가족, 시설이 좋은 목사관과 더 나은 목사관의 차이는 여전히 두드러지며, 이런 차이가 공동의 자의식 양성을 방해한다는 점을 보여 준 것이다.

또한 바우어는 다른 사람들처럼, 독일과 프랑스의 전쟁 이후 최초의 심각한 세속화가 일어났다고 진단했다. 물론 그의 관점에 따르면 그 사이 이것은 극복되었다. 세속화가 된 배경은, 문화전쟁 중 공표된 호적법 때문에 이제까지 교회가 해왔던 의식 집행이 줄어든 탓이었다. 호적법에 따르면, 목사는 더 이상 호적사무소 직원 역할을 할 수 없었다. 그 때문에 얼마 지나지 않아 교회에서 결혼과 세례를 줄 때 했던 이전의 역할, 즉 호적과 관련된 역할을 잃어버렸다.

바우어와 다른 사람들은 역사적 자아 확인이 목사의 정체성 형성에 결정적인 기여를 한다고 생각했다. 따라서 19세기 후반은 목사관의 역할을 서술했던 첫 번째 전성기였으며, 이러한 서술은 목사관에 대한 미화이기도 했다. 이 점에서는 바우어와 많이 인용되는 그의 저서 《독일 개신교 목사관Das deutsche evangelische Pfarrhaus》과 함께 신학자이자 목사인 파울 드레프스Paul Drews(1858-1912)와 그의 책 《독일 과거의 개신교 목사Der evangelische Geistliche in der deutschen Vergangenheit》가 중심적 역할을 했다. 개신교 목사관을 처음 시작한 루터가 이상화되었듯, 목사관도 모범, 영원한 집, 산속의 도시, 촛대 위의 불빛 등으로, 또 교구 편에서는 속을 들여다볼 수 있으며 언제나 교구민의 필요에 따라 열려 있는 유리로 된 집, 즉 온실로 이상화되었다. 이로써 목사관은 세상 밖에 그리고 세상 위에 존재하는 숭고함으로 정의되었다. 이는 목사 가족의 실제 삶과는 달랐지만, 국가, 교회 행정부와 사회의 특정 분야가 목사 가족의 삶이라 간주했던 것과는 일치했다. 또한 공통의 자아 이해를 찾는 과정에서 희망, 경험, 이제까지의 목사관이 갖는 역사의 의미에서 추출해 낸 이상과도 일치했다. 따라서 목사와 그의 가족은 교구 전체가 기대하는 것을 모범적으로 보여 줘야 했다.

1세대 목사 가정 이야기

목회 이외의 부수적 활동들

　　18세기 목사 직업의 특징은 학문이나 농업에 부수적 관심을 갖는 것이었다. 그러나 이 관심은 19세기에 와서는 점차 사라졌다. 목사는 좁은 의미에서 그리고 전문적 의미에서 신학자가 되었다. 규정된 대학 전공 수업을 받았고 시험을 치렀으며, 정해진 교육 과정을 거쳤다. 이 교육 과정은 점차 실습과 관련된 두 번째 교육 시기까지 포함하게 되었다. 직업 이외의 부수적 관심을 잃어버림으로써, 목사는 실제적인 계몽주의자로서 사람들에게 영향을 주고, 인간 삶의 현실 속으로 밀려들어 오는 근대주의를 조절할 수 있는 가능성도 함께 잃어버렸다. 이런 교집합은 18세기까지는 당연히 존재했는데 말이다. 전반적으로 모든 직업은 확실히 직업으로 인정을 받았고, 이런 생업화는 세분화와 전문화를 가져왔다. 목사 직업도 당연히 이에 참여할 수밖에 없었다. 동시에 목사 직업은 사회적이고 인간적인 삶의 특정 관점에만 책임을 갖게 되었다.

목사의 역할

고유의 과제 분야인 영적 상담에 대해 점점 더 자주 논의되었고, 목사의 확실한 의무로 여겨졌다. 설교에서 언급되지 않은 것, 즉 전도와 교구 부흥 같은 것을 목사의 의무라고 기대하기도 했다. 이때 사람들은 학자가 아니라 종교인으로서 모범을 보이는 목사를 원했다. 이는 우연히 목사의 자아 탐구와 정신적 삶을 특별 과제로 설명하는 성향과 맞아떨어졌다. 그렇게 설명하는 이유는 교구를 위해 종교적 이득을 취하기 위해서였다.

이 문제에서 사람들은 또 다시 가톨릭 성직자를 깎아내릴 수 있다고 생각했다. 가톨릭 성직자는 금욕주의로 인해 생생한 인간관계를 알지 못하고, 결과적으로 감정 이입 능력이 없다고 비난했던 것이다. 영적 상담자인 목사는 여러 집을 방문했다. 방문하는 집 거주자가 사회적으로 어떤 위치인지 상관없었다. 이때 영적 상담은 특히 병자를 방문하거나, 질병이나 고령 때문에 교회에서 성찬에 참여하지 못하는 사람들과 성찬식을 하며 이들을 훈계하고 위안을 주는 대화와 기도로 이루어졌다.

물론 이런 방문을 통해 도움을 주려는 준비 자세는 목사마다 달랐다. 많은 목사들은 스스로 기꺼이 방문하기보다는, 신도가 방문을 요청하게 만들었다. 먼 길이 목사의 자발적인 방문을 방해하는 요인이기도 했다. 목사는 먼 길을 자주 걸어야 했다. 이는 넓게 펼쳐진 농촌 교구들에서는 날씨에 상관없이, 어떤 계절이나, 악천후나 거침없이 달리는 말들 사이를 지나고, 범람한 강을 건너야 하는 위험을 무릅쓰고라도 하루 종일 가야 함을 의미하기도 했다. 다른 방법이 없을 경우에는 목사의 아내가 방문 봉사를 맡아 할 수 있었다.

1세대 목사 가정 이야기

루이제 헨젤
Luise Hensel
1798-1876년

루이제 헨젤의 아버지 루트비히(1763-1809)는 브란덴부르크 지역 리눔의 목사였다. 그는 폐결핵으로 사망했다. 나폴레옹 점령기와 이후의 해방전쟁 시기에 가장의 사망은 가난과 궁핍을 의미했다. 루이제의 오빠인 화가 빌헬름 헨젤의 초청으로 어머니는 헨젤과 다른 아이들을 데리고 베를린으로 이사했다.

이후 루이제 헨젤의 삶은 가톨릭 개종으로 큰 영향을 받는다. 헨젤은 1818년 개종함으로써 프리드리히 슐레겔 같은 당대의 유명한 개종자들에 속하게 되었고, 베를린의 각성운동 세력에 속함으로써 이러한 발걸음은 더욱 더 눈에 띄었다. 그녀는 순결을 서약하면서 숭배자와 청혼자를 뿌리쳤고, 그 시대의 여인으로서는 자립적이라고 할 만한 삶을 살았다. 그녀가 물리친 구애자 중 한 사람은 시인 빌헬름 뮐러(1794-1827)로, 그는 실연의 아픔을 시로 썼다. 그 시가 바로 프란츠 슈베르트(1797-1828)가 곡을 붙인 연작시 〈아름다운 물방앗간 아가씨Die schöne Müllerin〉다. 루이제 헨젤은 가톨릭 수녀들과 가까이 지내기는 했지만 수녀회에 들어가지는 않았다. 일찍 사망한 여형제의 아들을 돌봤기 때문이다. 그녀는 가정교사와 교육자로 일했고, 점차 발전해 가는 가톨릭 사회복지사업단에 참여했다. 루이제 헨젤은 시인으로, 특히 개종 직전과 직후의 작품들로 오랫동안 명성을 누렸다. 가장 유명한 작품은 종파를 넘어서는 저녁 기도 〈저는 지쳤습니다, 쉬러 갑니다Müde bin ich, geh' zur Ruh'〉이다. 그녀는 신앙심과 작품들로 클레멘스 브렌타노(1778-1842)에게 큰 영향을 끼쳤다. 그는 베를린에 있을 당시 헨젤을 사랑했다. 브렌타노의 낭만주의는 그의 육감적인 열정과 분리될 수 없어, 두 사람 사이에는 종교적 감정으로 충만했지만 동시에 억눌린 관계가 싹텄다.

— 가톨릭으로 개종한 루이제 헨젤은 19세기 종교 작가로 유명했다.

143

요한 구스타프 드로이젠
Johann Gustav Droysen
1808-1884년

드로이젠의 아버지 요한 크리스토프(1773–1816)는 프로이센의 군목이었고 할아버지는 구두장이였다. 어머니 프리데리케(1777–1827)는 철물상의 딸이었다. 집안 형편은 원래도 궁색했는데 아버지까지 일찍 사망했다. 드로이젠은 아버지 친구들의 도움으로 슈테틴에서 김나지움

을 다닐 수 있었다. 이어 베를린 대학에서 고전문헌학과 철학을 공부하기 시작했다. 대학 시절 학비는 가정교사를 하면서, 특히 펠릭스 멘델스존 바르톨디(1809–1847)의 가정교사로 충당했다. 경제적으로 궁핍한 탓에 대학은 3년간의 짧은 기간만 다녀 상급교사 시험까지만 마쳤다. 한편으로는 게오르크 빌헬름 프리드리히 헤겔(1770–1831)의 영향과, 다른 한편으로는 고대 연구가인 아우구스트 뵈크(1785–1867)와 카를 라흐만(1793–1851)의 영향을 받아, 드로이젠은 하나의 역사관을 발전시켰다. 신중하고 독자적인 원전 연구 및 사상사의 의미 안에서 포괄적인 관점을 중시하는

역사관이었다. 그렇게 하여 그는 알렉산더 대왕 연구에서 헬레니즘이라는 한 시대의 명칭을 만들어 냈다. 이 명칭은 민족주의적 특성을 띠기도 했다. 그는 1848년 킬 대학 교수로서 이런 특성을 독일 문제와 연관시켜 더욱 발전시켰다. 1851년에는 예나로, 1859년에는 베를린으로 갔다. 베를린에서는 프로이센을 중심으로 하는 소 독일적 민족사를 주장하는 프로이센의 지도적 역사가의 한 사람이 되었다. 그러한 민족사

는 동시대 정치에 중요한 공헌을 할 수도 있었다.

드로이젠의 유년의 기억은 해방전쟁 시기까지 거슬러 올라간다. 이때 그의 아버지가 프로이센 민족주의에 열광했던 것이 그에게 중요한 영향을 끼쳤으리라 추측할 수 있다. 드로이젠의 아들 중 두 명은 역사가가 되었고, 두 딸 모두 고전문헌학 학자와 결혼했다. 드로이젠은 스스로를 역사학자로서, 역사 안에서 하나님이 정리하시는 손길을 믿는 신교도라 생각했다.

── 드로이젠 사후 출간된 강의록《역사학 Historik》은 역사학의 고전에 속한다. 1880년경의 사진.

다른 한편으로 목사는 여전히 자신의 본업에 상당히 근접한 분야, 고대 연구, 역사학, 민속학, 철학 같은 분야에서 활동했다. 예를 들어 독일제국 시대에 행해졌던 리메스[13]에 관한 연구는 많은 곳에서 지역 목사들의 공동 작업 참여에 의존했다. 지방 목사들은 촘촘한 조직망을 형성했고, 농촌 지역에서도 그랬다. 이들은 교육을 받았기에 고대 연구뿐만 아니라 방언 연구 및 민속학 연구에 적당한 자료 수집을 할 수 있었다. 마찬가지로 목사 중에서 요한 페터 헤벨Johann Peter Hebel(1760-1826)과 에두아르트 뫼리케Eduard Mörike(1804-1875) 같은 문학가도 찾을 수 있다. 이들 외에도 시문학에 재능이 있다고 생각한 많은 목사들이 있었고, 그들의 작품은 목사신문에 혹은 소책자로 발표되었다.

예를 들어 조류 연구가 크리스티안 루트비히 브렘Christian Ludwig Brehm(1787-1864)처럼, 드물기는 하지만 자연과학에 관심을 둔 목사도 있었으며, 양봉이나 과수재배에 능한 목사도 많았다. 원예 서적이 쓸데없이 목사에게 권해진 것은 아니었다. 시골에 있는 목사의 커다란 정원에는 과일나무가 많았다. 과일나무에 꽃이 필 때면 벌들도 자리를 차지했다. 집약적으로 과일나무를 재배하는 이유는 특히 과일이 오랫동안 급여의 한 부분이기도 했으며, 혹은 적어도 식단의 필수 보충 재료였기 때문이다. 19세기 급여 지불 방법이 새롭게 정비되자 그때야 비로소 정원 대부분은 화원으로 이용되었다. 그러나 여전히 목사 가족은 가족의 필요를 충당하기 위해 과일과 채소를 재배할 수밖에 없었다.

목사의 정원은 이익 측면에서 보자면 유용성의 상징이 될 수 있었고, 아름다움·여유·자연성의 상징이 될 수 있었다. 특히 목사가 가족과 함께 또는 혼자 앉아 있을 만한

13_ 리메스Limes: 로마인이 게르만 족과의 경계에 세운 벽.

1세대 목사 가정 이야기

정자라도 있다면 신앙심을 고양하는 장소가 될 수도 있었다. 반면 가꾸지 않은 정원은 일반 대중에게 나쁜 인상을 주었다. 목사가 그런 정원에 있는 탓에 농민에게 모범을 보이지 못했다면, 종교인들의 눈에는 어떻게 보이겠는가? 목사가 여유 시간에 보이는 도를 넘은 태도, 즉 과도한 '여유로움'은 가꾸지 않은 정원을 통해 눈에 띌 수도 있었다. 그러나 농촌 목사가 걸어서, 또는 말을 타고 다녀야만 하는 그 길들을 생각해 보면, 정원의 목가적 풍경을 만들어 낼 수 있는 시간은 당연히 부족했을 것이다.

본업 외의 활동들

지금까지 언급한 것들과는 전혀 다른 목사의 부수적 활동들은 논쟁거리를 불러왔다. 19세기 목사들 중 많은 이들은 자연과학을 근간으로 발전 중인 근대 의학에도 불구하고, 어쩌면 바로 그 때문에, 의사들과 경쟁하는 상황에 놓이게 되었다. 이는 영적 질병의 차원에서뿐만이 아니었다. 의사의 관점에서 볼 때, 목사의 부수적 의료 행위에는 돌팔이의사가 될 위험이 도사리고 있었다. 그래서 의학 서적을 집필하는 저술가들은 목사에게 가장 필요한 지식을 전해 주기 위해 '목회 의학'을 위한 교과서를 출간했다. 아동영양섭취·위생학·건강 계몽에 관한 조언 및 성병·알코올중독 문제에 대한 조언도 목사가 해야 할 일이었다. 농촌에서는 가장 가까운 곳에 있는 의사라 해도 실제로는 상당히 멀리 있는 경우가 많아, 목사와 목사 부인이 하는 첫 번째 치료가 도움이 될 수 있었다. 목사의 정원에서 자라는 약초에서 약(혹은 가짜 약)이 만들어졌는데, 당시에도 사람들은 이런 약을 '친환경적'이라 생각했다. 이런 치료 행위 때 목사 부인은 사회사업부녀회원[14]으로 혼동될 위험이 있었다. 사회사업부녀회원이 목사의 딸들 중에서 보충될 수도 있을 거라는 희망은 충족되지 않았다. 이 직업은 오히려 서민 가정 출신 여인들이 차지했다. 목사 딸들의 직업으로는 전도 봉사와 특히 의학 간호 분야가 고려되었다.

목사와 의사의 경쟁 탓에 목사가 가정이나 병원으로 환자를 방문하는 일로 갈등의 소지가 있었다. 특히 전염병에 대한 지식이 점점 늘어가면서, 의사의 시각에서 볼 때 목사는 전염병의 잠재적 보균자였고, 목사의 환자 방문은 죽음이 임박했을 때만 환영받았다. 그러나 다른 한편으로 목사는 의사의 조력자일 수도 있었다. 영적 상담과 관련한 노력을 함으로써 목사가 환자의 치유를 도와줄 수 있기 때문이다.

14_ Diakonisse: '여자 집사(부목사), 교구 간호사'라는 뜻도 있으나, 여기서는 병원의 간호사와 구분하기 위해 사회사업부녀회원으로 번역한다.

1세대 목사 가정 이야기

이상적으로 각색된
목사 가족

목사관은 당연히 업무적 기능이 있지만, 그 외에도 고유한 과제가 있었다. 목사관을 이상화理想化함으로써 이미 조짐이 보이던 가족 위기와 반대되는 모습을 보여 줄 수 있었기 때문이다. 개신교의 특성을 지닌 모범적 목사관을 기반으로 이상적 가족상이 선전되었다. 가톨릭 측의 금욕주의를 비판하기 위함이었으며, 특히 가족을 파괴한다고 생각되는 사회민주주의를 비판하기 위한 의도였다. 붕괴 내지는 '해체'에 내던져지듯 보이는 것들을 개신교 목사관이 지켜내야 했다. 그저 목사의 자녀들이 아침밥을 먹으러 머리를 빗고, 씻고, 옷을 입고 아침 밥상에 오는 습관을 통해서라도 상관없었다. 이 시기에는 목사의 결혼을 해체될 수 없는 관계의 모범으로 보여 주는 것, 특히 목사 부인의 역할모델을 고정시키는 것이 중요했다. 목사 부인은 남편 옆에서 빈둥대는 존재여서도 안 되고, 집 밖에서 직업을 구해서도 안 됐다. 그 밖에도 여러 가지 관점에서 목사 부인은 남편의 조력자로 예정되었다. 이런 맥락에서 여전히 중요한 개

념은 절제, 소박, 단순, 존경할 만함, 사회적으로 눈에 띄지 않음 등
이었다. 가족 안에서 이러한 개념들을 실천하는 책임은 목사보다는
목사 부인의 몫이었다.

목사 가족이 보여야 할 모범

목사 가족은 특히 주일 성수에서 특별한 모범을 보여야 했다.
주일에 그들은 모든 수작업이나 집안일을 해서는 안 됐고, 시장을
보다가 교구민에게 들켜서도 안 됐다. 특히 가족 구성원 모두와 함
께 주일예배에 참석해야 했다. 오전 예배와 오후 예배에 따로 갈 수
는 있었다. 두 예배는 목사가 주관해야 했기 때문이다. 주일에 여가
시간을 보내는 태도에서도 목사 가족은 모범을 보여야 했다.

산책이나 저녁 기도는 당연히 이런 모범적 태도에 속했다. 기차
이용이 가능한 곳에서는, 주일에 기차를 타고 도시에 가는 것을 타
락한 행동으로 여겼다. 많은 교구민이 행하는 '점잖지 못한 유흥'을
목사 가족이 할 경우 경멸당했고, 목사 부인이 준비한 가족 내에서
의 '안락함'을 즐길 수 있을 뿐이었다. 목사의 자녀들뿐만 아니라 목
사관에 속한 하인, 하녀와 머슴까지도 이러한 모범의 일부여야 했
다. 여기서도 목사의 직업상의 역할은 약화된 채, 모범을 보여야 할
주도권은 목사관 구성원에게로 넘어갔다.

목사 가족, 그러니까 목사관은 19세기에도 다른 관점에서 특별
한 입장에 있었다. 즉 목사 가족은 시민 가족의 형성과 생활 양식을
구체화시키는 데 기여했지만, 다른 한편으로는 이러한 시민 가족의
일부만을 구현했다. 왜냐하면 시민에게는 가족과 집이 안전한 피난
처이지만, 목사관은 가족의 피난처임과 동시에 교구 모두에게 열린

공간이었기 때문이다. 목사는 직업상 자신의 서재가 있는 목사관과 교구라는 두 중심점에서 활동했다. 목사관 안에서 직업과 가족, 가족과 사회는 분리될 수 없었다. 활동의 다른 중심인 교구로 인해 항상 불안이 목사관 안으로 따라 들어왔다. 이러한 불안은 시민의 집에서는 모르는 것이었다. 왜냐하면 시민의 집은 외부세계의 대립상이며 휴식의 공간이고 특히 가장을 위한 공간이어야 했기 때문이다.

목사 가족은 이상적인 모습이었다. 다른 시민 가족이 볼 때는 그랬다. 목사 가족은 사진에서도 각색되었다. 사실 19세기 집 안에서, 가족 관계 안에서 목사관의 현실이 어떠했는지는 추측할 수도 없다. 이미 계몽주의 시대에서부터 시작된 이상화는 미화美化로 변질될 수 있었다. 예를 들어 주일 오후 목사 가족이 식탁에 둘러앉아 커피를 마시는 모습이 찍힌 사진들은 중요한 자료로 인정한다 해도, 한순간을 찍은 것에 불과하기 때문에 목사관의 이상적 모습을 대변한다고 할 수는 없다. 가족과 음악을 연주하는 것은 확실히 목사관에서는 늘 있는 일이었으며, 가족의 결속과 경건한 태도가 결합된 모습이기 때문에 이 역시 이상적 목사 가족의 모습을 고착시키는 데 적당한 소재였다. 자녀교육 방식이나 부모자식 간의 결속력은 어떠했는지 등, 이런 사항들은 '목사관'이 존재하는 방식에서는 그저 부분적으로만 유추할 수 있었다. 오히려 다른 시민 직업에도 있는, 개인적 영향이나 역할기대에서 더 많은 것을 알아낼 수 있었다. 목사 자녀의 적응과 반항도 시민 계층에서와 비슷했다. 사제복을 입은 목사이건 그렇지 않건, 모든 아버지들이 특정 교육학, 어쩌면 검증되지 않았을 수도 있는 교육학의 대리자가 되어 자녀를 교육하지는 않았다.

── 때로 병문안도 목사 부인의 활동 범위에 속했다. 1830년대부터는 사회사업 부
녀회원이 이 역할을 넘겨받았다.

　　　　　　　　　　　　　　　1세대 목사 가정 이야기

아버지로서 목사

목사가 가장으로서 가족의 삶에서 얼마큼의 몫을 차지했는지 규정하는 것도 어려운 일이다. 조사 결과를 보면, 가족이 접근하기 어려운 목사에서부터 가족의 삶에 적극적으로 참여한 목사 등 다양한 모습을 보여 준다. 서재는 분명 많은 목사에게는 자신만의 피난처였다. 다른 가족 구성원들은 거실이나 목사관 정원에 머무는 것을 더 좋아했다. 목사들은 직업상 점점 더 많은 요구를 받았을 것이며, 농촌에서는 늘 외출 중이었다. 업무 시간의 일부는 아내와 자녀들과 함께 집과 정원에서 또는 산책을 하며 보냈다. 자녀와 함께 음악을 연주했고, 방문할 때 자녀를 데리고 가기도 했다.

자녀 교육은 의사소통이 전제되어야 했다. 이 역시 긴장되고 기대로 가득한 분야였다. 왜냐하면 아버지가 교육에 특별한 생각이 있으면서 여기에 종교적 근거를 대다 보면, 교육 목표를 달성했건 실패했건, 권위자로서 위신에 해가 될 수도 있기 때문이다. 물론 아버지의 기대, 특히 아들이 입신출세하여 대학 졸업자에 합당한 직업을 가졌으면 하는 기대는 당연히 문제가 많았다. 이런 기대에 부응하기 위해 부모 곁을 일찍 떠나야 하는 경우, 이는 아들에게는 지독한 고통이 따르는 길이었다. 따라서 목사에게 아들이 많다는 것은 사회적 위험을 의미할 수도 있었다.

아버지의 주요 관심사가 아들도 목사가 되는 것이었는지, 아니면 대학 졸업 후 다른 직업을 얻기를 원했는지는 추측할 근거가 많지 않다. 또한 교육에서의 패배자, 즉 높은 기대치에 도달하지 못했거나 능력을 보여 줄 준비가 충분치 않아 학업에 실패한 사람의 비율이 얼마나 되는지도 추정하기 어렵다. 실용적인 측면에서 볼 때,

야코프 부르크하르트
Jacob Burckhardt
1818-1897년

야코프 부르크하르트의 아버지 야코프(1785-1858)는 바젤의 목사였다. 이 점에서 이 가족은 독일어권 스위스 개혁파 목사관의 예로 볼 수 있다. 그러나 부르크하르트 집안이 바젤의 도시귀족 가문에 속했고, 따라서 목사의 아들인 그에게 모든 문이 열려 있었다는 점에서 본다면, 이 집안은 특수한 경우이다. 어머니 주자네 마리아(1782-1830)도 바젤 귀족 가문 출신이다. 야코프 부르크하르트는 아버지의 소망에 따라 신학을 전공했지만 곧 역사학으로 바꾸었고, 다시 예술사로 바꾸었다. 학업 대부분은 베를린에서 마쳤다. 1860년에 출판한 그의 책 《이탈리아 르네상스 문화Die Kultur der Renaissance in Italien》에서 드러났듯이, 부르크하르트는 역사학과 예술사 두 분야를 긴밀하게 연결한 사람으로 유명해졌다. 이 책에서 르네상스는 예술적 시기로뿐만 아니라 역사적 시기로서 총체적으로 조망되었다.

부르크하르트가 신학에서 역사학으로 전공을 바꾼 것은 아버지의 동의 아래 한 일이고, 그 자신은 신학 공부를 시작했던 것을 역사학을 하기 위한 좋은 준비였다고 긍정적으로 생각했다. 기독교에 대한 그의 관점은 물론 비판적이고 회의적이기까지 했다. 1853년 출간된 첫 번째 저서 《콘스탄티누스 대제 시대Die Zeit Constantins des Großen》에서 그는 콘스탄티누스를 그리스도교를 정치적으로만 이용한 범죄자라고 서술했다. 《세계사적 고찰 Weltgeschichtliche Betrachtungen》은 부르크하르트의 입문용 강의였는데, 1905년 유작으로 출판되었고 역사의 의미나 계획에 대한 깊은 회의를 보여 준다. 그에게 종교란 국가·문화와 함께 형상화된 권력이며 결국 인간적 요구의 생산물이고, 종교의 관철은 정치적 이해의 결과였다. 기독교도 종교개혁도 국가의 지원 없이는 확산되지 못했을 거라고 그는 주장했다.

— 스위스 문화학자 야코프 부르크하르트는 르네상스에 대한 우리의 생각에 중요한 영향을 끼쳤다.

많은 아버지들의 인생에서 신학 전공은, 어쩌면 타인의 후원을 받아 재정적 난관을 극복할 수 있는 공부, 어느 정도는 직업 전망이 확실한 공부였다. 따라서 목사인 아버지는 다음 세대도 사회적 출세 가능성이 높은 전공을 선택하기를 바랐을 것이다. 아들들은 어쨌든 다양한 직업 중에서 자신의 길에 발을 들여놓았고, 아버지들은 그것에 만족했거나 혹은 그렇지 못했다. 자서전적 증거들을 주의 깊게 읽어 보면, 아들들이 삶의 길에서 부친의 뜻에 반항했거나 동의했던 것이 확인된다.

변화된 여성상과 목사 부인

목사관에는 특별한 도발이라고 할 만한 일이 발생했다. 그것은 19세기 후반 시민 계층 및 노동운동에서 논의되었던 여성상의 변화였다. 교회나 목사관 안에서 아직 변화된 여성상을 많이 볼 수는 없었다. 이와 마찬가지로 목사의 결혼은 사적인 문제가 아니었다. 목사는 교회행정부로부터 결혼을 허락받아야 했다. 목사의 결혼은 절대적으로 환영받았다. '총각 살림살이'는 개신교 목사관 본연의 모습이 아니었기 때문이다. 개신교 목사관에는 집과 교구에서 활동하는 목사 부인의 노동력, 남편 부재 시 목사 부인이 자리를 지키는 것까지 다 포함되어 있었다. 한편으로 목사는 가능하면 첫 목사직에 취임하고 난 뒤에야 결혼해야 했다. 목사가 직업적 필요조건에 따라 아내를 선택할 수 있기 위해서였다. 그래서 신랑은 흔히 30세가 넘기도 했다. 그가 후보자인 상태로 목회 자리가 나기까지 오래 기다려야 한다면 결혼 연령도 늦어졌다.

목사의 신부로서는 목사관 출신이거나 아니면 적어도 목사관

사정에 아주 익숙한 여성이 선택되었다(혹은 신부가 직접 목사를 선택하기도 했다). 일반적으로 신부는 신랑보다 몇 살 아래였고, 이는 양성 간의 불균형적 관계를 더욱 강화했다. 목사관 출신이거나 목사관 사정을 알고 있는 여성들 입장에서는 목사와의 결혼이 매력 없지 않았다. 그들은 자신들을 기다리고 있는 게 무엇인지 잘 알고 있었다. 그러나 이 여성들은 시민 계층 남자와의 결혼을 선호하기도 했다. 한편 목사관에 미혼 목사가 있는 비율은 극히 낮았다. 교구민들이 미혼 목사에게 신부를 구해 주려는 노력을 기울였기 때문이기도 하다.

목사 부인의 활동 장소는 대부분 목사관이었다. 그러나 19세기 후반부터는 시민 여성들에게 제공된 사회 여러 분야에서 목사 부인들도 활동할 수 있었다. 주로 전도를 위해 수예협회를 조직하거나 다른 부인들과 함께 구제사업 영역에서 일할 수 있었다. 19세기 후반에는 목사 부인들이 점차 사회복지·초등교육 분야 직업에서 교육할 수 있게 갖춘 능력이 이런 외부 활동에 큰 도움이 되었다.

농사의 부담이 덜어짐으로써 목사 부인은 농촌에서도 남편과 함께 '시민화'될 수 있었다. 물론 여전히 목사의 정원을 경작해야 해서 농사를 짓기는 했지만, 이제 목사 부인은 농부에게 유능한 시민적 살림살이의 수호자가 되었다. 충분한 인력을 쓸 수 없다고 종종 불평하기는 했지만, 목사관에는 농촌에서건 도시에서건 고용인, 즉 하인과 하녀가 여전히 살림을 돕고 있었다. 목사관이 목사 부인에게 부여한 한계는 여전했다. 즉 목사 부인은 남편의 이상적인 조력자였고, 부지런하고 경건하며, 집과 아이들을 돌볼 책임이 있었다. 부분적으로는 예배에 책임이 있어 노래를 하기도 했고, 남편이 아프거나 과도한 부담을 느낄 때면 남편을 위해 일해야 했다. 환자 방문을 맡은 것처럼, 목사관의 문을 두드리는 사람들을 돌봐 주거나

1세대 목사 가정 이야기

꼭 필요한 것을 장만해 주어야 할 때면, 사회복지기관으로서 봉사할 수도 있었다.

목사 부인으로서 교구에 봉사할 소명을 타고나지 않았다고 생각하는 경우, 게다가 아이들도 이미 집을 떠난 상태라면, 목사 부인은 사회적으로 소외될 위험에 처했다. 목사 부인이라고 해서 모두 마을의 부인들에게 다가갈 방법을 찾은 것은 아니었다. 자신과 유사한 사람들과의 사회적 접촉은 남편의 일이었다. 목사 부인은 점점 더 남편을 통해 규정되는 존재가 되었다.

가장의 죽음은 여전히 가난으로 가는 길을 의미했다. 목사 미망인을 위한 복지사업은 그 사이 약간은 개선되었다. 남겨진 가족 부양을 위해 혼합 체계가 확립되었다. 전통적인 기부금, 목사 미망인 구호금고와 목사의 급여에서 떼어 국가적으로 조성된 연금으로 구성된 체계였다. 미망인들은 몇 달간의 과도기에는 사망한 남편의 급여를 계속 받을 수 있었다. 문제는 미망인이 목사관을 떠나 집을 구해야 하는 부분이었다. 아직 집을 떠나지 않은 자녀를 돌봐야 할 경우 이 문제는 더욱 심각했다. 왜냐하면 아버지를 잃은 아이들의 후원 역시 보잘것없고, 후원을 받더라도 지속적이지는 않았기 때문이다. 다른 보험 체계에서처럼 어차피 미망인 연금은 이제까지 남편 수입의 작은 부분에 불과했다.

가정과 세상 사이의
목사 자녀들

목사 자녀들이 어느 정도로 위장을 강요당했는지, 즉 집안의 혼란에 대해 침묵하라고 강요받았는지에 대해서는 경험적 조사를 할 수 없다. 무엇이 사실인지, 무엇이 자기 미화인지 절대 구분되지 않는다. "잘되는 일이 거의 드물거나, 절대 잘되지 않는다"[15]는 속담은 자녀 문제가 늘 좋은 결과만 낳지는 않는다는 것을 보여 준다. 시민성도 자기 연출이라고 한다면, 목사 가족은 이 점에서 다른 가족보다 더 완벽했다. 시민성은 계급의식을 통해서뿐만 아니라 종교적 관계를 통해서도 안전하게 보호되기 때문이다. 그 밖에도 목사 가족은 잠긴 문 뒤에서만 사는 게 아니라, 공적인 삶을 살아야 했다.

목사 자녀들의 삶

목사의 자녀들 대부분은 교양 외에는 물려받을 것도 없었고 잃을 것도 없었다. 물론 그들 모두가 교

15_ 원래는 "교사의 자녀, 목사의 가축, 잘되는 일이 드물거나 절대 잘되지 않는다(Lehrers Kinder, Pfarrers Vieh – gedeihen selten oder nie)."

1세대 목사 가정 이야기

양시민[16]이 되지는 않았다. 아비투어와 대학 졸업 증서처럼 학교 졸업이 공식화됨으로써 목사 자녀의 인생 목표도 공식화되었다. 뷔르템베르크에는 '국가시험 Landesexamen'이 있어, 이 시험에 합격할 경우 튀빙겐 신학교까지 진학할 수 있었다. 많은 목사 자녀들은 비용 때문에, 인문 고등학교라 할 수 있는 김나지움에 입학하기 전 여전히 아버지로부터 교육을 받았다. 따라서 그들은 다른 시민 계급의 아이들과 점점 구분되었다. 시민 계급 아이들은 가정교사가 없는 경우에는 학교에 다녔다. 목사 가족의 얼마 안 되는 수입과 자금은 자녀의 교육을 지원한다는 뚜렷한 목표에 사용되기도 했다. 이는 교양 시민 계급이 공통적으로 생각하는 목표와 일치했다.

목사 자녀는 이 모든 것에서 부모의 교육 이상, 다른 아이들의 일상적 삶, 집과 농장에서의 놀이와 책임 사이의 잠재된 갈등에 놓여 있었다. 목사 자녀는 일반적으로 교육 때문에, 혹은 결혼으로 마을을 떠나는 것이 예정되어 있었다. 그러나 마을 아이들은 아니었다. 목사 자녀들을 '평범한 사람들'의 아이들과 놀게 두는 것이 좋은 일인지, 나쁜 물이 드는 것은 아닌지 등 의견이 분분했다. 그리고 이때 목사 자녀들이 어떤 방식으로 그들의 모범 기능을 이용하는가 하는 관점에서도 의견이 다양했다. 목사 자녀들 중에서 모범적 기능을 보일 수 있는 아이가 있다 해도, 그는 언젠가는 근처에 있는 상급학교에 진학했다. 반면 마을 아이들은 직업의 길로 나섰다. 마을에서 목사 자녀는 다른 지방 명사의 자녀들처럼 공적으로 특별한 지위에 있었다. 그들의 옷차림이나 학교에서 앉는 서열에서 이러한 지위가 드러났다.

아버지가 사망한 뒤 남겨진 자녀들을 부양하는 부분에서는 남자아이들보다는 여자아이들에 대한 조

16_ 19세기 초 고전 교육 유지에 힘쓴 시민 계급에 속하는 시민.

하인리히 슐리만

Heinrich Schliemann

1822-1890년

슐리만의 아버지 에른스트(1780-1870)는 메클렌부르크 노이부코의 목사였고, 하인리히는 이곳에서 태어났다. 1823년 아버지는 앙커스하겐으로 자리를 옮겼다. 가족의 삶은 힘들었다. 아버지에게 애인이 있었기 때문이다. 교구민은 이에 대해 공개적으로 이의를 제기했다. 어머니가 사망하자 슐리만은 1831년 삼촌 집에 맡겨졌으나, 삼촌은 슐리만의 김나지움 학비를 내줄 형편이

못되었다. 1833년 그는 김나지움을 그만두고 상인이 되려고 견습 생활을 시작했다. 이후 슐리만의 인생사는 정말 모험적이었다. 원래는 남미로 이민 갈 생각이었다. 그러나 여의치 않아 암스테르담에 눌러앉게 되었고, 나중에는 상트페테르부르크로 가서 그곳에 무역 사무실을 내어 자립했다. 1850년에는 미국으로 가서 은행가로 일했고, 1852년 성공해서 상트페테르부르크로 돌아왔다. 그는 독학으로 라틴어 실력을 키웠고 고대 그리스어를 공부했으며 호메로스로부터 영감을 받았다. 1868년부터 트로이 전쟁의 역사적 배경을 찾기 시작했다. 그는 자신의 발굴을 매스미디어를 이용하여 알림으로써 고고학을 대중화시켰다. 그의 역사 해석이 옳지 않다는 것이 밝혀지기는 했지만, 대규모 발굴의 최초 지도자 중 한 사람이었다. 훗날 스스로 밝힌 바에 따르면 그는 아이 때부터 트로이 전쟁에 대한 아버지의 이야기에 매료되었다고 한다. 아버지는 어린이를 위한 세계사 책을 선물했

고, 그 책에는 불타고 있는 트로이가 그려져 있다고 했다. 특히 아버지는 그에게 라틴어를 가르쳐 주었다. 슐리만이 트로이의 존재에 대한 믿음을 늘 간직한 것은 바로 이와 같은 어린 시절에 받은 인상 때문이다. 어린 시절 슐리만에게 그리스적인 것에 대한 사랑을 일깨워 준 사람은 어떤 목사의 아들이라는 설도 있다. 그는 방앗간에서 일하는 청년이었는데, 학교는 실패했고 술에 취한 상태에서도 호메로스를 인용할 수 있었다고 한다. 어쨌든 다른 점에서는 아버지가 자신을 돌보지 않았다고 슐리만은 불평하기도 했다.

── 상인이며 고대연구가인 하인리히 슐리만은 '트로이 발견자'로 여겨진다. 1877년 시드니 호지스 그림.

쿠노 피셔
Kuno Fischer
1824-1907년

쿠노 피셔는 슐레스비히의 잔데발데에서 태어났다. 아버지 카를 테오도르(1789-1878)는 이곳 목사였다. 어머니 샤를로테(1798-1826)는 아주 일찍 사망했다. 쿠노는 남자 형제가 한 명 있었다. 아버지는 두 아들을 키우며, 1835년 쿠노가 김나지움에 다니기 위해 포젠으로 가기 전까지 두 아들에게 기초 수업을 해주었다. 포젠에서는 삼촌 집에 묵

을 수 있었다. 대학에서는 고전문헌학과 철학을 전공하여 3년간의 학업을 마쳤다. 박사학위를 받고 1850년 교수 자격을 취득하며 대학에서의 경력을 쌓을 초안이 그려진 듯 보였다. 그러나 피셔는 1848-1849년 독일혁명 뒤의 보수주의 정책의 희생자가 되었다. 범신론자라는 죄목으로 고소당했기 때문이다. 19세기에는 국가가 인정한 종교적 성향이 없다고 의심될 경우 자주 교원 자격 박탈로 이어져 대학교수가 될 수 없었다. 그러나 1856년 그는 자유주의적 성향인 예나 대학에 교수로 임명되었고, 1872년 하이델베르크로 자리를 옮길 때까지 예나에서 강의했다.

피셔는 철학역사학자로 유명했고 칸트와 헤겔 연구에 몰두했다. 생전에 그리고 사망 직후까지 피셔는 위대한 학자이자 대학교수로 명성을 누렸다. 오늘날까지도 하이델베르크 대학은 쿠노 피셔 상을 수여한다. 쿠노 피셔는 이미 학창 시절부터 매력을 느꼈던 분야를 연구했고, 자기 시대의 세계와 역사를 해석하는 능력에서 신학을 능가하는 것을 연

구했다. 그의 범신론은 외부에 대한 인정이며, 철학에 기반을 둔 세계
관을 비난하는 것이었을 뿐, 그의 신앙고백은 아니었다. 유년 시절 아
버지와 아들의 관계는 친밀했고, 훗날 아버지가 은퇴한 뒤 피셔는 아
버지를 자기 집에 모셨다. 이런 점에서 과거와의 단절은 없었다. 목사
의 아들은 부모님의 집과 학교에서 정신적 추진력을 얻었으며 이를 계
속 발전시켰다.

── 철학가 쿠노 피셔는 독일 문학사 연구에도 전념했다. 1880년
　　경의 사진.

치가 더 잘 갖춰졌다. 목사 딸들을 위한 시설에서 여자아이들은 학교교육과 직업교육을 받을 수 있었다. 이미 19세기 후반 이 시설에는, 여자가 자신에게 합당한 직업을 가져 스스로도 생계비를 벌 수 있다는 생각이 들어와 있었다. 부양받으려고 늘 결혼을 선택하는 것은 아니었기 때문이다. 그래서 이런 시설들은 부분적으로는 아직 부친이 살아 있는 목사의 딸들에게도 열려 있었다. 사실 개인 기부자가 있을 경우에만 이런 시설을 설립할 수 있었다.

목사 가문의 각인력

　'시민 계급'은 다양한 의미를 지닌 개념이며, '시민적인 것' 혹은 '교양 시민적' 목사관 역시 그렇다. 교양 시민적 목사관이 있기는 했지만 흔하지는 않았고, 오늘날에는 그 수를 측정할 수 없다. 목사관의 역사에서 늘 관건이 되는 것은, 목사 자신이 얼마나 교육을 받았는가, 누구와 교류했는가, 부모의 집에서 어떤 영향을 받았는가 등이었다. 어떤 경우든 이제 목사는 제대로 된 신학자이거나, 신학 외에 또 다른 분야를 전공하기까지 했고, 아비투어를 통과하는 것이 규칙이 되었다.

목사의 출신 배경

　목사의 출신 성분에 관해 통계수치가 제시되어 있긴 하지만, 이 숫자를 명확하게 해석할 수는 없다. 목사 계층이 목사를 배출하는 비율은 19세기에는 3분의 1 정도나 그 이상이었다. 아버지가 다른 높은 지위의 직업군(예를 들면 상급 공무원이나 상인)에 속한 아들들을 여기에 더한다면, 후보 목사 절반 이상은 상위 계층 출신이었다. 나머지 사람들은 아버지가 하급 공무원, 교사, 수공업자, 농부였다. 노동자 혹은 하인의 아들은 1, 2퍼센트에 불과했다. 다른 한편으로 보면, 목사의 출신 배경 중 귀족도 없었다. 귀족은 19세기에 정치적 힘을 잃었지만 여전히 영향력이 있었고, 지방에서는 후원자의 형태로, 도시에서는 지도적 공무원의 모습으로 많은 목사들과 맞섰다. 이 점에서 목사는 출신으로 볼 때 사회의 특정 계층만을 대표한다.

목사 아들(그리고 목사 손자, 증손자 등)이 이 직업을 택하는 비율이 아주 높아짐으로써, 목사 계층의 직업상 자의식은 강력하게 표현되었다. 그리고 이러한 자의식은 목사 딸을 넘어 그녀와 결혼한 목사 사위로까지 계속 전달될 수 있었다. 현재에도 발견되는 목사 '가문'은 일단 장교 가문과 비교될 수 있다. 물론 장교는 목사와는 전혀 다른, 귀족 계층으로 이루어졌다.

1세대 목사 가정 이야기

목사 후보자의 삶

국가에 의해, 또는 국가와 교회가 분리된 상태에서는 란데스키르헤에 의해 신학교육에 관한 엄격한 규정이 만들어졌다. 이에 따라 19세기에는 대학에서 적어도 3년간 신학교육 수업을 받도록 정해졌다. 대학교육이 끝난 뒤에는 교수와 교회 대리인들이 참석하는 전문위원회를 통해 시험을 치러야 했다. 시험에 통과한 사람은 후보가 되었고, 이로써 목사에 임명될 가능성을 얻었다. 그러나 대학교육이 끝난 뒤, 두 번째 교육 기간이 더 힘든 문제였다. 이 기간 동안에는 이미 일부 퇴화된 신학교 뿐만 아니라 수습교사기관 관청으로도 갔다.

직업 전반에서 추진되었던 전문화와 관련해 볼 때, 대학 졸업 후 실습과 관련된 혹독한 교육은 총체적으로는 바람직했다. 이렇게 됨으로써 젊은 신학자들은 자신들을 밀집시키는 체계 안에서 함께 보내는 시간이 더 길어졌다. 그럼에도 그들의 인생행로, 견해, 성향, 교회정치 실천 면에서 획일적이지 않았다. 1817년 종교개혁 기념

해에 비텐베르크에 신학교를 건립한 것은 하나의 이정표였다. 19세기 후반에야 수습 교사직이 정착되었고, 19세기 밀에야 비로소 미래의 목사는 두 번째 교육 기간으로 신학교에서 수련을 받거나 수습 교사직을 맡으라는 요구를 받았다. 두 가지 모두 20세기가 되어서야 의무화되었다.

신학생의 길

튀빙겐 신학교는 특수했다. '신학생'이 되는 것은 오랫동안 축복이거나 저주를 의미했다. 튀빙겐 신학교에 입학한 사람은 대학 공부를 할 수 있었다. 그러나 신학만 전공할 수 있었다. 수업료를 면제 받는 인원이 정해져 있었는데, 이는 오랫동안 목사 아들에게만 해당되었다. 신학교는 목사 가문에서 목사가 나오는 것을 제도화했고, 많은 현명한 인물, 평균적인 인물, 정신 나간 행동을 하는 사람을 배출해 내는 관청이었다. 뷔르템베르크 교회 김나지움이나, 마울브론 학교와 같은 "제미나르Seminar"[17]를 다니는 것이 신학교에 가는 가장 좋은 길이었다. 그러나 작가 헤르만 헤세나 에두아르트 뫼리케(뫼리케는 목사의 아들은 아니지만, 목사의 손자이기는 했다)는 목사직이 예정된 이 교육 과정을 오히려 고통스럽게 견뎌냈다고 할 수 있다. 여기에는 기숙학교의 특별한 상황도 한몫했다.

대학 졸업 후 목사 자리를 얻지 못하는 운명은 목사의 여러 인생길에 영향을 끼쳤다. 목사 자리를 못 얻었을 때 주로 선호했던 해결 방법은 교사가 되는 것이었으나, 신학자들은 교직을 맡기에는 질적으로 점

17_ 제미나르Seminar: Seminar는 대학의 '세미나' 외에 '(국민 학교) 교원 양성소, 사범학교, (국가시험에 대비한 예비 교원의) 학교 실습 과정'이란 뜻이 있다. 작가 헤르만 헤세가 다녔던 이 학교는 수도원 학교의 전통을 따르는 기숙학교로, 헤세의 전기에서는 항상 '신학교'로 번역된다. 여기서 신학교로 번역할 경우 대학 과정의 신학교와 혼동될 우려가 있어 원어를 독일어 발음으로 적는다.

1세대 목사 가정 이야기

점 떨어졌다. 교사도 전문 직업이 되기 시작했다. 따라서 신학대학 졸업 후 대부분 몇 년씩이나 일반 가정이나 귀족 혹은 상류 계층의 가정교사를 했다. 또는 다른 직업에 종사하면서 생계를 유지하는 수밖에 없었다. 이런 후보자의 운명은 일반적인 현상은 아니었다. 이 현상은 대체로 후보자의 상황에 따라 정도의 차이가 있기는 했지만, 후보자로 하여금 기다림에 순응하는 법을 배우게도 했다.

질병, 재정적 한계, 가능성 부족은 가정을 꾸리는 데 영향을 주는 요소였다. 보통 가정교사의 명예는 보잘것없었다. 가정교사가 다른 일까지 맡지 않는 한, 그의 임무는 아이들의 성공적인 교육과 훈육을 보장하는 것이었다. 그러나 젊은 신학자는 이런 책임을 맡기에는 전문 학습이 부족했다. 그들 대부분은 상류 시민이나 귀족 세계를 잘 몰랐기 때문에, 자신이 가르치는 학생에게조차 멸시받기도 했다. 불충분한 급여를 받고, 자격을 제대로 인정받지 못하며, 궁핍해서 억지로 이러한 위치에 내몰린 채, 그들은 개인 교습의 모든 문제점을 떠맡았다. 따라서 신학 역시 비난을 받게 되었다. 왜냐하면 신학은 교육학적으로는 결함이 있고, 본질로 볼 때 점차 자연과학적 지식까지도 목표로 삼기 시작한 보다 높은 교육에는 부적합하다고 여겨졌기 때문이다.

물론 긍정적인 예외, 즉 긍정적인 신학자들도 있었다. 그들은 가정교사로서의 삶에서 이득을 보기도 했고, 이 시기에 적어도 신학적으로 더 발전할 수 있었다. 예를 들어 프리드리히 슐라이어마허(1768-1834)는 가정교사로 생활하면서 자신의 교육학을 발전시킬 수 있는 자극을 받았다. 교육학 분야로 나아갈 운명이거나 아이들과 쉽게 관계를 형성할 수 있던 사람은 가정교사로 일하면서 현실적인 삶의 한 부분을 배울 수 있었던 것이다.

그러나 전반적으로 볼 때 상황은 다음과 같았다. 사실 소시민 계층의 젊은 남자가 신학을 전공함으로써 기대하는 것, 다시 말해 신분 상승은 시간적으로도 한계가 있으며 인생에 큰 영향을 끼치는 그런 막다른 길이 드러났다. 신분 상승에 대한 기대는 일시적이기도 하고 때로는 수년간 지속되기도 하는 신분 악화를 유발하기도 했다. 그 결과 후보자인 상태에서 결혼해야 할지, 우선 발령받을 때까지 기다려야 할지와 같은 질문이 제기되었다. 발령받을 때까지 기다릴 경우 목사 자신이, 혹은 오히려 신부가 아이를 낳기에는 너무 나이가 들 수도 있었다. 약혼하고 결혼까지 몇 년이나 기다려야 하는 것은 모두가 납득할 만한 해결책은 아니었고, 이런 식의 해결 방법은 썩 내키지 않는 것이었다. 그래서 신학이라는 학문과 교회종무국은 독신주의를 권했다. 간절히 바라는 목사직도 많이 제시되지 않고, 신부가 혼수품을 해오지도 않으며, 부모로부터 물려받을 것이 없다면, 생활 토대는 빈곤의 경계에 있었다. 그래서 빌헬름 라베의 《배고픈 목사》라는 소설도 나온 것이다. 많은 목사 후보자들은 여전히 대학 시절 진 빚을 여러 가지 방법으로 조금씩 갚아야 했다.

국가고시를 치른 신학자들이 최고로 과잉 배출된 때는 1830-1840년경이다. 프로이센의 여러 대학의 신학 전공자는 1830년경에는 2,000명을 넘었다. 취업 기회가 별로 없던 탓에 1850년경에는 거의 700명 선으로 떨어졌다. 1890년에는 다시 2,000명 이상으로 증가했고, 일차대전 직전에는 다시 1,000명 이하로 내려갔다. 19세기 말의 대학생 수로 볼 때, 독일제국[18] 시대에 다시 후보자 문제가 불거졌다. 물론 란데스키르헤마다 다르기는 했다. 1899년 잡지 〈목사관〉에는 독일 전역에 개신교 목사관이 1만 5,000곳이 있다고 발표됐다.

18_ 1871년 프로이센의 빌헬름 1세는 독일을 통일한 뒤 황제로 즉위했다. 1871년부터 1918년까지의 독일을 '독일제국'이라 부른다.

1세대 목사 가정 이야기

이 목사관에는 일자리가 여럿 있을 수도 있었다. 그러나 곧 여러 곳에서 오히려 후보자가 부족하게 되었다. 후계자 문제가 발생한 것이다. 그 결과 재직 중인 목사들은 퇴직을 신청해도 거부당했다. 목사의 퇴직 연령이 높은 것은 장점이기도 했지만, 퇴직이 거부당하는 사태에서는 이에 대한 불만을 유발하기도 했다. 어쨌든 목사 직업은 반복적인 인기를 누렸고, 대학에서 공부하려는 동기는 전공학과뿐만 아니라 졸업 후 기대되는 직업에도 좌우되었다. 다른 분야의 전망이 더 나쁠 경우에는 목사 직업이 매력적으로 보일 수 있었다.

그러나 자연과학과 기술의 급속한 발달로 인해 완전히 새로운 분야에서 만들어진 매력적인 직업 분야와 목사직은 점점 더 경쟁하게 되었고, 이 상황은 오래 지속되었다. 새로운 분야에서 활동하는 아버지의 아들이 신학전공자의 길을 가기란 어려웠다. 그 결과, 목사 집안에서 배출된 목사는 사회의 특정 분야인 '근대적' 직업이 별로 관심을 두지 않는 분야에 더욱 만족하게 되었다.

그 사이 신학과 신학 전공 대학생은 대학에서 새로운 학과들이 생김으로써 그 막강한 지위를 잃었다. 1830년 독일 대학에서 신학 전공자의 비율은 27퍼센트였는데, 1899년에는 7퍼센트로 떨어졌다. 따라서 대학 교육을 받은 사람들 중 목사의 비율도 감소했다. 대학 졸업이 필수인 다른 직업들 사이에서 목사직은 강력한 지위를 누려 왔지만, 19세기 동안에는 그 자리에서 밀려났다. 19세기 삼사분기에는 대학생 중 목사 아들의 비율이 여전히 10-15퍼센트였으나, 곧 그보다 감소하게 되었다. 이에 따라 대학 졸업을 요하는 직업을 가진 사람들 중 목사 아들이 차지하는 비율도 감소했다.

——— 튀빙겐 개신교 신학교는 1536년 울리히 폰 뷔르템베르크 대공에 의해 설립
되었다. 이 대학이 배출한 유명인으로는 천문학자 요하네스 케플러, 작가
프리드리히 횔덜린과 에두아르트 뫼리케 등이 있다. 1935년경의 사진.

1세대 목사 가정 이야기

헨리에테 슈라더 브라이만
Henriette Schrader-Breymann
1827-1899년

헨리에테 슈라더 브라이만은 아홉 명의 자녀가 있는 가정에서 성장했다. 아버지 페르디난트 브라이만(1797-1866)은 브라운슈바이거 란트의 목사였다. 어머니 루이제(1802-1876)는 딸이 볼펜뷔텔에서 학교를 마친 뒤 프리드리히 프뢰벨의 학교를 졸업하도록 해주었다. 헨리에테는 이후 얼마 동안 프뢰벨의 조력자로 일했다. 1853년 고향 밧춤으로 돌아온 그녀는 부모의 지원으로 그곳에 여학교를 세웠고, 1864년에는 볼펜뷔텔로 옮겼다. 학교 이름은 '노이-밧춤'이었다. 헨리에테는 프뢰벨의 교육 이상을 퍼뜨리기 위해 여행을 다니며 강연을 했다. 안할트 철도 국장이었다가 훗날 독일 제국 국회의원이 된 카를 슈라더(1834-1913)와 1872년에 결혼했다. 슈라더는 목사의 손자로 나중에 자유주의 독일 신교도협회에 참여함으로써 또 유명해졌다. 그는 사회 참여적인 신교도였고, 그런 활동 중에 헨리에테를 만났다. 결혼 후 두 사람은 베를린에서 활동을 계속했다. 당시에는 사회복지기관으로 조합을 설립하는 것이 통례였는데, 이런 조합들이 그들의 활동 수단 중 하나였다. 두 사람의 공동작업의 정점은 1896년 베를린 쇠네베르크에 페스탈로치 프뢰벨 하우스를 설립한 것이다. 이곳에서 소녀들은 직업교육, 특히 유치원 교사가 되기 위한 교육을 받았다. 대도시 베를린에서 슈라더 브라이만은 집안일과 정원 일을 위한 실용적 교육에 가치를 두었다.

헨리에테 슈라더 브라이만은 '유치원 교사Kindergärtnerin'라는 단어를 사용하는 대신 '민중교육자Volkserzieherin'라 표현하려 했다. 그녀는 사회참여적 신교도로 활동할 영역을 찾았지만, 시대 특성상 그녀의 활동은 제도화된 모성에 한정되어 있었다. 그러나 헨리에테는 교육과 사회개혁을 연계시키고, 또한 '여성 문제' 즉 정치 및 사회적 삶에 여성의 참여 문제를 도외시하지 않음으로써 그 한계를 대폭 확장시켰다.

—— 헨리에테 슈라더 브라이만은 초기 유치원 운동에 전력했다.

도시 목사와 농촌 목사의
생존 방식

목사들은 시민의 살롱 문화 여기저기에 참여했다. 그러나 19세기가 진행되면서 목사들의 이러한 조직망은 자주 단절되었다. 도시에서 목사는 점차 교양시민 계층은 물론 경제시민 계층과의 관계도 멀어져 갔다. 목사 계층은 소시민이라는 중간지위로 내려갔는데, 그렇다고 해서 이 지위가 노동자 계층과 연대감을 갖게 할 수도 없었다. 그 결과, 많은 목사들은 개인, 국가나 사회 집단이 교회로부터 떠나가는 추세에 위협을 받는다고 느꼈다. 이러한 경향은 도시에서 더욱 심했다. 농촌 역시 이미 이러한 징후를 보이며 문제가 발생하고 있었다. 1871년 독일제국이 수립된 이후 이런 추세는 가속화되었고, 교회 측은 도시에서나 농촌에서나 이에 대해 거의 손쓸 수 없는 상황이었다. 사람들은 이런 상황이 발생하게 된 원인을 도덕적 영역에서 찾았고, 그럼으로써 교회를 도덕 기관으로 규정했다. "내부 전도"[19]는 원래 이런 상황에서 활동을 펼쳐야 했다(목사

19_ 내부 전도die Innere Mission: 개신교회 내부에서의 기독교 선교를 위한 자발적 운동으로, 독일에서는 요한 힌리히 비헤른Johann Hinrich Wichern(1801-1881)이 설립했다.

1세대 목사 가정 이야기

측에서도 이런 문제는 기꺼이 '내부 전도'에 맡겼다). 내부 전도의 창시자인 요한 힌리히 비헤른Johann Hinrich Wichern은 구제사업을 통해 사람들을 도와줄 뿐만 아니라―시민이건 노동자건 상관없이―믿음에서 멀어진 사람들을 부활의 정신 속에서 종교적으로 새로 고취시키려고 했다. 물론 이것은 전혀 효과가 없었다. 이와는 정반대로 구제사업은 큰 성공을 거두었다.

도시와 농촌의 목사관

농촌에서 목사는 여전히 자신을 잘 짜인 사회 공간의 한 부분으로 생각하는가 하면, 특히 의사, 약사와 함께 지역 유지의 일부라고 생각하기도 했다. 목사는 이들과 시민적인 태도를 함께하고 정신적 교류를 나눌 수 있었다. 그러나 다른 한편으로 목사는 신분 서열에 맞추어, 때로는 가까운 곳에 동료도 없이, 가족 외에는 마음 편한 교제도 없이 혼자 살아가야 할 입장이었다. 목사 간의 친목과 전문적인 의견 교환 장려를 위한 '목사 서클Pfarrkränzchen'이 이를 위한 해결책으로 적극 권장되었지만, 목사 모두가 이를 높이 평가하지는 않았다.

그들은 농촌의 목가적인 풍경은 매우 칭송했고, 농민의 편협함, 부도덕, 자신이 소문과 잡담의 희생자가 되는 것에 대해서는 몹시 불평했다. 그래서 대부분 목사의 직업상 행로는 농촌에서 도시로 이어졌고, 그 반대로는 되지 않았다. 목사관의 특별한 지위에 관해 조사할 경우 목사 부인에게도 초점이 맞춰진다. 목사 부인은 남편이 받는 존경을 함께 누렸지만 자신과 동급의 사람을 발견하기는 어려웠다. 이를 어떻게 생각했는지는 당연히 각자의 성품이나 타인과의 교제에서 발전시킨 특별한 관심에 달렸다.

도시와 농촌의 목사관을 꾸밀 때 중요한 것이 있었다. 목사관 거실 벽에는 지나치게 세속적인 그림을 걸어서는 안 되었다. 십자가와 성경 구절을 장식해 놓음으로써 방문객이 이 집이 어떤 집인지도 알 수 있어야 했다. 이는 목사 가족의 집중적인 기도와 예배의 삶도 분명하게 해주었다. 목사의 생활 양식은 늘 논의 대상이었다. 물론 실제 생활 방식은 목표로 삼은 이상과 차이가 있었다. 목사들이 이제까지 지켜왔던 소시민적인 겸손은 지나치게 세상과 동떨어졌다고 생각했으며, 근대적·문화적·기술적 관점에서 동시대적인 것을 더 매력적으로 여겼기 때문이다. 종교로 각성된 사람들은 카드놀이, 극장이나 음식점에 가는 것, 춤을 즐기는 것을 조롱했다. 하지만 다른 사람들에게 이런 것은 정당한 유흥이었고, 목사에게도 그랬다. 흡연에 관해서는 미학적·의학적 문제 모두에서 논쟁이 완화되었고, 자전거나 자동차 운전에 대해서도 마찬가지였다. 목사가 정당 정치 활동을 해도 되는가에 대해서는 의견이 분분했다. 목사가 휴가를 받아 여행을 해도 되는지의 문제, 즉 이것이 교구를 등한시하고 개인적 즐거움을 누리는 것인지, 아니면 휴식으로 교구 활동을 위한 힘을 얻는 것인지 역시 일반적인 논쟁의 주제였다. 이와 함께 시민적 가정생활은 더 이상 피난처로의 역할을 충분히 하지 못했다. 때문에, 직업 일상에서 받는 긴장을 집 밖에서, 그리고 거처로 정해진 장소 밖에서 해소해야 한다는 의견도 제시되었다. 목사들은 점차 사진과 같은 근대적인 취미도 즐기게 되었다.

따라서 시민성이 원래 무엇인가, 시민성은 어떤 전근대적·근대적 이상과 관련되는가 등 전체적으로 논란의 여지가 있었다. 시민성에 대한 정의는 란데스키르헤마다 서로 달랐다. 예를 들어 진보

　　　　　　　　　　　　1세대 목사 가정 이야기

적인 바덴에서는 목사도 정치적 의미에서 진보주의적이며 시민적
이었다. 프로이센의 소도시에서 시민성은 편협함과 동일시되었다.

아무나 접근할 수 없는 목사의 작업실인 서재는 목사관의 정신
적 중심이었다. 서재에서부터, 그리고 점점 입장이 불확실해지기
는 했지만 사회적 삶의 감독자로서의 역할 때문에, 목사는 접근하
기 어려운 분위기를 풍기기도 했다. 목사의 영역은 서재에서 시작
해서 설교단으로 이어진다. 설교단 역시 목사가 자신을 표현하는 장
소였다. 목사는 늘 지나치게 오래 교구민들에게 설교를 하기는 했
지만, 항상 의도적으로 그랬던 것은 아니었다. 근본적으로 농촌 목
사는 그가 몸소 보여 주는 '도시적인' 근대화와 농촌 마을 현실 사이
의 긴장 상태에 있었다. 시골 마을의 현실에 대해 사람들은 의견이
매우 다양했다. 세속화 경향을 띈 도시의 입장에서 보면 마을은 이
상적인 세계였다. 하지만 머슴, 하녀, 떠돌이 일꾼에게는, 혹은 그
들 때문에 마을은 윤리적으로 위험한 장소였다. 또한 목사의 재산에
서 얻어지는 보잘것없는 수확으로 본다면 마을은 개인 빈곤의 원인
으로 인식되기도 했다.

19세기 후반 파울 드레프스[20]는 《교회학Kirchenkunde》에서 처음
으로 교회 상황에 대해 경험적으로 이해하려 했다. 아무 이유 없이
이러한 시도가 행해진 것은 아니었다. 드레프스의 책은 종교적 상
태에 관한 추측을 담고 있다 할 수 있는데, 농촌의 신앙심에 대해
서는 유난히 비판적으로 서술한다. 표면상 드러나지 않는 가톨릭처
럼, 미신이 농촌에서도 성행하고 있다고 진단했다. 농촌에 대한 진
단은 도시에 대한 진단과 다르지 않았다. 즉 농부들
은 돈만 중요시했고 단순한 농촌 거주민들은 욕구 충
족만을 중요시해서, 교회 일에 대해 정신적·물질적

20_ 파울 드레프스Paul Gottfried Drews
(1858-1912): 독일 루터파 신학자
이자 목사.

알프레트 브렘
Alfred Brehm
1829-1884년

브렘의 아버지인 크리스티안 루트비히 브렘(1787-1864)은 목사 집안 출신으로, 조류 연구 때문에 '새 목사^{Vogelpastor}'라고 불렸다. 어머니 베르타(1808-1877)는 크리스티안 루트비히의 두 번째 부인으로, 역시 목사의 딸이다. 노이슈타트 안 데어 오를라 근처의 렌텐도르프의 목사였던 크리스티안 루트비히 브렘은 명망 있는 조류학자였고, 새들을 관찰할 때 아들을 데려감으로써, 아들이 자신의 취미를—사실 '직업'을 잇는

것이 더 타당하겠지만—계속 이어 가기를 바랐다. 알프레트 브렘은 대학에서 학업에 열중하여, 이미 20세에 그의 아버지도 회원인 독일 자연주의자 아카데미인 레오폴디나에 가입됨으로써 능력을 인정받았다. 많은 연구 여행의 결과인 여행기들을 발표했고, 특히 그의 책 《삽화가 있는 동물의 삶^{Illustriertes Tierleben}》 (《브렘의 동물의 삶^{Brehms Tierleben}》)은 대중적 이야기책이 되었고, 많은 가정이 이 책을 소장했다. 해부학적

연구보다는 동물의 삶을 다룬 책이다. 삽화들은 책을 한층 더 매력 있게 만들었다. 직업상 브렘은 주로 함부르크와 베를린에 체류했는데, 함부르크 동물원 원장이고 베를린 수족관 관장이었기 때문이다.

브렘은 아버지의 직업이 아니라 자연과학에 대한 관심에 영향을 받았다. 형 오스카(1823-1850) 역시 이런 영향을 받아, 자신의 아들에게 이를 계속 전해 주었다. 《브렘의 동물의 삶》에서 브렘이 늘 성경을 언급하는 점이 눈에 띈다. 이 책은 오늘날의 의미에서의 자연과학서는 아니

며, 동물행동 해석에 더 중점을 두었다. 해석 과정 중에 동물을 인간처럼 묘사했기에, 이미 일찍부터 그는 비난을 받았다. 1858년 브렘은 라이프치히에서 프리메이슨에 가입했는데, 이런 사실로 그가 대대로 물려받은 종교와 결별했다고 볼 수는 없다. 이 단체의 가입을 통해 그가 진보적 신교도라는 것을 입증할 수 있었기 때문이다. 그가 가입한 프리메이슨 지부의 회원들은 신학대학 교수들이기도 했다.

— 동물학자 알프레트 브렘은 저서 《브렘의 동물의 삶》을 통해 대중에게 널리 알려졌다. 많은 가정이 이 책을 소장했다.

카를 폰 린데

Carl von Linde

1842–1934년

린데(1897년 작위를 받아 폰 린데로 바뀜)는 처음에는 오버프랑켄 지방의 목사관에서, 나중에는 켐프텐에 있는 목사관에서 여덟 명의 형제자매와 함께 성장했다. 아버지 프리드리히 린데(1811–1886)는 구두장이의 아들이었고, 어머니 프란시스카(1810–1879)는 부유하지는 않은 상인의 딸이었다. 카를 린데는 인문주의 김나지움을 다녔고, 이후에는 아버지의 뜻인 신학 대신 기계공학을 전공하려 했다. 아버지도 나중에는 그의 계획에 동의했다. 린데는 취리히에 있는 폴리테히니쿰 대학을 다녔으나, 퇴학당한 학생들을 변호했기 때문에 대학을 그만두어야 했다. 그럼에도 1872년에 뮌헨에서 기계공학 교수가 되었다. 1879년 린데는 냉각기술 분야에서 자신의 발명을 기반으로 하는 회사를 세웠다. 그의 발명은 특히 양조법의 관심을 끌었다. 발효와 저장이 온도기술적으로 조절 가능했기 때문이다.

린데는 회고록(《내 인생에서^{Aus meinem Leben}》)에서 목사관에서 보낸 어린 시절을 모범적으로 그려냈다. '생활태도의 소박함과 규율'이 그 모범의 하나였고, '아이들의 능력을 정신적으로 후원하고 교육하기 위해 가능한 모든 것을 해주려는 적극적 의지'가 다른 하나였다. 린데는 아버지가 자녀들의 교육을 위해 궁핍하게 지낸 것에 경의를 표함으로써, 아버지의 엄격함을 이해하려는 태도를 보였다. 또 어머니는 독창적인 상상력을 가졌다고 린데는 말했다. 린데의 프로테스탄트적이며 겸손한 품성에서, 거기에 더해 기업 안팎에서 사회에 참여하는 모습에서, 부모와 유사한 모습을 발견할 수 있다. 린데는 특히 그의 휴양지인 베르히테스가덴에서 교회를 위해 헌신했고, 그곳 개신교회 건축을 후원했다. 린데의 네 명의 딸 중에서 두 명은 목사와 결혼했다. 린데는 목사 딸들을 위한 기숙학교를 세웠다.

── 엔지니어 카를 폰 린데는 냉각기술자로서 유명했다. 사진 촬영 연도 미상.

호감을 느끼는 사람은 아무도 없다고 했다. 사실 교회적 삶에 차츰 거리를 두거나 회의를 느끼게 된 것은 도시 주민들뿐만은 아니었다. 농촌 주민들에게는 여전히 교회적 삶이 다른 무엇보다도 당연하고 확실하게 뿌리 내리고 있었지만, 그들도 도시 주민과 같은 성향을 보였다.

교회 협회들의 설립

도처에 설립되며 목표 집단의 다양성을 지향하는 이 협회들을 어떻게 다뤄야 하는가, 협회에 따라 달리 정해 놓은 교회의 축일 문화를 어떻게 다뤄야 하는가 하는 문제는 도시에서나 농촌에서나 하나의 도전이었다. 이런 상황에 경쟁을 부추기거나 보충해 주기도 한 것은 교회 협회의 활동과 제도로, 이런 협회와 제도는 특히 도시에서 성행했다. 구제사업 협회, 교회음악 협회, 교회건축 협회와 구스타프 아돌프 협회 같은 연합 협회가 여기 속했다. 이에 더해 교회 청년 활동도 시작되어, 청년 협회들의 설립이나 아동예배인 '주일학교'의 도입 등에서 이런 활동이 눈에 띈다.

따라서 19세기 말경에는 교회생활에 거리를 두는 경향에 반대하여 교회생활을 강화하려는 노력도 보인다. 이러한 강화 현상은 사회에서 눈에 띄는 자신의 지위를 지키려는 목사의 노력과 결부되어 있다. 교회생활은 이제 더 이상 교회에만 있는 것이 아니라, 협회가 있는 교구회관에서도 행해졌다. 교구회관에는 충분한 공간이 있어, 목사 가족의 사적인 공간을 관사 및 교구 공간과 더 확실하게 구분 지을 수 있었다. 드레스덴과 같은 도시에서는 개신교 협회회관이 교회처럼 커서, 큰 홀이 있는 그 건물 안에는 1,400석의 자리가 있었다. 이런 상황에서 목사가 능숙하게 일을 처리할 경우, 그에게는 조직자와 중개자로 역할이 주어졌다. 그렇지 않으면 그는 설교자의 역할에 만족해야 하기도 했다. 서재는 이제 작업실이 되었고, 그곳은 이미 오래전부터 신학을 연구하고 설교를 준비하는 장소가 아니라, 행정을 주 업무로 보는 곳이 되었다. 교회 협회들이 어디로 모여야 하는지, 혹은 입교식Konfirmation[21]을 앞둔 소년소녀들의 학습이 어디서 진행되어야 하는지 등의 문제도 재차 제기되었다. 음식점이나 학교는 그런 목적에는 적합하지 않았기 때문이다. 그래서 여러 곳에 교구회당이 지어졌다.

이것이 가능하지 않은 곳에서는 목사관 내의 한 장소가 종종 교구회관이 되었다. 그곳에서 목사 혹은 목사 부인의 지도 아래 여러 그룹이 기도회, 독서회 혹은 수공품을 만들기 위해 모였다. 이런 점에서 목사관에서의 교제는 자유로운 것이 아니었고, 그런 교제는 목사관의 미덕을 교구에 확장시키려는 목적이 있었다. 단순한 세속적인 즐거움에 대항해서 진실한 신앙심으로 사는 것을 이곳에서 배워야 했다. 몇몇 목사관은 영적 상담을 위한 비상연락처로 널리 알려지기까지 했다. 뫼틀링엔에 있는 요한 크리스토프 블룸하르트(1805-1880)[22]의 목사관이 그중 하나였다.

따라서 목사에게는 조직자로서의 역할이 점점 더 요구되었다. 이러한 과제는 목사가 참견장이가 되어야 하느냐는 불만을 자아내기도 했다. 동시에 부인 협회가 중요시되는 경우에는 목사 부인에게도 새로운 후원 역할이 부과되었다. 교회 협회의 활동과 제도의 관점에서 볼 때, 농촌에서는 목사의 주도 없이는 어떤 것도 이룰 수 없었다. 따라서 목사관에서의 가정음악

21_ 독일어 Konfirmation은 가톨릭에서는 '견진성사', 개신교에서는 '입교식'을 뜻한다. 입교식은 자신의 의지로 신앙을 고백하고 교회의 일원이 된다는 의미로 만 14세가 된 청소년 신자를 성인 공동체로 받아들이는 개신교 예배 의식이다.

22_ 요한 크리스토프 블룸하르트Johann Christoph Blumhardt: 개신교 목사, 신학자, 찬송가 작사가. 뷔르템베르크 각성운동을 이끌었다.

1세대 목사 가정 이야기

회 밤을 통해 교회음악에 관한 관심을 널리 퍼뜨리기 위해서는 목사
가 음악 교육을 받는 것도 유용했다. 이 점에서 교사와의 공동작업,
특히 오르간 연주자와의 협력은 도움이 될 수 있었다.

이미 19세기 교회에서는 예배에 문제가 발생했다. 주일 성수가
제대로 지켜지지 않은 것이다. 주일 성수를 지키기 위한 교회의 투
쟁은 근대 내내 이어졌다. 다수 사람들에게 일요일은 유일하게 쉬는
날이었다. 이미 19세기에 일요일을 나들이 가는 날로 생각하는 사
람들이 많았다. 그들은 예배를 가야 하는 시간인 아침에 벌써 교외
로 가거나, 소풍객들이 찾는 술집으로 갔다. 도시뿐만 아니라 농촌
에서도 많은 이들은 자주 일요일에도 일을 해야 했다.

현대화의 중재자이자
미풍양속의 파수꾼인 농촌 목사

도시와 농촌의 목사관을 구분할 수는 있지만, 이런 구분이 19세기에 농촌이 도시로 점점 접근해 왔다는 사실을 감춰서는 안 된다. 철도를 통한 유동화와 신문을 통한 대중매체화도 농촌의 도시 접근에 기여했다. 철도 덕분에 농촌 사람들은 반시간이나 한 시간 정도면 도시에 갈 수 있었다. 그래서 도시에서 기차를 타고 교외로 갈 수 있듯이, 농촌에서도 기차로 도시에 갈 수 있었다. 그리고 이런 상황은 계속되었다. 적어도 19세기 후반에는 농업의 기계화 및 주민들의 이농으로 인해 농촌이 극적으로 변화했기 때문이다.

동시에 농촌의 목사는 도시에서 농촌으로 접근하고 있는 현대화의 중재자였다. 물론 목사관 안에서는 이런 현대화가 도를 넘어서는 안 되었다. 현대화에 속하는 모든 것은 도시에서 구입되어 농촌으로 보내졌기 때문에, 농촌생활은 도시생활보다 비용이 더 들었다. 따라서 철도 노선이 지나가는 농촌에 사는 목사 가족은 생활하기가 더 쉬웠다. 현대화는 특히 유행복에 반영되었는데, 복장 혁신의 관점에서 보면 때로 목사 부인과 딸들은 쉽게 유혹당하는 사람들로 보였다. 이 점에서 목사와 목사 부인은 마을 사람들과는 생활 양식이 다르다는 점이 눈에 띈다. 다른 사람들과는 달리, 고작해야 의사나 약사하고만 비교가 가능하지만, 목사는 어차피 타지에서 마을로 온 사람이고, 도시에서 성장했을 수도 있다. 그럴 경우, 말투, 방언, 태도로 볼 때 목사는 마을 주민과는 다른 사람, 즉 '대학을 마친 사람'이었다. 그러나 의사나 약사와 비교하면 목사의 필요성에는 의문이 제기될 수 있었다.

농촌 목사의 생활

목사관의 일부인 별실에서 볼 수 있는 장면이기는 했지만, 목사와 가족의 거주 문화, 복장과 생활 양식은 겸손한 시민성을 입증하기도 했다. 그런 목사관은 이전에는 농부의 집이었고, 현재의 건축 상태가 썩 좋지만은 않았다. 농촌에 새 목사관을 짓기도 했지만, 돌로 지어졌고 때로는 단층집이 아니기도 해서 도시적으로 보였다. 그러나 여전히 목사관은 목사 가족에게 공간을 제공할 뿐 아니라 목사의 업무 공간, 하녀와 손님들을 위한 장소를 제공했다. 시민 풍으로 새로 짓거나 재건축한 목사관에는 수세식 화장실이 딸린 현대식 욕실도 만들어졌다. 이런 실내 설비 상의 특징은 농촌보다는 도시의 목사관에서 발견된다. 도시의 목사 부인이나 하녀는 물과 전기를 편안하게 관이나 전선을 통해 공급받을 수 있었지만, 농촌에는 펌프나 등유램프로 만족해야 했기 때문이다.

마을은 물론 그 안의 목사의 지위도 점점 변해 갔다. 마을 공동체를 놓고 볼 때, 사회 현실적 관점에서 마을과 목사 사이가 심각하게 분리되었다고 하는 것은 물론 과장이다. 19세기 말에 소방 협회, 군인 협회, 원조 협회 및 다른 협회들이 자신들만의 축제 문화를 정착시킴으로써 교회적 삶과 경쟁하기 시작했다. 여전히 마을의 전원 생활이 강조되기는 했지만, 이미 이 시기에도 마을 주민들과 거리가 있어 불편을 느끼는 농촌 목사도 있었다. 그러나 사실 마을에서는 예배 좌석 배치에서도 드러나듯, 극심한 사회적 불평등이 두드러졌다. 예배는 교구의 공적 행사였지만 수확기에는 그렇지 않았다. 이 시기에 마을 주민들은 일을 해야 했기 때문이다.

목사는 여전히 미풍양속의 파수꾼 역할을 할 수 있었다. 마을에서는 사회를 더 효과적으로 통제할 수 있는 점도 여기에 영향을 주었다. 그러나 목사의 이런 역할은 '타락한 신부', 즉 혼전에 임신한 상태로 결혼하는 신부나, 혼외자식에게 세례를 받게 해야 하는 사람들에게는 불쾌한 것이기도 했다. 도시와 농촌에는 이런 사람들이 매우 많았다. 농촌은 순결의 섬이 아니었고, 19세기에 매우 강조되던 '미풍양속'이 도시에서보다 농촌에서 더 중요시되었다고 볼 수는 없다. 따라서 영적 상담을 할 때나 성찬 신청 등록 및 참회를 할 때, 이런 도덕적 문제와 관련한 사실들이 밝혀졌고, 이를 다루는 것은 목사에게는 상당히 힘든 과제였다.

경건주의의 유산인 각성운동이 확고하게 자리 잡은 지역들에서는 신앙심과 사회 기강 훈련은 또 다른 큰 의미가 있었다. 여기에 동조하는 후원자와 교구민들은 경건주의적인 목사를 맞으려 했다. 경건주의적인 성향은 엄격한 생활 양식을 연상시켰다. 이 점에서 목사관은 부부 및 가족 공동생활과 자녀교육에서 모범적 영향을 줄 수 있었다.

농촌 목사는 영향력 면에서 볼 때, 자신을 능가하는 대농大農과

1세대 목사 가정 이야기

의 관계에서는 난처한 입장이었다. 후원자가 대농일 경우도 있었다. 후원자와 다른 대농도 이제 태도상 시민이 되었다. 그것도 목사가 속한 교양시민 계층보다는 도시 경제시민 계층에 더 어울리는 시민이 된 것이다. 더욱이 19세기 후반 교직자회를 도입한 이래 목사는 어느 정도는 마을 지식인의 통제 아래 놓이게 되었다. 이는 이제까지 목사가 종교적·교회적 면에서 누렸던 높은 지위를 축소시켰으며, 교구 재정에 목사가 개입하는 것을 막았다. 이외에 교직자회 임원들은 자신들이 목사처럼 반드시 교구의 모범이어야 할 소명은 없다고 생각했다. 그런데 목사는 그들을 공개적으로 비난할 수 없었다.

마찬가지로 목사는 종종 교사와도 어려운 관계에 있었다. 독일제국[23] 시대에는 종교적으로 학교를 감독하는 것은 점점 더 문제가 되었다. 사실 그것은 목사가 마을학교 교사를 감독하는 것이었기 때문이다. 다른 면으로 볼 때, 목사와 교사의 관계가 모든 곳에서 다 불편한 것은 아니었다. 좋은 협력관계를 유지하기도 했고, 교회에 적극 참여하는 교사도 있었다. 목사와 교사 모두 서로의 가족에 대해 어떤 관계를 유지해야 하는가도 다시 공개적 문제가 되었다. 마을학교 교사는 교육이나 수입 면에서 목사와 동등한 상황이 아니었다. 그런데도 목사와 사회적으로 동등하게 여겨질 수 있었을까? 목사의 자녀가 초등학교에 다니지 않고 집에서 부모로부터 수업을 받는 것이 이미 두 가정의 차이점이라 할 수 있었다. 그렇지만 목사관과 학교는 교구와 관련해서는 서로 소통하는 듯 보였다. 그러나 도시에서의 상황은 달랐다. 도시 목사는 지역 장학사에게 별 영향력이 없었다.

23_ 1871-1918년 사이의 독일을 칭한다. 영방국가였던 독일은 빌헬름 1세와 재상 비스마르크의 노력으로 1871년 통일되었다. 1918년 일차대전에 참전했던 독일이 패전함으로써 왕정이었던 독일제국은 끝나고, 1919년 독일 최초의 민주주의 국가인 바이마르 공화국이 설립된다.

—— 철학자이자 고전어문학자인 프리드리히 니체는 1844년 뤼첸 근방의 뢰켄에
있는 목사관에서 태어났다. 교회와 목사관 전경.

모든 위기 현상에도 불구하고 도시와 비교할 때 농촌의 목사는 여전히 어떤 중요한 위치에 있었다는 점이 눈에 띈다. 그는 목사로서 환영받았고, 세례나 결혼이 있을 경우 교구민들의 가족 잔치에 초대받았다. 이 자리에서 사람들은 목사가 식사설교를 해주기를 기대했고, 목사는 조금 전에 했던 세례설교 혹은 결혼설교에 지나치게 어긋나지 않는 적당한 말을 해주어야 했다. 교구민들의 이런 초대는 앞으로도 계속 믿음을 지킬 것이라는 표현으로 볼 수 있었다. 따라서 목사는 교구민에게 편안한 태도를 취하고 관심을 보임으로써 이런 믿음을 확장시킬 수 있었다.

프리드리히 니체
Friedrich Nietzsche
1844-1900년

니체의 아버지(1813-1849)는 라이프치히 근처 뢰켄의 목사였다. 그러나 일찍 사망한 탓에 프리드리히 니체는 아버지를 알지 못했다. 이미 14세에 쓴 유년의 자서전에서 그는 아버지를 "완벽한 시골 목사상"이라 칭했다. 니체는 유년기와 청년기를 어머니 프란치스카(1826-1897)와 다른 여자 가족들과 함께 나움부르크에서 보냈다. 이곳에서 다니던 학교에는 적응하지 못했다. 1858년 국립학교 슐포르타에 입학한 것은 그의 인생에 큰 영향을 주었다. 이 학교는 다른 목사 가정 출신 학생들을 받아들였고 목사도 많이 배출했다. 1865년부터 니체는 본에서 고전어문학을 전공했다. 이와 함께 신학을 시작했지만, 한 학기 뒤에 어머니의 소망과 달리 중단했다. 1866년에는 라이프치히로 대학을 옮겼고, 곧 당시 종교비판의 영향을 받았다. 1869년 니체는 바젤의 고전어문학 교수가 되었으나, 1879년 병 때문에 은퇴를 앞당길 수밖에 없었다. 정신적 질병 때문에 불안했지만, 문학적 창작력이 왕성했던 십 년간이었다. 1889년부터 니체는 정신착란 속에 살았다.

사실 니체의 종교비판은 종교에 대한 경멸이었다. 그의 격렬한 비판은 교회 범주에서 멸시받았을 뿐만 아니라 읽히기도 했다. 이미 시작되고 있는 세속화를 진단한 것이라 여겼기 때문이다. 니체의 종교비판에서 교회와 전통적인 종교적 표상들은 속 빈 껍데기, "신의 무덤이자 묘비"로 표현되었다. 신은 죽었고, 인간은 그 사실을 아직 이해하지 못했을 뿐이었다. 니체 자신은 기독교와 관련된 모든 것을 거부했다. 그에게 기독교는 약자의 종교였고, 예수의 복음은 유대인 바울에 의해 날조되었으며, 신의 자리에 초인이 들어서야 했다. 니체의 《안티크리스트 Antichrist》는 '기독교에 대한 저주'였다. 종교와의 단절은 출신과의 단절이었다. 니체의 이런 단절은 이미 어린 시절에 시작되었다.

—— '망치로 철학하기'는 위대한 철학자 프리드리히 니체의 세계관이었다.

교회와 멀어지는 도시

마을은 목사에게는 여전히 특별한 도전의 장소라고 조심스레 규정할 수 있지만, 도시는 사정이 조금 다르다. 19세기 후반, 도시들은 성장을 거듭해 중세 때 세워 놓은 도시 성벽의 경계를 넘어설 정도로 커졌고, 건축학적·사회적으로 그 모습을 바꾸었다. 처음에는 도시와 목사의 지위는 동반성장하지 않았다. 마찬가지로 교회건물도 늘지 않았다. 독일제국 시대에 와서야, 즉 교회 건축이 활발해지고 목사 보충이 이뤄지면서 도시와 목사 지위의 성장 격차가 점차 해소되었다.

교회의 위기

'교회의 위기'는 19세기 말의 중요한 주제였다. 모든 목사들이 목사관을 얻을 수 있는 것이 아니었고, 많은 목사들은 임대주택을 배당받았다. 목사가 이렇게 증가했음에도 목사 다수의 희망, 교회가 이제 가득 찼으면 하는 희망은 충족되지 않았다. 노동자 계층이나 시민 계층 모두에서 교회와 종교에 대해 거리 두는 과정이 이제 시작되었기 때문이다. 목사가 자기 스스로도 속해 있다고 느낄 만한 집단에서조차 종교비판은 품위 있는 것이 되었다. 따라서 목사는 공개적으로 종교비판에 직면했고, 거기에 더해 목사 개인과 생활태도에 관한 비판과도 직면하게 되었다는 불평도 커졌다.

많은 개신교도들이 교회의 여러 모임에 참여하기는 했지만, 일반 '평신도'를 맞아들이려는 시도는 현실화되기 어려웠다. 그들이 교구 조직체에 편입되는 것은 더욱 어려웠다. 드레스덴의 목사 에밀 줄체Emil Sulze(1832-1914)가 《개신교 교구Die evangelische Gemeinde》에서 제시한 모델은 결국 활성화되지 못했다. 줄체는 교구를 행정구역으로 나누어, 각 행정구역을 전권을 위임받은 교구민들로 구성된 협의회('사제Presbyterium')에게 배정하려고 했다. 이를 통해 기대되는 부수적 효과는, 당시 사람들이 자주 불만을 내비치던 페르조날게마인데Personalgemeinde[24]가 해체되는 것이었다. 많은 사람들은 자신들이 거주하는 지역의 교구에 의무가 있다고 느끼지 않았다. 대신 그들은 자기 신앙심의 성격과 일치하는 목사, 자신들이 선택한 목사가 주도하는 예배에 참석했다. 따라서 영적 상담이 점차 높은 평가를 받기 시작했던 배경에서 볼 때, 신도들의 위와 같은 태도 때문에 담당구역 안에서 교구민들과 사적인 관계를 유지해야 하는 목사와의 관계는 해를 입는 것처럼 보였다. 목사가 여럿인 교구들에서는 이러한 것을 피해야 했다. 이와 같은 다양한 목적그룹이 자기주장을 할 수 있었기 때문이다.

24_ 페르조날게마인데Personalgemeinde: 'personal(사람의, 인격의)'과 'Gemeinde(교구, 교회)'가 더해진 단어로, 신도 중심으로 구성된 교회를 의미한다. 즉 특정 지역에 거주하는 신도가 아니라, 장소를 초월하여 결속된 신도로 구성된 교회를 말한다. 독일에서는 특히 지역적으로 확정된 목회 지역을 관리하지 않는 개신교회를 말한다. 페르조날게마인데의 구성원은 지역 교구처럼 신도의 거주지에 따라 관리되는 것이 아니라, 자발적인 선택에 의해 결정된다. 특정 교제 범위에 속하거나 특정한 공통의 관심사가 있는 신도들로 구성된다. 대부분 자유주의 교회의 교구는 페르조날게마인데로 조직되어 있다.

1세대 목사 가정 이야기

물론 도시의 목사가 모두 목사관에 사는 것은 아니었다. 도시의 목사는 사회적 조직체인 '목사관'의 한 부분이었다. 병원, 감옥, 군대, 구제 사업시설 등에서 근무하는 영적 상담 목사직과 같이, 19세기에는 목사직도 전문화가 시작되었고 이는 새로운 직업상들을 만들어냈다. 그러나 이런 직업상에 이제는 오직 목사만 포함되었고, 목사 부인과 가족은 중요하지 않았다. 따라서 목사관의 역할 역시 중요하지 않았다. 이는 목사나 궁정목사가 맡았던 교회의 여러 감독직에서도 마찬가지였다.

사회적 문제들 앞에 선
목사의 역할 갈등

     도시들 안에서, 또 산업화로 인해 급속히 도시화가 된 마을에서
도 사회적 유대 의식을 증진시키는 목사가 요구되었다. 19세기 후
반 산업화를 통해 독일의 상황은 급격히 바뀌었다. '사회적 문제' 뿐
만 아니라, 복지, 예측 수명, 삶의 질에 대한 장기적 성장이 문제시
되었다. 마을에는 전혀 낭만적이지 않은 협소함과 궁핍함이 만연했
다. 말을 하지 않아도 바로 여기 마을 안에, 도시에서 '사회적 문제'
가 드러났다. 주제가 되기 전에, 이미 이런 문제가 도사리고 있었다.

영적 대 사회적

     프리드리히 빌헬름 라이파이젠[25]은 기독교 정신
을 바탕으로 농촌의 사회적 위기를 해소하려 했다.
마을 목사들은 자신의 수단이 허용하는 한에서 개별
적으로 도움을 주면서 이러한 일을 할 수 있었다. 국

    1세대 목사 가정 이야기

민 건강이라는 이름 아래 점차 번져 가는 알코올중독에 맞서기 위해 설교가 수단으로 이용되었다. '뜨내기들', 즉 돈과 음식을 구걸하기 위해 떠돌아다니는 사람들 때문에 알코올중독 문제는 더욱 심각해졌다. 그들이 있는 곳의 목사는 도움이 필요한 사람들에게 숙소를 제공할 수 있었지만, 이런 목사는 많지 않았다. 목사보다는 지주나 그의 아내가 더 큰 도움이 되었다. 만일 목사관이 루터 시대에 있던 그런 목사관이었다면, 즉 모든 부류의 손님을 위한 집이었다면, 이런 손님들 때문에 경제적으로 힘들었다. 그래서 손님 접대는 간소할 수밖에 없었고, 모든 손님이 다 환영받지는 않았다. 이런 경우 손님을 분류하는 것은 대부분 목사 부인이나 그녀 곁에 있는 아이들의 과제였다.

　마을의 일용근로자에서 공장근로자로 생활의 토대를 바꾼 사람들이 그저 혹사당하기만 한 것은 아니었다. 그들은 종종 새로운 자의식을 가진 근로자로, 비록 느리기는 했지만 생활 수준이 향상된 사람으로 인정받기도 했다. 이런 역동적인 과정에서 목사관에 대한 고전적인 이해는 설 자리가 없었다. 근로자 주거단지는 일단은 기존 목사가 맡아 보살피기는 했지만, 새로운 교회, 목사관과 교구회관이 서서히 건립될 수밖에 없었기 때문이다. 이런 식으로 근로자 계층과 연결다리를 유지하거나, 새로운 다리가 놓이기를 바랐다. 그러나 전체적으로 볼 때, 환경 가톨릭에 맞설 만한 것이 없는 개신교 측의 이러한 시도는 그 후에도 아무 성과가 없었다. 목사와 근로자 계층은 서로에 대한 혐오감을 극복하지 못했고, 그러면서 서로에게 인정은 받으려 했다. 여기서 목사관의 모범은 더 이상 어떤 유용한 역할도 하지 못했다. 근로자는 철저히 시민 계층의 삶의 구상을 목표로 삼았다. 하지만 교회 측은 근로자층은 도덕적으로 타락했다며 끊임없이 비난했다. 이런 비난 역시 서서히 형성되고 있던 보다 자유로운 생활 양식을 반영하는 것이다.

훌륭한 구제사업 설립자들은 복음의 정신 속에서 사회적 상황을 향상시키는 것을 자신들의 과제로 삼았다. 요한 힌리히 비헤른[26]도 그중 한 사람이다. 비헤른이 1833년 설립한 '라우에스 하우스Rauhes Haus'는 처음에는 일종의 목사관이었는데, 삶의 근거지를 잃

26_ 요한 힌리히 비헤른Johann Hin-
    rich Wichern(1808-1881): 독일
    신학자, 사회교육가, 개신교회
    의 내부 전도 설립자, 함부르크
    소재 라우에스 하우스의 설립자,
    감옥개혁자.

—— 〈라우 하우스 소년작업실〉: 1855년경, 목판화.

1세대 목사 가정 이야기

람프레히트의 아버지 카를 나타나엘(1804-1878)은 예센 안 데어 엘베의 목사였다. 어머니 에밀레 아우구스테(1819-1882)는 간이 우체국장의 딸이다. 카를 람프레히트는 역사를 전공했고, 그와 함께 경제학과 예술사를 전공했다. 박사학위를 취득하고 교수 자격시험을 통과한 뒤 처음에는 마르부르크 대학에서, 그 후 1891년에는 라이프치히 대학에서 교수로 일했다. 그는 라이프치히에 문화사 및 일반사 연구소를 세웠고, 여기에 적합한 문화사의 초안을 발전시켰다. 이를 자신의 광범위한 저서 《독일 역사Deutsche Geschichte》에 적용했다. 이로써 그는 라이프치히 대학의 인문과학 분야에 영향을 끼쳤고, 동시에 이미 확실한 지위에 있던, 정치사상 중심적 위치를 고집하던 역사학자들의 미움을 받았다. 그 결과 '방법논쟁' 혹은 '람프레히트 투쟁'이 벌어져, 람프레히트는 '진정한 역사의 파괴자'로 집중 공격을 받았다. 그러나 이후 람프레히트는 특히 외국에서 인정받았다. 1910-1911년에는 학장으로 근무하면서 라이프치히에서 대학개혁자로서도 활동했다. 물론 개혁은 큰 성공을 거두지는 못했

다. 따라서 미국 내 대학들과 파트너 관계를 쌓으려던 그의 계획 역시 동료들의 반대로 실패했다.

유년 시절을 회고하면서 람프레히트는 13세 혹은 14세에 처음 역사를 접했다고 서술한다. 목사 문서실에 있는 서류 읽기에 몰두했고, 30년 전쟁을 묘사한 그림들을 접하게 되었다. 자신의 아버지에 대해서는 교의적인 문제들에는 관심이 없었다고 표현했다. 그리고 생각이 다른 사람들에 대해, 즉 그들의 종교적 의심에 대해 아버지 자신이 답변할 수 없는 사람들에 대해서도, 아버지는 회의는 필요한 것이고 긍정적인 것이라며 관대하게 대했다고 묘사했다. 람프레히트보다 열한 살 위인 그의 형 후고는 목사가 되었고, 람프레히트의 훌륭한 대화 상대였다.

— 역사학자 카를 람프레히트는 역사학에서 방법논쟁을 불러 일으켰다. 1902년경의 사진.

은 아이들이나 청소년들이 주거 공동체 형식으로 대가족처럼 모여 살 수 있는 곳이었다. 물론 모든 목사들이 그런 구제사업적인 사회 참여에 동참하지는 않았다. 많은 목사들은 이런 과제를 내부전도 협회에 떠맡겼고, 목사직의 전통적 과제만을 유일한 과제라 생각했다. 사회 참여가 아니라 영적 상담이 중요하다고 여긴 것이다. 게다가 '사회적'은 '사회 정치적' 혹은 '사회 개혁적'으로 들렸다. 목사는 정치적으로 중립적이어야 했다.

1세대 목사 가정 이야기

보수에서 진보까지
다양한 스펙트럼의 목사들

1900년경, 목사관은 전 세계적으로 급격히 변화했다. 산업화와 기계화, 정치 여론의 발생, 의회제도화, 더욱 확장된 민중 계층의 활발한 정치적 참여, 프로테스탄티즘의 관점에는 상당히 후퇴한 교회의 영향력, 이런 상황들이 목사를 점점 사회조직 내의 다른 위치로 옮겨 놓았다.

방향 전환

전체 프로테스탄티즘과 같이 목사도 보수에서 진보까지 다양한 스펙트럼을 형성했다. 사회민주주의의 성향은 그리 많지 않았다. 이렇게 다양한 스펙트럼 안에서 믿음에 대한 견해는 논란의 여지가 있을 수 있었다. 많은 신학 교수들이 이러한 스펙트럼 안에 속했지만, 학문적 신학은 각성된 무리 안에서는 상당히 비판적 평가를 받았고, 믿음에는 해로운 것으로 여겨졌다. 이 시기 신학과 교회의 간

극은 눈에 띄게 두드러졌고, 많은 사람이 이에 불만을 표시했다. 목사는 성경, 교회사 및 교의를 학문적으로 이해하는 것을 목표로 교육받았지만, 이러한 교육을 교구민과 그들의 이해력에 맞추는 것은 여전히 목사의 과제였다. 이런 점에서 독일 제국주의 시대의 실천신학은 매우 혁신적이었고, 신학의 목표는 '근대적 인간'을 만드는 것이었다. 이것은 설교, 종교 수업, 영적 상담에 영향을 끼쳤다. 그러다 보니 이제 예배가 교구민이 원하는 것을 들어주고는 있는가 하는 문제가 제기될 수 있었다.

다수의 목사가 중도적이었고, 신도와 관습에 영향력을 끼치기는 했지만, 국가로부터 교회의 해방, 프로테스탄티즘의 반교조화를 꿈꾸며 새로운 생각을 갖기도 했다. 따라서 교구의 목사관 안에서의 변화는 하나의 방향전환을 의미했다. 기존 것을 버리고 새로운 것을 중요한 것으로 선언하는 방향전환이었다.

목사는 이제 더 이상 종교적으로 입증된 교리를 무의식적으로 보증하는 사람이 아니었고, 극단적인 경우에는 진보주의자 프리드리히 나우만[27]이나 사회민주주의자 파울 괴레[28]처럼 정치에 헌신하기 위해 목사직에서 멀어질 수도 있었다. 두 사람은 사회적 프로테스탄티즘 안에는 사회문제에 포괄적으로 답변하고 특히 해소할 가능성이 충분하지 않다고 생각했다. 그래서 20세기에는 사회 문제에 정치 문제가 추가되어야만 했다.

27_ 프리드리히 나우만Friedrich Naumann(1860-1919): 개신교 신학자, 독일제국시대의 진보 정치가.
28_ 파울 괴레Paul Göhre(1864-1928): 개신교 신학자, 정치가.

1세대 목사 가정 이야기

—— 독일이 분단된 상태였을 때 동서독 개신교회 및 목사관은 다양한 도전에 맞서 싸워야 했다. 동독 브란덴부르크 베어펠데 교회의 목사. 1987년.

4.

1918-1989년,
목사 가정의 위기와 변화

나치즘과 목사

19세기 후반, 모든 위기 현상에도 불구하고 사회·정치적 한정 조건과 자신의 생활 및 직업 조건에 만족할 수 있다는 자의식이 지배적이었던 시기에, 목사는 자신과 목사관의 역할을 자각하기 시작했다. 독일 내 개별국가[1]들의 통치자들은 여전히 자신들 국가 내에 있는 란데스키르헤의 공식적인 우두머리였다. 1871년에는 황제가 즉위했다.[2] 그는 개신교도였다.

목사 계층의 자의식

이런 점에서 세상은 나무랄 데가 없었다. 가톨릭과 사회민주주의는 1870년대와 1880년대의 박해 시기를 겪은 뒤 더 강력해졌다. 엘리트들 중 일부는 이미 교회와 종교에 거리를 두기 시작했지만, 이들은 서로 합의하여 프로테스탄티즘의 지위를 국가적으로 합

1_ 독일은 작은 국가로 나뉘어 있다가, 1871년 빌헬름 1세(1797-1888)에 의해 통일되었다.

2_ 빌헬름 1세는 1858년 10월부터 병든 형을 대신해 섭정을 하다가 1861년 1월 2일 프로이센 왕위를 계승했다. 1871년 독일을 통일한 뒤 독일제국 황제로 즉위했다.

법화하는 데 동의했다. 이런 구상 안에서 개신교 목사는 국가를 떠받드는 기능과 자신이 특권층의 일부일 수 있다는 자의식을 갖게 되었다. 물론 노동운동 측에서 했던 '목사 나부랭이'라는 인신공격을 못 들은 체할 수는 없었다.

국가를 받쳐 주는 이런 기능 때문에, 이미 100여 년 전 해방전쟁 때에도 그랬듯이, 1914년 일차대전이 발발하자 개신교 목사는 독일의 전쟁 강화를 독려하는 설교자가 되었다. 1913년에 세워진 라이프치히 민족전투 기념비에도 새겨진 '하나님이 우리와 함께'[3]라는 방어용 문구는 목사와 많은 프로테스탄트들의 사명 의식에 감명을 주었다. 수많은 교회와 목사관에 애국적 도취가 팽배해 있었다. 1914년에 전쟁과 승리를 호소한 사람은 무수히 많았지만, 1918년 이후 다른 사람들이 잊지 않은 것은 특히 교회와 목사가 그 일을 했다는 사실이다. 전후 국가와 교회를 더 철저하게 분리시키자는 주장이 대두되었는데, 개신교 목사들이 했던 전쟁설교는 이를 위한 좋은 빌미가 되었다.

바이마르 공화국[4] 헌법은 국가와 교회의 분리를 문서상으로 확정해 놓았다. 이 헌법으로 국가와 교회의 조직체계는 둘 사이에 거리를 두거나 혹은 완전히 분리되는 방향으로 바뀌었다. 교회행정은 국가행정에서 분리되었고, 목사는 더 이상 국가가 합법적으로 인정한 지위를 갖지 못했다. 목사의 고용주는 이제 그가 소속된 란데스키르헤였다. 물론 당연히 불완전한 절름발이식 분리였다. 따라서 국가와 교회가 밀접한 법적 관계에 있는 경우, 양자 사이에는 거의 거리가 없었다. 1931년 프로이센의 개신교 란데스키르헤와 프로이센 국가 사

3_ "하나님이 우리와 함께 Gott mit uns(하신다)"라는 구호는 1701년 부터 프로이센 왕가, 독일 황제들의 좌우명이었고, 프로이센과 훗날 독일 군인의 상징이었다. 독일에서 왕정이 끝난 뒤에도 이 구호는 (1921-1935년까지의) 독일 제국 국방군과 나치독일군이 사용했다.
4_ 바이마르 공화국: 1918년 일차대전이 끝나 왕정이 무너진 뒤, 1919년-1933년까지 존속했던 독일 최초의 민주공화국.

1세대 목사 가정 이야기

이에 맺은 협약은 새로 목사직에 임명된 성직자를 국가에 알려야 할 의무를 포함하고 있었다. 국립대학의 신학학부는 계속 목사 양성에 힘써야만 했다.

하지만 국가와 교회의 관계는 목사 측에 의해 실현된 것은 아니었다. 목사는 이런 관계에 명백히 거부하는 태도인 바이마르 공화국시대에 들어섰다. 국가와 교회가 서로 긴밀한 관계를 맺었어도 목사는 이런 태도를 버리지 않았다. 의회정치, '군주적 교회정부'의

—— 독일제국 대통령 파울 폰 힌덴부르크(왼쪽에서 세 번째)가 1932년 제국의회 개회를 앞두고 예배에 참석하러 베를리너 돔으로 가고 있다. 바이마르 공화국에서 민주주의 국가와 개신교회는 팽팽한 긴장 관계에 있었다. 가운데는 당시 베를린 관구 총감독인 오토 디벨리우스이다.

파울 플레히지히

Paul Flechsig
1847-1929년

파울 플레히지히의 아버지 에밀(1808-1878)은 츠비카우에 있는 마리아 교회의 목사였고, 파울도 이 도시에서 태어났다. 에밀 플레히지히는 음악가 로베르트 슈만(1810-1856)의 어릴 적 친구였고, 목사나 신학자로서보다는 음악가로 더 알려졌다. 그의 아들 파울 플레히지히는 1865년 라이프치히에서 의학 공부를 시작했다. 이미 대학 공부를 시작한 친구들이 이 과목에 열광했기 때문이다. 플레히지히는 정신의학을 전공하여, 정신의학을 심리적 질병의 육체적, 두뇌생리학적 원인에 대해서도 질문하는 분야로 만들었다. 해부학적 연구를 통해 플레히지히는 인간 두뇌의 설계도를 찾기 시작했다. 이로써 그는 특정한 성격 및 능력은 두뇌의 특정 지역에서 발견할 수 있다고 생각하는 사람들 중 하나가 되었다. 1894년 라이프치히 대학 학장 취임연설에서 말했듯이, 플레히지히에게 영혼은 두뇌생리학적 과정의 생산물이었다. 그는 자신의 견해가 종교에 적대적으로 이해되는 것을 단호히 거부했지만, 그의 생각은

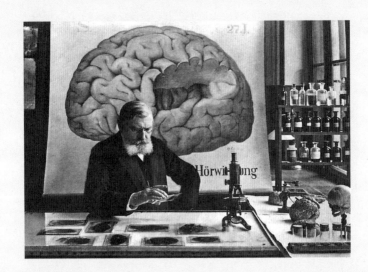

당시에는 선동적이었다.

1927년에 출간된 《척수유전학적 두뇌론Myelogenetische Hirnlehre)에서 플레히지히는 자신의 일생을 개략적으로 서술했다. 여기서 그는 소박한 개신교 목사관에서 태어나 성장한 것을 커다란 행운이라 썼고, 아버지를 정신적이며 도덕적으로 훌륭한 인물이라 칭찬했다. 때로 그는 에른스트 헤켈(1834~1919)과 연락을 취했다. 헤켈은 자유사상적인 단체를 세우려는 계획이 있었고, 플레히지히를 여기에 끌어들였다. 기독교 종교에 대항하는 '학문적' 세계상의 보급을 목표로 한 이 단체는 나중에 '일원론자 동맹'5으로 구체화되었다. 헤켈은 일원론의 토대가 되는 그의 저서 《세계의 수수께끼Die Welträtsel)에서 플레히지히를 인용하기도 했다. 오늘날 라이프치히 대학 의학부에는 두뇌연구를 위한 파울 플레히지히 연구소가 있는데, 플레히지히가 세운 '두뇌해부학 실험실'의 전통을 유지하고 있다.

— 정신과 전문의이자 두뇌해부학자인 파울 플레히지히는 인간
  두뇌의 연구를 위해 헌신했다. 1883년 그는 라이프치히 대학
  에 '두뇌해부학 실험실'을 세웠다.

5_ 독일 일원론자 동맹der Deutsche Monistenbund은 20세기 초반의 자유사상가 단체
   로, 1906년 예나에서 자연과학자 에른스트 헤켈이 설립했다.

해체, 문화·생활 양식·세계관에서의 다양성과 다양화, 외형상 점차 커지는 가톨릭의 영향, 특히 베르사유조약[6]은 많은 목사들에게는 위협적으로 여겨졌다. 대부분의 사람들은 독일 민족주의 성향이 있었고, 진보주의적인 사람들은 매우 적었으며, 특수한 경우에만 사회 민주적 성향을 띠었다. 목사 일자리의 수는 정체되어 있었고, 인플레이션은 많은 목사 가족의 삶을 힘들게 만들었다. 목사 계층은 지난날의 자의식을 이어 가려 했지만, 이 시대는 과거와는 다른 시대였고, 근본적으로 이전보다 훨씬 더 교회에 비판적이던 시대였다.

일차대전 직후 함부르크의 목사 루트비히 하이트만$^{Ludiwig\ Heit-}$ ^{mann}(1880–1953)은 세 권으로 된 저서 《대도시와 종교$^{Großstadt\ und}$ ^{Religion}》에서 교회와 목사에 대한 도전을 그 시대의 특징에 따라 분석했다. 다른 사람들처럼 개인의 소외와 대중의 익명성을 주요 문제로 여겼던 그는, 대도시에서는 삶이 점점 개별화되어 가고 있다고 진단했고, 도시에서 종교가 후퇴하는 이유를 이것으로 설명했다. 자아, 욕망, 기술 단체의 지배는 그에게는 "사탄의 삼위일체 지배$^{dreieinige\ Herrschaft\ des\ Satans}$"였다. 그에 따르면 종교 부흥은 가족의 품에서부터 시작되어야만 했다. 따라서 하이트만은 청소년 선도 사업을 도시 공동 사업의 주요 과제로 여겼다. 하이트만 역시 많은 프로테스탄트들처럼 대도시 문화에 대단히 민감하게 반응했다. 위기의 시대에 많은 사람들은 하이트만과 유사한 생각을 했고, 이 시기 교회와 목사는 익명의 힘에 맞서 싸웠다.

6_ 베르사유조약: 1919년 6월 28일에 베르사유 궁전에서 일차대전 후의 국제 관계를 확정하기 위하여 31개 연합국과 독일이 맺은 평화조약. 전쟁 책임이 독일에 있다고 규정하고 독일의 영토 축소, 군비 제한, 배상 의무, 해외 식민지의 포기 등의 조항과 함께 국제 연맹 설립안이 포함되었다.

1세대 목사 가정 이야기

호르스트 베셀
Horst Wessel
1907-1930년

호르스트 베셀의 아버지 루트비히(1879-1930)는 당시 창궐하던 좌파의 11월 혁명 이후 프로이센 국가와 교회의 연락원으로 임명되었다. 그러나 교회 지도부 측으로부터도, 또 정치 책임자들로부터도 선택받지 못했다. 이유는 정확히 알려지지 않았다. 아들 호르스트는 법학을 전공했지만, 곧 중단하고 임시 노동자로 일했다. 1926년 그는 국가 사회주의 독일 노동자당에 입당하여 유난히 폭력적인 나치돌격대 지도자로서 두각을 나타냈다. 1930년 그는 독일 공산당원의 총에 맞아 사망했다. 1929년 그는 〈깃발을 높이 들라! 밀집대형으로 열을 지어라!〉라는 노래 한 편을 발표해 유명해졌다. 그가 사망한 뒤 이 노래는 나치당가가 되었고, 호르스트는 '운동의 순교자'가 되었으며, 부모의 집은 역으로 아들에게 영향을 받아 나치 동조자가 되었다.

베셀이 나치에 입당한 것이 부모 집에서 받은 영향 때문이라고 유추할 수 있을까? 통계에 따르면 돌격대원이 된 목사 아들은 소수였다. 호르스트의 아버지는 일차대전 때 목사로서는 처음으로 자발적으로 군에 지원했지만, 많은 다른 목사들도 그와 같이 행동했다. 호르스트 아버지가 했던 전쟁설교는 공격적이었지만, 전쟁 중 다른 목사들도 그렇게 설교했다. 그러나 혁명적인 인민정부가 그를 교회문제의 중재자로 임명했고, 그가 이 정부에 협력하도록 임명된 소수의 목사에 속했던 것은 특이하다. 이런 사실만 없다면 루트비히 베셀은 전형적인 민족보수적 개신교 목사였고, 그의 정치적 고향은 독일 국가인민당이었다. 1922년 그가 사망했을 때, 아들 호르스트는 열네 살이었다. 바로 그해 호르스트는 독일 국가인민당 청년부를 거쳐 나치에 입당하는 삶의 길에 들어섰다. 극우 집단 내의 사회화가 그에게 영향을 끼쳤다. 법학 공부를 중단한 것은 시민적 출신 성분과 단절하겠다는 표시였다.

— 폭력에 의해 이른 죽음을 맞이한 이후 나치 돌격대원 호르스트 베셀은 나치의 선전에 의해 순교자로 미화되었다.

알베르트 슈바이처
Albert Schweizer
1875-1965년

알베르트의 아버지 루트비히(1846-1925)는 알자스의 목사였다. 알베르트 슈바이처가 태어날 당시 알자스는 독일제국에 속했다. 그가 태어난 곳은 카이저스베르크였고, 태어난 뒤 곧 가족은 귄스바하로 이사했다. 어릴 적에 아버지로부터 피아노 교습을 받은 그는 곧 오르간도 연주할 수 있게 되었고, 이후 이 악기는 그의 평생을 함께했다. 탁월한 바흐 해석자였던 알베르트는 자신이 계획한 삶을 위해 즉 아프리카 랑바레네 밀림병원을 세우기 위해 연주회로 돈을 벌었다. 알자스의 뮐하우젠에서 김나지움을 마친 뒤, 1893년 슈트라스부르크에서 신학을 전공하기 전, 파리에서 오르간의 대가 샤를-마리 비도르Charles-Marie Widor(1844-1937)에게 수업을 받았다. 1898년 신학 국가시험에 합격했고 이어 1899년에는 철학 박사학위를 받았다. 신학자로서는 동시대인들의 '삶-예수-연구'에 대한 견해로 유명해졌다. 그는 이런 연구를 소설 같으며, 예수의 종말론적 복음에 대한 오해라고 비난했다. 이런 활동과 함께 의학을 전공할 수 있는 방법을 찾았고, 의사가 된 뒤 1913년 아프리카 가봉의 도시 랑바레네로 갔다. 유럽으로 여행하느라 자주 랑바레네를 떠나기는 했지만, 죽을 때까지 이곳에 머물렀고, 도덕의 아이콘이 되었다. 물론 이러한 모습에 대해서는 그가 살아 있을 당시에도 이미 의문시되었다. 사람들이 그를 식민주의자로 그리려 했기 때문이다. 1953년 그는 노벨 평화상을 수상했고, 거의 같은 시기 핵 군비확장에 반대하는 입장을 취하면서 세계정치 세력의 전투지역에 빠져들게 되었다.

슈바이처가 아프리카에서 했던 의학적 사회 참여는 예수의 사랑의 윤리가 세계로 확산되어야 한다는 소신의 결과였다. 이런 것은 진보 신학적인 부모님 집에서 받은 유산이라고 해석할 수 있다. 슈바이처가 훗날 피조물에 대한 자비와 존중을 중시하는 자신의 윤리학(《삶에 대한 경외 Erfurcht vor dem Leben》)이 종교적 기반 위에 있다고 했기 때문이다. 종교는 그에게는 실제적 사회정신이었다.

—— 알베르트 슈바이처는 이웃 사랑에 대한 자신의 비전을 랑바레네의 밀림병원에서 실현했다. 1850년경의 사진.

나치즘과 기독교

나치즘이 대두되고, 나치의 지배가 관철되자[7] 많은 사람들은 더욱 희망을 가졌다. 나치 정권이 교회와 기독교의 뛰어난 역할과 결속하겠다는 그럴듯한 약속을 했기 때문이다. 처음에는 개신교 목사 중 많은 사람들이 나치즘에 동조했다. 때문에 자동적으로 모든 목사를 나치주의자라 할 수는 없지만, 일부가 동조한 것은 간과할 수 없는 사실이다. 나치즘 동조가 어디로 이어질지는 물론 금방 명백해졌다. '교회투쟁'은 처음에는 나치의 이데올로기와 그 교회 정책을 수락할 것인가에 관한 내적 분쟁이었다. '교회투쟁'은 목사들을 서로 반목시켰고, 두 파로 갈라지게 만들었다. 분열된 두 파는 '독일 그리스도인들'[8]과 '고백교회'[9]라는 이름으로 자신들의 파벌을 옹호했다.

고백교회의 목사관은 박해받는 사람들을 위한 도피처가 되었고, 동일한 생각을 가진 사람들의 만남의 장소가 되었다. 물론 이런 역할을 하는 목사관이 많지는 않았다. 목사가 체포될 경우에는 목사의 아내가 이런 임무의 일부를 떠맡았다. 많은 목사들이 평범한 군인 혹은 군목으로 일해야 했던 전쟁 때도 마찬가지였다. 따라서 목사관은 하나의 섬이었다. 당연히 위협받는 섬이었다. 나치국가가 부당한 간섭을 서슴지 않았기 때문이다. 목사는 박해받았고 추방당했으며 체포되었고, 목사관은 수색당했고 파괴당했다. 특히 '유대기독교' 목사들, 즉 조상이 유대인인 목사들은 견디기

7_ 1932년 11월 선거에서 나치당은 전체 투표의 33퍼센트를 차지했다. 히틀러의 막후공작으로 공화국 대통령 파울 폰 힌덴부르크는 1933년 1월 30일 히틀러를 총리로 지명했고, 히틀러는 취임 후 몇 달 동안 정부 내에 나치당 세력을 확립하는 데 온 힘을 기울였다. 결국 1933년 3월 5일 선거에서 나치당은 44퍼센트의 득표율을 보였으며, 공화국 의회의석의 과반수를 차지하기에 이르렀다.

8_ 독일 그리스도인들(Die Deutschen Christen, DC)은 독일 프로테스탄티즘 중 인종주의적, 반유대적이며 총통전권주의를 지향하는 운동 및 그룹으로서, 1931-1935년까지 나치즘의 이데올로기에 프로테스탄티즘을 맞추고자 했다.

9_ 고백교회Bekennende Kirche는 1934년 히틀러에 반대하여 설립된 독일 프로테스탄트 교회를 말한다. 1935년 독일 바르멘에서 하나님의 말씀인 예수 그리스도만이 복종의 대상이요, 하나님의 계시라는 내용의 《바르멘 선언》을 발표하여 히틀러에 대한 불복종을 선언하였다.

어려웠다. 그들은 국가로부터 박해받았으며, '독일 그리스도인들'의 지지자들에 의해 모욕당하고 목사 지위에서 쫓겨났다.

전체적으로 '교회투쟁'은 목사의 지위를 강력하게 만들었다. 목사들은 이 투쟁의 상징적 인물들이 되었다. 마르틴 니묄러^{Martin Niemöler}(1892-1984)는 그 선두에 있던 인물이다. '교회투쟁'은 여기에 협력했던 '성직자 동료들'의 정체성을 확립해 주면서 오랫동안 영향을 끼쳤다. 나치의 교회정책은 특히 전성기에 있던 교회의 조합 활동이 침체 상태에 빠지게 하는 결과를 낳았다(그리고 사회주의적 교회정책은 이런 결과를 계속 진행시켰다). 목사를 중심으로 한 교구는 이제 가장 중요하며 가장 뚜렷한 조직체가 되었고, 동시에 목사는 전후 다시 소생한 조합구조 안에서 의장 역할을 맡곤 했다.

제2차 세계대전은 목사도, 교회와 목사관도 보호하지 못했다. 대전 중의 융단폭격 때문에 수많은 교회 건물이 파괴되었고, 교회는 사용할 수 없게 되었으며, 목사관에는 아무도 살 수 없게 되었다. 많은 목사들은 나치독일군의 군목이나 단순한 군인으로 복무했고, 전쟁이 끝난 뒤 집으로 돌아온 사람도 있지만 돌아오지 못한 사람도 있었다. 이 시기에는 파괴된 건물을 다시 세우고, 수년 동안 방해받았던 교회생활을 다시 시작하고, 실향민이 되어 교구에 들어온 사람들의 걱정거리를 돌봐 주는 것을 '교구재건'이라 불렀다. 목사관은 이를 위한 첫 번째 비상연락처였다.

통례적으로 독일 서부나 중부 사람들보다 신앙심이 깊었던 동부 실향민들은 이차대전 이후 많은 개신교회를 다시 한 번 가득 채웠다. 이들은 삶의 터전을 잡은 교구에 정말 힘들게 자신들의 믿음을 드러낼 수 있었다. 마찬가지로 이들과 동행했던 목사에게도 이 새로운 고향

10_ Restauration은 '복구, 복원'이라는 뜻과 함께 역사·정치적으로는 '(구 체제의) 부활, 재흥'이라는 뜻도 있다.

1세대 목사 가정 이야기

에서 교회에 자리를 잡는 것은 어려운 과제였다.

　일반적으로 1945년 이후의 시기에 대해서는 '복구Restauration'10
라는 개념이 여전히 즐겨 사용되기는 하지만, 이 개념이 지닌 배타
성에서 본다면 잘못 쓰인 개념이기도 하다. 이 시기는 과거로의 복
귀가 아니라, 젊은 독일연방공화국의 정치·사회적 틀 안에서 교회
가 다시 한 번 확고하게 자리 잡게 해주었고, 이로써 목사 역시 교회
세가 계속 존속되는 체계를 통해 복지 증대에 대한 몫을 누리게 해

—— 신학자 마르틴 니묄러(중앙)는 고백교회의 주요 인물이다. 1945년 이후 니묄러
　는 평화운동에 헌신했다. 1950년 사진.

주었다. 이런 상황은 교회 탈퇴와 사회 안에서의 종교와 교회의 역할에 대해 논란의 여지가 많았던 1960년대의 세속화의 물결에도 불구하고 변함이 없었다.

교회세의 증가는 다시금 교회적 삶을 팽창시켰고, 신축 지역 안에 교회 건물 및 교구회관 건물의 물결이 일게 했으며, 목사 조직망을 확장시켰다. 목사의 급여 체계는 국가 체계에 거의 정확하게 일치했고, 목사는 고등학교 정교사나 1급정교사와 동일한 급여를 받았다. 급여 차이는 점차 평준화되었다. 이 같은 확장기에 새로운 목사 자리, 부분적으로는 특별한 형태의 자리가 만들어졌다. 이로써 각각의 목사들은 자신들의 특별한 재능을 발견할 수 있었고, 특별한 수요가 있을 경우 그러한 목사직에 배정받을 수도 있었다. 따라서 '특별 목사직'의 수는 현저하게 증가했다. 특별 목사직은 교구의 생활과는 분리되었고, 이 직책에는 이제 목사관 거주 의무가 없었다.

이에 해당하는 전통적인 영역은 병원 목사직과 군대의 영적 상담 직책이었다. 경찰 목사 혹은 산업체 목사 및 지방 행정구역을 초월한 업무들도 이에 속했다. 1960년에는 목사의 7퍼센트가 지방 행정구역을 초월한 업무에 종사했는데, 1968년에는 목사의 11퍼센트가 이 일을 담당했다. 전체 목사 중 여성 비율은 2.5퍼센트에 불과했지만, 이러한 업무에 여성이 참여하는 비율은 15퍼센트로 과도하게 높았다. 1990년대 초에는 독일 개신교회협회에서 차지하는 특별 목사직의—'특별'이라는 단어를 피하기 위해 특수 혹은 기능 목사직이라고 불리기도 했다—비율이 20퍼센트로 높아졌다. '일반' 교구 목사와 ('준 교구'의 교육을 맡은) 특별 목사의 관계를 어떻게 소개해야 하는지도 문제였다. 교회세 수입이 감소하자 이 문제는 다시 급박하게 제기되었다. 이런 목사 직위가 없어지기도 했고, 다른 한편으로는 가장 고유한 목사 업무는 사실 지역 교구와의 관계가 아닐까 하는 논쟁이 오늘날까지 계속되기 때문이다.

동독 정부의 탈 기독교화

    동독 목사관의 정치적·사회적 한정 조건은 서독과 완전히 달랐다. 그러나 목사네 전 가족의 모범성 및 기독교적 생활태도를 내용으로 하는 목사의 전통적 모델은 동독에도 생생하게 남아 있었다. 어쩌면 1989년까지 존재했던 동독 정부의 압박 아래 서독에서보다 훨씬 생생하게, 그것도 정치적 명령을 받을 수밖에 없는 인민교회와 세속화 내지는 무신론적으로 되어 가는 사회 안에 그렇게 남아 있었다. 부분적으로 동독이 서독보다 일찍 여성 목사 취임을 도입했기 때문에, 전통적인 목사관은 서독보다 동독에서 먼저 문제시되었다. 게다가 일반적으로 동독의 목사 부인이 서독의 목사 부인보다 먼저 직업을 갖기 시작했다. 하지만 동독 란데스키르헤에서도 '설교단의 여성 공격수'들이 모두에게 환영받은 것은 아니었다.

    1세대 목사 가정 이야기

동독의 기독교

동독의 교회, 목사와 교구, 그와 함께 그리스도교인은 1950년 대에 두 번째 '교회투쟁'을 경험했다. 이 투쟁 중 국가는 교회와 기독교 신자들의 모든 표현을 사회로부터 쫓아내려 했다. 이제 많은 목사들은 가족과 함께 첫 번째 '교회투쟁'이 재현되는 것을 경험했다. 그러나 이 투쟁은 이전보다 더 지속적인 영향을 주었고 더욱 더 단호했다. 나치 시대의 경험도 독일사회주의통일당[11]에게는 큰 영향을 주지 못했다. 동독 집권당에게 교회와 종교는 제거해야 할 마

—— 동독의 많은 목사들은 라이너 에펠만(왼쪽 두 번째)처럼 평화운동에 적극 가담했다. 에펠만은 1983년 9월 1일 동베를린 미국 대사관 앞에서 데모에 가담했다.

카를 구스타프 융
Carl Gustav Jung
1875-1961년

카를 구스타프 융의 아버지 요한(1842-1896)은 바젤 근처에서 목사로 근무했다. 가족의 수는 적었다. 아들 외에 게르트루트라는 딸이 한 명 있었다. 융은 어머니 에밀리에(1848-1923)와 사이가 좋았고, 어머니를 통해 심령론과 강심술을 알게 되었다. 1895년 융은 의학공부를 시

작했고, 정신분석의 창시자 중 하나인 지그문트 프로이트(1856-1939)와 처음에는 긴밀한 관계를 맺었다. 그는 프로이트처럼 이론가이자 심리요법 의사로서 여러 분야에서 그의 이론이 수용되었다. 1933년 나치정권 아래서는 의사 간부로서 하나의 길을 택했다. 이 길은 한편으로는 얼마 동안 심리학에 반대하는 나치주의자들로부터 심리학을 보호했지만, 다른 한편으로는 나치에 대한 동의성명 및 의사 집단의 '유대인 축출'을 기꺼이 감수하겠다는 동의성명을 발표했기 때문에 택할 수 있던 길이었다. 융이 프

로이트에게 했던 경멸적인 표현들은 그의 이러한 모습에 어울린다. 그는 '분석 심리학'으로 프로이트와 반대되는 모델을 발전시켰다. 이 모델은 오늘날까지도 추종자가 있다. 그의 '집단 무의식' 및 원형에 관한 연설은 대중에게 잘 알려졌다. 카를 구스타프 융은 친할아버지가 그랬듯 의학을 전공했고 의사가 되었다. 이런 점에서는 가족의 전통을 따랐다. 어머니를 통해서는 초감각적인 것에 대한 관심을 전수받았고, 아버지와의 관계는 오히려 거리가 있었다. 아버지와의 이런 관계는 종교에 대

해 부자가 서로 다르게 접근하고 있는 점을 근거로 객관적으로 설명될
수 있었다. 융은 종교심리학을 다루었다. 그는 종교를 심리학적 의식 형
성에서 중요한 요소로, 신과의 관계는 다른 힘과의 관계로부터 보호해
주는 대피소로 여겼다. 프로이트와는 달리 그는 종교비판가가 되지 않
았다. 융에게 종교는 신성과 만나는 심리적 과정이다. 이는 그의 묘비에
적혀 있다. "청함을 받았건 받지 않았건, 하나님은 그곳에 계실 것이다."

— 정신과 전문의이자 정신치료사인 융은 원형론을 갖고 하나의
모델을 창조했다. 이 모델은 종족사적인 경험의 수용에 근거
를 두고 있다.

지막 적이었다.

　몇 년 안에 동독 정부가 목적했던 탈 기독교화
는 거의 달성되었다. 원래의 입교식^{Konfirmation} 대신
청소년서품식^{Jugendweihe}이 실시되었고, 종교 교육은
학교에서 추방되었으며, 교회 신도의 수는 눈에 띄게
감소했다. 목사는 신도를 잃었고, 그 신도 중 많은 사
람은 서독으로 가버렸다. 따라서 베를린 장벽이 세워
지기 전까지,[12] 동독에서는 교회와 기독교 신앙을 장
기간에 걸쳐 무시하기 위해 어린이, 청소년, 따라서
부모까지를 대상으로 한 근본적인 작업이 행해졌다.
독일사회주의통일당과 자유독일청년[13]의 남녀대표는
학교, 대학 및 허가받은 국가의 여가시설에서 이런 정
부의 목표를 가혹하고 단호하게 추진했다. 나치시대
에도 유사한 일이 있었지만, 동독에서 지배정당과 자
유독일청년이 보인 가혹함과 단호함은 나치시대와는
비교할 수 없는 새로운 것이었다. 기독교도이거나 부
모가 기독교도인 사람은 상급학교나 대학 진학, 직업
승진, 장학금에서 제외되는 불이익을 예상해야 했다.
사회주의는 기독교와 공통점이 있다고 당은 선전했지
만, 당의 이데올로기가 펼치는 주장은 점점 더 믿기
어려워졌다. 독일통일사회당 독재가 받아들인 유일
한 기독교 신앙은 겉보기에는 종교적인 토대에서 비
롯한 환호^{Akklamation}[14]였다.

　이것은 동독의 목사들에게는 자신들의 교구가 훼
손되는 것을 직접 겪어야 한다는 뜻이었다. 이런 상황

11_ 독일사회주의통일당(Sozialis-
tische Einheitspartei Deutschlands,
SED)은 이차대전 후 소련이 독일
의 소련군 점령 지구 내 독일사회
민주당과 독일 공산당을 강제로
통합하여 동베를린에서 1946년
에 창설된 정당이다. 1949년 소
련 점령지구가 독일 민주공화국
(Deutsche Demokratische Republik)
이 되자, 이 당이 국가를 지도하
여 사실상의 일당 독재 체제로
동독을 지배하였다. 1989년의
민주화와 독일재통일로 정권을
잃었고, 이후 통일사회당/민주
사회당(SED/PDS)을 거쳐 민주사
회당(PDS)으로 개명했다.
12_ 이차대전 후 독일과 수도 베를린
은 동서독으로 분단되었다. 그래
도 베를린 장벽이 설치되기 전
까지는 베를린을 통해 서독으로
가는 길이 비교적 자유로웠다.
따라서 1949년부터 1961년까지
250만 명에 달하는 동독의 기술
자·전문 직업인·지식인들이 서
독으로 간 탓에, 동독의 경제력은
막대한 피해를 입게 되었다. 동
독 인민회의는 1961년 8월 12일
밤에 서베를린으로 통하는 모든
가능성을 봉쇄하기 위한 장벽을
설치했다.
13_ 자유독일청년(Die Freie Deutsche
Jugend, FDJ): 동독 공산주의 청
년조합으로, 국가가 인정하고 장
려한 유일한 청년 조직이었다.
14_ '아멘', '주여 불쌍히 여기소서
(Amen, Kyrie eleison)'처럼 미사나
예배 중 신부나 목사의 선창 또는
신자들의 응답을 뜻하는 말(환호),
구두 동의, 박수 가결이라는 뜻.

1세대 목사 가정 이야기

은 동독의 란데스키르헤가 서독의 란데스키르헤로부터 분리된 뒤, 1970년대 초 상황이 안정될 때까지 지속되었다. 남성 목사(그리고 증가 추세의 여성 목사)는 늘 국가 여러 부서의 '협의'에 불려 나갔지만, 여전히 중간적 입장이나 특별한 입장을 유지했다. 독일통일사회당이 지배하는 국가 입장에서 볼 때 목사관은, 서독 목사들이 말했듯, 정말로 '편지나 명함을 줄 때 쓰이는 쟁반' 위에 있는 것 같았다. 즉 주목받는 곳이었다. 물론 동독 목사관은 동독의 '평범한' 기독교 가족보다는 국가의 압력을 덜 받았다. 평범한 기독교 가족 구성원들이 학교나 직장에서 조직의 규율에 대해 크고 작은 거부를 했을 경우, 이들은 자신들의 행동을 변명해야 했다. 반면 목사 가족이 그런 거부를 하는 것은 당연시 여겼다.

소수의 목사들만이 공개적으로 국가에 찬성하는 입장을 밝혔고—체제 순응적인 '목사연맹Pfarrerbund'은 작은 집단이었다—, 이보다 더 소수의 목사들이 비공식적으로 국가에 채용되었다. 다른 동유럽 국가들과 달리 동독 독재 체제는 개신교회를 복종시키거나 마비시키지 못했다. 물론 어떤 사건이 터질 때 이에 대한 목사들의 태도는 다양했다. 그들의 태도는 이런 사건에 좌우되기는 했지만, 그것에 영향을 끼칠 수는 없었다. 그래서 참고 기다리기도 했고, 항의하기도 했다. 선거 불참은 이러한 항의의 일종이지만, 결과는 보잘것없었다. '평범한' 동독 주민이 그런 항의를 했더라면 훨씬 강력했을 것이다.

동독의 남녀 목사와 목사관은 서독과는 완전히 다른 입장에 있었다. 동서독 교구끼리 대부대자 관계(편집자 주: 정신적 부모 관계로, 신앙적으로 길잡이 역할을 해줌)를 맺고 훗날에는 파트너 관계를 맺음으로써 서로에 대해 알고는 있었지만, 한정 조건이 점점 달라짐에 따라 서로 달라져 갔다. 동독 목사 가정에 소포를 보내거나 다른 방식으로 도움을 주기 위해서라도, 서독 목사관과 동독 목사관의 관계는 대부대자 관계, 이후에는 파트너 관계의 일부여야 했다. 서독의 란데스키르헤도 공식적이거나 비공식적인 방법으로 동독의 목사관 수리에 경제적 도움을 주거나, 소박한 공무집행용 차량을 구입해 주기도 했다.

── 입교식을 마친 동독 소년들, 1952년 사진.

　　　　　　　　　　　　　　　1세대 목사 가정 이야기

서독 독일개신교협의회 소속 란데스키르헤에서 과거에도 논의되었고 여전히 관심의 대상이었던 혁신 계획은, 독일사회주의통일당의 독재 체제 아래서 정치 분야가 종교적으로 설명되어야 할 필요가 강해지자, 동독 교회연합 소속 란데스키르헤에서도 전반적으로 다시 고개를 들었다. 1970년대 초 교회연합 지역총회에서는 '타자를 위한 교회Kirche für andere'[15] 혹은 '개선 가능한 사회주의ein verbesserlicher Sozialismus'에 관한 논의가 있었다. 이때 국가는 당연히 문제가 무엇인지 정확히 이해하고 있었다.[16] 가장 중요한 의미는 사회주의 사회 안에서 교회(실은 란데스키르헤)의 '말씀과 봉사공동체Zeugnis-und Dienstgemeinschaft'였다. '봉사Dienst'('직분 Amt' 대신)는 서독의 란데스키르헤에서도 사용되는 말이었다. 따라서 목사와 다른 협력자, 교구의 남녀 교육자 등이 동등한 권리를 가진 것이 '봉사 공동체'라고 이해할 수도 있다. 그러나 (거의) 서독의 기준에 따라 목사 급여를 현실화하자는 문제로 인해, 1990년대 초 이 봉사 공동체에 대한 생각은 깨졌다. 이 생각이 논란의 여지가 없는 것은 아니었다. 이미 1975년 실천신학자 고트프리트 홀츠Gottfried Holtz는 동독에서 펴낸 《실천신학 안내서Handbuch der Praktischen Theologie》 1권에서 이러한 생각들을 거부하면서, 협력자들의 끝없는 조언을 저지하기 위해 목사가 관리를 맡아야 한다고 했다. 정치적 범위에서도 마찬가지여서, 목사만이 국가에 적절하게 맞설 수 있으며 국가 역시 목사만을 교회 임원으로 인정할 수 있었다.

15_ 나치에 저항하다 1945년 4월 9일 처형당한 독일 목사 본 회퍼Dietrich Bonhoeffer의 말로, 그는 "교회는 타자를 위해 존재할 때만 교회다Die Kirche ist nur Kirche, wenn sie für andere da ist"라고 했다.

16_ 동독 개신교회의 주요 사상가였던 하이노팔케Heino Falcke(1929-)는 1972년 7월 30일 드레스덴에서 있었던 동독 개신교회 종교회의에서 〈예수가 자유롭게 하신다-그래서 교회는 타자를 위해 존재한다〉는 중심 강연으로 명성을 얻었다. 이 연설에서 '개선 가능한 사회주의'에 대해 말하면서, 이를 위해 교회가 연대 책임을 져야 할 세 가지 분야를 제안했다. 첫째, 동독은 부자유를 생산하는 산업국가로서, 이를 극복하기 위해 교회가 기여해야 한다. 둘째, 동독에서 이데올로기와 사회주의적 활동은 그것이 개인의 자유를 가능하게 하는지 검증되어야 한다. 셋째, 개인의 자유와 시민의 성숙함이 강력히 요구되며, 이는 교회 안에서 실천될 수 있다.

목사의 자녀들이 받은 차별

목사의 자녀들은 동독 목사관의 중간적이면서도 특별한 지위를 나눠 받았다. 그들은 교육 문제에서 늘 손해를 감수해야 했다. 특히 그들이 군복무를 거부하고, 건설사병[17]으로 근무함으로써 국가가 절반만 인정한 대체 복무를 했을 때는, 에어바이터르테 오버슐레[18]나 대학 진학이 허용되지 않았기 때문이다. 목사의 자녀들은 일반적으로 모든 아이들이 자동적으로 입단되는 소년소녀 개척단원과 자유독일청년단 단원이 아니었다. 이들은 불공평한 대우를 받았는데, 정부가 노동자와 농부의 자녀들을 더 우대하기 때문이라는 게 외부에 알려진 이유였다. 물론 노동자와 농부 자녀들이 누구를 의미하는지, 이들에 대한 정의는 '국가권력'에 의해 결정된다. 따라서 총애받는 노동자의 자녀들이란 독일사회주의통일당, 노동자 계층 정당 임원의 자녀들이었다.

독일사회주의통일당 독재를 이끄는 자들의 마음에 들 경우, 목사의 자녀도 최소한의 의무교육 이상의 상급 학교에 진학할 수 있었다. 그럴 경우 자기 자녀들은 그런 허락을 못 받은 기독교 부모의 눈총을 받기도 했다. 목사 자녀들이 종교적 전문 교육을 받을 수 있는 가능성은 사회주의 체제를 피할 수 있는 가능성이기도 했다. 물론 이들이 직업을 선택할 수 있는 범위는 극히 제한되었다. 대학 교육 및 직업 선택의 가능성이 한정되었다. 바로 이런 점에서 결과적으로는 가족 내에서 목사를 배출하여 목사 신분이 이어질 수 있었다. 종교 교육기관('교회신학교Kirchliches Oberseminar')에서 아비투어를 볼 수도 있었지만, 이 자격시험은 국

17_ 건설사병(바우졸다트Bausoldat, 약자: BS): 무기를 드는 전시 복무를 거부하는 동독시민은 건설사병으로 복무를 대체할 수 있었다.

18_ 구동독에서는 서독의 김나지움(인문 고등학교, 최종학년 13학년)에 해당하는 에어바이터르테 오버슐레Erweiterte Oberschule가 있었다. 12학년을 마치면 대학에 진학할 수 있다.

1세대 목사 가정 이야기

가로부터 인정받지 못했기 때문에, 대학에서 신학만 전공할 수 있었다. 베를린 장벽[19]이 세워지기 전에는 서베를린 김나지움으로 진학하거나 아예 서독으로 이주하는 것도 가능했다.

이 점에서도 목사의 자녀들이 제공하는 주관적인 정보는 서로 차이가 난다. 자유를 만끽했다는 사람들도 있고, 자신들이 받은 불이익에 상처를 입었다는 사람들도 있다. 동독에서 교양시민 계층의 자녀라고 하는 것은 즉, 분리를 당했다는 뜻이었다. 다른 한편으로 '분리'라는 말은, 종교적 신념 때문에 교사에게 지속적으로 조롱당하고, 학교 성적은 전혀 인정받지 못한 어린아이에게는, 지속적인 멸시를 완곡하게 표현하는 것에 불과했다. 이데올로기 교육기관의 한 부분인 학교는 아이들이 '사회적으로' 즉 정치 이데올로기적으로 활동하지 않을 경우, 그런 거부를 허용하지 않았고, 특히 이런 거부는 학교 밖에서도 눈총을 받았다. 이러한 분리는 사적인 영역까지 확산되었다. 즉 체제에 충성하는 가족의 자녀들은 목사의 자녀와 어울리면 안 되었다. 자녀의 출세를 위한 투쟁은 부모까지 지치게 했다. 부모는 그저 신청, 청원, 이의 제기 등의 방법을 통해 상황이 나아지기를 바랄 뿐이었다.

교육 기회를 거부당한 탓에 목사 딸들은 종종 봉사, 교육, 간호 분야의 직업에 종사할 수밖에 없었다. 그래서 간호사는 오랫동안 목사 딸들이 가장 선호하는 직업이었다. 목사의 자녀들이 이러한 경험을 통해 폭풍을 뚫고 헤엄쳐 나갈 수 있는 방법을 배웠다고는 할 수 없다. 이들은 능숙하게 적응한 듯 보이기도 했고, 모두가 체제에 부적당한 행동으로 맞서지도 않았다. 일부는 앞으로 더 나아가기 위해 자발적으로 자

19_ 1949년 독일이 동서독으로 분단된 이후, 동독에 있는 베를린도 동서로 분단되었다. 베를린을 통해 1961년까지 약 250만 명에 달하는 동독의 기술자·전문직업인·지식인들이 서독으로 이주했다. 결과 동독의 경제력은 막대한 피해를 입게 되었다. 동독 인민회의의 결정에 따라 1961년 8월 12일 밤 서베를린으로 통하는 모든 가능성을 봉쇄하기 위한 장벽이 설치되었다.

유독일청년에 입단하기도 했다. 이들과는 전혀 다른 사람들도 있었다. 이들은 부모 집에서 자유롭게 말하고 토론하며, 독일통일사회당 독재와의 거리두기에 대해서도 이야기했고, 바로 그런 부모의 집을 주제로 자신의 삶을 이야기하며, 체제가 요구하는 것과는 다른 삶을 살았다.

1989년의 평화혁명 중, 목사관은 만남의 장소이며 보호구역의 역할을 할 수 있었고, 그래서 새로운 파벌 생성의 막후세력이 될 수 있었다. 목사관에는 전화와 타자기, 복사기가 있었고, 목사 부인과 목사는 필요한 조직적, 정보 전달에 관한 전문 능력이 있었다. 라이너 쿤체Reiner Kunze는 자주 인용되는 그의 시 〈목사관Pfarrhaus〉에서 "고통받는 사람은 그곳에서 울타리를 발견할 것이고, 지붕을 발견할 것이나, 기도를 할 필요는 없다"라고 썼다. 이 말은 바로 이곳 동독 목사관에서 현실이 되어, 하필 독일사회통일당 서기장 에리히 호네커가 1990년 초 아내와 함께 로베탈 구제사업회 의장이었던 우베 홀머의 목사관에서 도피처를 찾았을 때 그대로 적용되었다. 호네커의 이 '도피'는 평화혁명과 독일재통일의 기억할 만한 일, 진기한 일로, 이 일로 홀머는 모두로부터 심한 적대를 받았다. 그의 목사관에 일어난 일은 목사관 신화와 분노 사이를 오갔다. 독재자에게뿐만 아니라 반反 기독교적 교육 정책의 주요 책임자였던 그의 아내에까지 문을 열어 주었다는 사실에 사람들은 분노한 것이다. 홀머의 집에서 일어난 '복수 대신 용서'는, 홀머의 자녀들이 상급학교에 입학할 수 없었던 것을 용서했다는 뜻이다.

독일의 재통일은 정치적 재통일일 뿐만 아니라 종교적 재통일이기도 했다. 재통일로 양측의 종교적 상황은 서서히 비슷해져, 동독 목사관의 형편은 급격히 좋아졌다. 교회세가 재도입되면서 동독 목사의 급여가 거의 서독 수준까지 빠른 속도로 인상되었기 때문이다. 동시에 동서독의 목사관은 여전히 진행 중인 사회 변화의 일부가 되었다.

헤르만 헤세
Hermann Hesse
1877-1962년

헤르만 헤세의 아버지 요하네스(1847-1916)는 인도에서 선교사로 활동했고, 어머니 마리(1842-1902)도 인도 선교사의 딸이다. 아버지와 어머니는 조상의 국적이 다양한 덕분에 발트해 연안 국가와 프랑스어권 스위스에 이르는 국제적인 집안 배경이 있었다. 아버지 요하네스가 건강상 이유로 인도를 떠났기 때문에, 헤르만 헤세는 독일에서 태어났다. 요하네스는 칼프에서 칼프 출판사 관리자로 채용되었다. 여기에는 장인 헤르만 군더르트(1814-1892)의 도움이 컸다. 헤르만 군더르트 역시 선교사였고, 외손자 헤르만 헤세는 외할아버지의 방대한 도서관을 이용할 수 있었다. 1881년 가족은 바젤, 즉 바젤 선교회 본부로 이사했다. 요하네스 헤세가 파견 명령을 받았기 때문이다. 1886년 가족은 칼프로 돌아갔다. 헤르만 헤세는 1891년 국가고시에 합격한 뒤, 마울브론에 있는 신학교에 들어갔다. 이 학교에서 헤세의 청년기 갈등이 시작되었다. 여기에는 특히 아버지와 관계가 원인이 되었다. 헤세는 신학교에서 퇴학당했고, 김나지움에 다닐 수도 없게 되어 책방 점원이 되었다. 1904년부터는 자유 문필가로 활동했다. 헤세는 스위스에 거주했고, 그곳에서 독일에서 일

어난 일들을 주의 깊게 관찰했다. 1946년 그는 노벨 문학상을 수상했다. 헤세는 반항자가 되었고 자신을 그렇게 생각하기도 했다. 이 주제는 실제와 거리를 두기는 했지만 초기 작품인 《수레바퀴 아래서》에서 문학적으로 표현되었다. 여기에 자아 탐구 성향이 더해졌다. 이런 성향에는 카를 구스타프 융의 영향도 크게 작용했다. 헤세는 청년기의 프로테스탄트 경건주의적 신앙과 관계를 끊고, 아시아적 종교에 관심을 두었다. 이는 선교사 집안의 배경으로 보아 충분히 이해되며 시대적 특성에 어울렸다. 특히 작품 《싯타르타》는 이를 주제로 다루었다. 그의 견해에 따르면 종교란 죄의식과 양심의 고통이 아니라 신뢰, 사랑, 구원이었다. 헤세는 기독교에 이러한 것을 기대했다.

── 헤르만 헤세(오른쪽, 옆은 아내 니농)는 작품에서 독일 교양소설의 전통을 동아시아 영성과 연결시켰다. 1931년 사진.

알프레트 베게너
Alfred Wegener
1880-1930년

알프레트 베게너의 아버지 리하르트(1843-1917)는 베를린에 있는 김나지움의 교사이자, 목사이며 고아원 원장이었다. 그런 점에서 아들은 전형적인 목사관에서 성장하지는 않았지만, 수대에 걸쳐 목사를 배출한 가정에서 자랐다. 1900년 알프레트 베게너는 대학에서 기상학, 천문학과 물리학 공부를 시작했다. 그의 형 쿠르트(1878-1964)도 유사한 삶의 길을 택했기에, 두 형제는 공동 작업 특히 위험한 실험을 함께 시도할 수 있었다. 알프레트 베게너의 아내 엘제(1892-1992)도 기후학자이자 기상학자인 블라디미르 쾨펜(18847-1940)의 딸인데, 알프레트는 장인 덕에 많은 자극을 받았다. 알프레트 베게너는 세 가지 그린란드 실험에 참여했고(세 번째 실험에서 그는 사망했다), 대기층 연구도 했다. 일차대전 이후 베게너는 함부르크 대학에서 일했다. 베게너가 장기간 학계에 큰 영향을 끼친 업적은 대륙이동설의 전개다. 이 이론을 통해 그는 아프리카와 남아메리카의 마주 보고 있는 해안선이 유사하다는 관측을 신뢰했다. 그 관측 및 거기서 유추된 다른 관측을 기반으로 베게너는 우어콘티넨트Urkontinent[20] 이론을 발전시켰다. 그러나 이 우어콘티넨트가 어떻게 갈라졌고, 어떻게 각 부분이 서로 다른 방향으로 이동했는지는 설명하지 못했다. 여기에 대한 비판은 멈추지 않았고, 이차대전이 끝나고 나서야 베게너의 이론은 학문적으로 증명될 수 있었다. 오늘날 브레멘스하펜에 있는 알프레트 베게너 극지 및 해양연구소는 베게너의 연구와 관계가 있다.

알프레트 베게너의 자연과학적 성향은 라인스베르크 근처 체흘리너휘테에 있는 가족의 여름 별장에서 보낸 휴가의 결과라 할 수 있다. 이곳은 자연관찰을 위한 실물 학습자료를 제공했다. 뚜렷한 목표를 향해 전공을 결정한 것을 보면, 전공에 대한 열정은 이미 유년기와 청년기에 뿌리를 두고 있는 것이 분명하다.

── 극지연구가 알프레트 베게너는 1930년 세 번째 그린란드 실험에서 사망했다. 1925년경 초상사진.

20_ 거대 대륙을 뜻하며 판게아Pangaea와 같은 말이다. 그리스어 pan은 '모두'라는 뜻이고, 독일어 ur는 '원초적인, 원시의'라는 뜻이다.

일차대전 후 목사의 자녀들

　　19세기 후반 당시 그랬듯이 일차대전 이후에도 개신교의 입장이 불안정해진 탓에, 개신교는 역사적 토대 위에서 자신을 성찰하고 자신의 입장을 해명하려는 성향이 나타났다. 1925년 마르틴 루터의 결혼 400주년을 맞아, 독일 민족주의적이고 나치 성향을 가진 개신교 목사이자 실천신학자 헤르만 베르더만Hermann Werdermann(1888-1954)은 《역사와 현재 속의 개신교 목사Der evangelische Pfarrer in Geschichte und Gegenwart》라는 책을 출판했다.

　　이 책은 '나의 아내'에게 헌정한다고 적혀 있고, 명백히 개신교 목사관의 역사를 다루었다. 1934년 베르더만은 이 책과 비교할 만한 《독일 개신교 목사 부인Die deutsche evangelische Pfarrfrau》을 출판했다. 이 책은 목사관의 민족적 과제를 많이 다루었다. 여기서도 자녀가 없는 가톨릭 사제에 대한 공격이 빠지지 않았다. 그런 식으로 목사관의 문제에 집중함으로써, 1930년 출판된 개신교 백과사전 《역사와 현재의 종교》 2판 4권에서 베르더만은 '목사관'과 '목사 부인' 항목의 저자가 되었다. 베르더만은 《개신교 목사 지위의 역사에 관한 연구Studien zur Geschichte des evangelsichen Pfarrerstandes》라는 시리즈의 편자이기도 했다. 이 시리즈는 역사 시리즈와 문학 시리즈로 다시 분류된다. 이 전집은 가철본 형태로 출판되었지만, 1929-1930년에는 전체 중 총 여섯 권만 출판되었다.

사회의 주요 인물이 된 목사의 자녀들

일차대전 후, 그리고 그보다 훨씬 뒤에도 목사 아들의 수는 큰 관심을 불러일으켰다. 구가톨릭[21]의 유명한 법학자 요한 프리드리히 폰 슐테Johann Friedrich von Schulte(1827-1914)가 독일인명 사전인 《광범위한 독일인 전기》[22]에서 목사 아들의 수를 세어 보았다. 그의 조사에 따르면 이 책에 기록된 약 1,600명의 남자들 중에 319명의 신학자, 318명의 문헌학자, 시인 및 작가, 112명의 법학자, 54명의 의학자가 목사관 출신이다. 이런 시도는 개신교 목사관을 칭찬하기 위해서일 뿐만 아니라, 가톨릭 사제는 도덕·의무 이행·근검·규칙을 가르치고 가정 학습을 통해 보다 수준 높은 교육을 전달해 줄 자녀가 없다는 게 결함이라며 이들을 깎아내리려는 것이 목적이었다.

이런 교육의 영향을 직접 보여 주고, 이로써 독자들의 기대를 충족시켜 준 이들은 목사의 자녀들이었다. 자연과의 유대감, 물질적 부족, 하나님에 대한 믿음은 목사의 자녀들이 신체적·정신적으로 온전히 발달하기 위한 적절한 배양소인 것 같았다. 하지만 이렇게 자란 목사 자녀들 중 과도한 대도시 생활에도 불구

21_ 구 가톨릭Altkatholik: 1870년경 로마 교황의 불가류不可謬설(교황의 말에는 오류가 없다)에 반대하여 설립된 종단.

22_ 《광범위한 독일인 전기die Allgemeine Deutsche Biographie (ADB)》 1875-1912년(재판 1967—1971)에 56권으로 나온 사전이다. 1900년 이전에 사망한 독일어권에서 영향력이 있었던 인물 약 2만 6,500명이 수록되어 있다. 1648년까지의 네덜란드인도 포함되었다.

하고 그런 장점을 통해 무언가를 이룬 사람이 얼마나 되는지는 전해지지 않았다. 그래서 목사의 자녀 중에서 찾아낸 엘리트들에게, 즉 이런 시선을 감당하고, 그에 어울리게 사고방식이 인습적인 그들에게 시선을 돌린 것이다.

체제 안에서의 목사관

목사관 거주인, 즉 목사 자신이 목사관을 어떻게 생각하는가 하는 점에서 중요한 발걸음이 시작되었다. 1925년 '목사관 기록 보관소' 설립이 바로 그것이다. 이 기록 보관소는 처음에는 비텐베르크에 자리 잡았다가, 이차대전 이후 아이제나흐로 이주했다. 그런데 원래 의미의 기록 보관소가 아니라 일종의 기념 장소로, 늘 전시회가 열리고, 연구를 위한 도서관을 갖추었다. 목사관 기록 보관소는 독일 목사의 날, 즉 목사 협회 연례모임에서 발의되었다. 1924년 회의에서 그런 결의를 내렸다.

기록 보관소 설립의 숨은 목적은 전통을 지키고 전달하며, 목사관에서 시작하여 현재까지 내려온 문화적 영향을 명료하게 만드는 것이었다. 튀링겐의 목사 아우구스트 앙어만August Angermann (1867-1948)에게 이런 임무가 맡겨졌다. 그는 목사 자녀들의 모습에서 드러나는 목사관의 문화적 유산을 가철본 형태의 책으로 만들어 대중에게 보급했다. 그의 책《개신교 목사관은 독일 국민에게 어떤 남자들을 선물했는가Was für Männer schenkte das evangelische Pfarrhaus dem deutschen Volke》와《개신교 목사관은 독일 국민에게 어떤 남자들을 주었는가Was für Männer gab das evangelische Pfarrhaus dem deutschen Volke》는 1939-1940년에 쇄를 거듭해서 발행되었다.

1세대 목사 가정 이야기

앙어만은 소책자 《독일 목사의 딸들Deutsche Pfarrerstöchter》도 펴
냈지만, 이 책은 앙어만 사후, 1955년 그의 후계자 빌리 크반트Willy
Quandt(1912-1968)가 계획한 신판으로 나오자 그제야 널리 읽히게
되었다. 앙어만은 종파 경쟁을 강조하면서, 독일 역사
에서 목사 아들들의 유용성을 부각했다. 이런 애국적
어조는 시대 특성상 무시할 수 없는 것이었는데, 결국
앙어만이 강조한 유용성은 목사관 출신 장교를 의미
하는 것이었다. 그래서 앙어만은 마르틴 니묄러[23]도
일차대전 중 유보트 함장을 지냈다는 사실을 언급하
며 칭찬했다. 1941년 개신교 목사조합의 제국연맹에
서 출판한 《역사의 심판 속에 있는 개신교 목사관Das
evangelische Pfarhaus im Urteil der Geschichte》이라는 제목의
작은 기념책자도 목사 계층이 지닌 민족적 신뢰성을
강조하는 것이었다. 여기서 언급한 주요 증인 중 한
사람은 빌헬름 하르트나케Wilhelm Hartnacke(1878-1952)
였다. 그는 1934년 게슈타포와 친위대가 나치 돌격
대 간부들에게 폭력을 행사했던 일명 룀 쿠데타[24] 중
에 작센의 교육장관직을 잃었다. 그가 게재했던 글에
도 엘리트 집단의 교육 개념이 사용되었는데, 그는 여
기서 목사들은 평균치를 넘는, 엄선된 수재들임을 보
여 준다고 했다.

나치의 제3제국[25] 시대와 맞먹을 정도로, 동독 정
부는 개신교 목사관에 적합한 자격을 갖추도록 요구
했다. 이제 목사관은 독일의 두 번째 독재 체제, 즉 동
독 체제 안에 있었다. 그래서 빌리 크반트는 1956년

23_ 에밀 구스타프 프리드리히 마
르틴 니묄러Emil Gustav Friedrich
Martin Niemöller(1892-1984): 독일
개신교 신학자, 고백교회 지도
자. 처음에는 나치를 긍정적으로
평가했지만, 교회투쟁 중에, 그
리고 이후 1937년 강제수용소에
감금되어 있으면서 나치저항운
동가가 되었다. 1945년 이후 개
신교회에 새로운 질서를 갖추는
데 노력했고 평화운동에도 참여
했다.

24_ 룀 쿠데타Röhm-Putsch: 1934년
6월 말과 7월 초에 일어난 사건
들로, 나치는 나치돌격대(SA) 최
고 참모장 에른스트 룀과 돌격대
지도부를 살해했다. 나치는 룀의
지휘 아래 돌격대(SA)가 쿠데타
를, 일명 룀 쿠데타를 일으키려
해서 미리 조처를 취한 것이라
선전했다. 그 결과 룀 쿠데타는
표면상의 쿠데타를 지칭하는 것
이 아니라, 이를 구실로 한 살해
를 포함한 전체 사건을 지칭하는
개념이 되었다. "장검의 밤Nacht
der langen Messer"(1934.6.30./7.1)
에 에른스트 룀과 히틀러의 명령
에 의해 테거른제에 소집된 다른
돌격대 간부들은 체포되어 일부
는 그날 밤 살해당했다. 살해는
이후 며칠간 이어졌다. 약 90명
이 살해되었는데, 이 사건의 연
구자들은 150-200명으로 추정
하기도 한다. 이들 중에는 돌격
대 요원 외에도 나치 지도부로부
터 적대자로 분류된 사람들도 있
었다.

25_ 나치는 독일의 제1제국은 신성로
마 제국시대, 제2제국은 1871년
부터 1918년까지 통일된 독일
을 황제가 다스리던 시대, 그리
고 1933년부터 히틀러가 주도
하는 나치당이 집권하는 시대
를 제3제국이라 불렀다. 일차대
전 이후 1919년 바이마르공화국
이라는 민주공화국이 설립되었
으나 나치는 이 시기를 인정하
지 않았다.

《튀링겐 목사관의 주요 인물들. 튀링겐 교회가 튀링
겐 민중에게 주는 선물》이라는 책도 펴냈다. 이 책을
출간하도록 자극을 주기도 한 튀링겐 지역 주교인 모
리츠 밋첸하임은 동독 체제에 충성한 인물이다. 주교
의 서문이 있는 이 책은, 앙어만의 책이 나왔을 때와
는 다른 정치적 상황 아래서, 한 지역을 예로 들어 앙
어만의 책을 반복한 것이라 할 수 있다.

목사 가족 구조의 변화

자녀 수에서 볼 때 목사의 결혼에서도 물론 아주 느리기는 하지만, 사회 혹은 시민 직업에서 보이는 것과 같은 감소 현상이 나타났다. 1905년 이전에는 목사의 결혼에서 평균 3.9명의 아이가 태어났다. 일차대전 직전에는 3.3명, 1920년대 초반에는 2.7명이었다. 이런 출생률은 사직과 비교할 만한 다른 직업군에 비해 근본적으로 높았다. 적어도 3분의 1은 높은 편이었다. 하지만 다른 측면에서는 자녀를 많이 낳은 목사관의 모범 기능은 위기에 빠지게 되었다. 이것은 국가사회주의 독재가 시작되면서 분명해졌다. 교회와 목사가 국가 차원에서의 중요성을 강조하려 했기 때문이다. 그래서 1934년 각 란데스키르헤와 전체 독일 개신교회 목사 가족의 통계 자료가 수집되었다.

고트프리트 벤

Gottfried Benn

1886 1956년

20세기에 자서전을 출판하여 자신의 출신을 밝힌 목사의 자녀들이 여 럿 있는데, 고트프리트 벤도 그중 한 사람이다. 벤의 아버지 구스타프 (1857-1939)는 프로이센의 목사였다. 벤은 아버지가 태어난 방인 만스 펠트(베스트프리그니츠)의 목사관에서 태어났다. 어머니 카롤리네(1858- 1912)는 스위스 출신이다. 가족은 가난했다. 다른 집들처럼 자녀가 많

아서 그렇기도 했고(벤은 형제자매가 일곱 명 있었다), 목사의 대우가 형편없었던 탓이기도 했다. 벤은 어릴 적 자신이 특별한 입장에 있었다고 했다. 농부나 농장 일꾼의 자녀들 뿐만 아니라 시골 귀족의 자녀들과도 놀았 기 때문이다.

벤의 아버지는 사회민주주의 신문 〈포어배 르츠〉[26]를 읽는 소수의 목사들에 속했다. 따 라서 벤도 아버지의 목사관에서 특별하고 지 적인 '유전 환경'에 직면해 있었다. 물론 이 런 환경은 그에게는 일종의 출발 기지였을 뿐, 그런 환경이 벤이 문학적으로 표현한 아 버지와의 갈등을 없애지는 못했다. 벤은 목 사관 이상화를 완전히 자신의 것으로 받아들 여, 목사관은 "지난 3세기 동안 통계로 볼 때, 다른 집들보다 훨씬 더 그 집안의 위대한 아들 대부분을 독일에게 선물했다"고 주장했다.

벤은 처음에는 학비 문제도 있어 아버지의 뜻대로 신학을 전공했다. 그 러나 후에 역시 비용 문제로 베를린 군의관 학교에서 의학을 전공하고 의사가 되었다. 1933년 나치가 정권을 잡자 벤은 문화정치위원이자 시 인으로서 나치에 환호했고, 나라를 떠난 예술가 동료들을 비방했다. 그

러나 이것이 나치 측의 공격에서 그를 보호해 주지는 못했다. 1933년 이후에는 확실히 나치에 등을 돌렸다. 따라서 이미 그의 태도에 대한 비판이 있었음에도 1945년 이후 정부 안정기에는 서독의 전후사회에서 존경받는 작가가 될 수 있었다.

—— 고트프리트 벤은 동시대인을 자극했던 표현주의 시로 유명해졌다. 1951년 사진.

26_ 포어배르츠Vorwärts: '앞으로, 전진'이라는 뜻. 1876년 독일 사회민주주의 중추기관으로 설립된 신문. 오늘날 독일사회민주당의 기관지.

목사 자녀들의 주요 직업

당시 출생률 저하는 국가적 위험으로 인지되어 정부에서는 이것을 저지하려고 애썼고, 따라서 목사관에도 문화적·대중정치적 의미와 과제가 부과되었다. 즉 목사 자녀들을 계속 사회에 내보내기 위해 목사관은 출산율이 높아야 했다. 물론 목사는 계속 일반적 추세를 따라 자녀를 적게 낳았다. 1933년 바덴 지역에서는 결혼하지 않은 목사까지 계산에 넣어 목사의 평균 자녀 수는 2.15명이었다.

—— 알자스의 귄스바하에 있는 이 목사관에서 훗날 의사이자 노벨상 수상자가 된 알베르트 슈바이처가 성장했다.

1세대 목사 가정 이야기

이런 계산이 아주 단순하지는 않았다는 것을 통계는 보여 준다. 즉 독일제국 전체적으로 보면 당시 생존해 있는 목사당 자녀 수는 평균 2.94명으로 증가했다. 그러나 이런 평균치는 '자녀가 많은', 근무 연수가 오래된 목사를 계산에 넣음으로써 나온 것으로, 현실적인 수치를 보여 주는 것은 아니었다. 1885년 이전의 결혼에서는 5.12명의 자녀가 출생했다. 자녀 수는 계속 감소했다. 이런 상황에서 목사와 목사 부인의 결혼 연령도 높아졌다. 늘 그렇듯 부부의 연령 차이도 컸다. 목사 부인의 거의 절반 정도는 결혼 당시 25세 미만이었고, 반면 남편인 목사는 25세 미만인 경우가 극히 적었다.

목사관의 의미를 입증하기 위해서, 목사 자녀의 직업이 조사되었다. 목사 자녀들 중에는 그 수가 아주 적기는 했지만 '나치스 돌격대, 나치스 친위대 및 히틀러 청소년단 지도자'도 있었다. 교사나 예술가, 저널리스트 같은 직업도 목사 자녀들은 거의 선택하지 않았다. 1만 5,697명의 목사 아들들 중에서 6,652명은 대학 교육을 받았고, 그중 2,415명이 신학자였다. 모든 연령의 목사 자녀들이 조사되었기 때문에, 대학생이 아닌 4,497명의 학생도 포함되었다. 중요한 직업에 종사하는 사람의 수를 계산하는 것이었기 때문에, 학생은 1만 5,697명에서 제외되어야 했다. 목사 아들 중에서 대학 교육을 받은 사람은 60퍼센트에 달했고, 신학자는 22퍼센트 정도였다.

1934년의 조사에서는 목사의 딸들도 그 대상이었다. 1만 3,354명의 딸들 중 3,673명은 아직 학생이었다. 3,735명은 가정주부로서 직업이 없었으며, 이들 중 665명은 목사 부인이었다. 학생을 제외하면 직업에 종사하는 목사의 딸은 60퍼센트 정도였다. 목사의 딸 중 7퍼센트만 목사 부인이 되었다. 목사 딸들은 주로 가정 경제, 구호 사업, 학교 및 환자 돌보기 분야에서 일했는데, 이는 전통적인 여성

직업이었다. 아직 목사로 일할 수는 없지만 신학자로서 교회에서 특별한 공무위임을 받은 수습 여성 목사도 68명이나 되었다. 이들은 대학을 졸업한 410명의 목사 딸들에 포함되지 않았다.

1950년에는 이런 조사가 재실시되어 1953년 〈교회 연보〉에 발표되었는데, 이때 논문의 저자인 안네마리 부르거는 1934년 조사 때와 자신의 조사는 의도가 다르다며 경계를 그어야만 했다. 안네마리 부르거가 한 조사의 실질적 이유는 이차대전 이후 현재 인구를 파악하는 것으로, 전쟁 중에 사라진 목사 혹은 추방되어 사라진 목사에 대한 정보도 주었다. 이 조사에서는 목사들의 주요 사망 원인이 밝혀지기도 했다. 다른 주민들보다 목사들은 특히 심장혈관계 질환이 사망의 주원인이었다. 목사들은 이미 이 당시에 관리자병[27]의 희생자였던 것이다. 이혼한 목사의 비율은 1934년에는 0.2퍼센트였고, 1950년 조사에서는 0.3퍼센트로 높아졌다. 생존해 있는 모든 목사의 자녀 수는 이제는 3.0명으로 기록되었다. 물론 전쟁 기간 동안 갑작스레 출생률이 높아지기 시작해서, 이보다 더 높을 수도 있었다. 가정당 자녀 수는 여전히 눈길을 끌었다. 목사의 5분의 1은 다섯 명이나 그보다 더 많은 자녀를 두었다. 통계를 기준으로 살펴볼 때, 목사 자녀가 선택한 직업에서 부모의 영향을 추론할 수 있는가가 논의되기도 했다. 목사 아들의 59퍼센트는 대학 교육을 받았고, 그중 21.6퍼센트는 신학자였다.

전체 대학생 중 개신교 신학 대학생 수는 20세기 이후 계속 감소했다. 19세기의 상황에서 언급했던 과정이 계속된 것이다. 1920-1921년 겨울 학기 중 독일 대학의 개신교 신학 대학생 비율은 3.8퍼센트였다. 목사 아들이 대학 졸업이 필요한 직업을 갖는 비율은 점점 더

27_ 관리자병: 특히 중년 남성에게 육체적·정신적 부담의 결과로 나타나는 병으로, 신진대사 장애를 수반하는 스트레스 병의 일종.

1세대 목사 가정 이야기

줄어들었다. 일차대전 이전에는 62.1퍼센트였던 것이, 전쟁 후에는 57.9퍼센트로 감소했다. 대신 직업을 갖거나 적어도 전문 교육을 받은 목사 딸의 수는 증가했다. 이미 일차대전 중에 목사 딸의 57.1퍼센트가 직업을 갖거나 전문 교육을 받았는데, 봉사나 교육 관련 직업 중 여성들에게 합당한 활동 영역이 지배적이었다. 신학 전공 대학생을 살펴보면, 목사의 대를 이어 가는 비율은 일차대전 이후 프로이센 대학에서는 45.4퍼센트에 이른다. 이는 전후 시대의 침체에 비하면 상승한 것이다. 이차대전 이후에는 독일 전역에서 볼 때 25.4퍼센트였다. 목사 부인들 중 19.6퍼센트는 목사관 출신이었다. 목사의 아버지의 약 3분의 1은 대학 졸업자였다. 목사 아버지를 둔 목사의 수는 1958년에는 22퍼센트였지만, 1967년에는 16퍼센트로 감소했다. 이제 다른 대학 졸업자 가정에서의 목사 배출도 점점 늘어났기 때문에, 대학 졸업 가정 출신 목사는 1960년대에는 40퍼센트 조금 넘게 증가했다.

신학 대학생 수는 정치적 조건에 따라 변화가 있었다. 일차대전 후인 1924년에 신학 대학생의 수는 1,900명으로 줄었고, 1928년에는 3,500명, 1932년에는 7,400명으로 증가했다. 국가의 규제 때문에 1939년에는 1,300명으로 다시 감소했다. 이차대전 이후 1968년에는 다시 4,200명으로 증가했지만, 동독에서는 정치적인 규제가 있어 1968년에 600명으로 감소했다. 서독에서는 전체 대학생 가운데 신학생이 차지하는 비율은 1968년까지 1, 2퍼센트까지 떨어졌다.

목사 가족은 규모가 작아졌고, 커다란 목사관 건물, 특히 시골에 있는 목사관은 그대로 남아 있었다. 목사 자녀들이 지켜야 할 모범적 기능은 계속 요구되었다. 그러나 그 기능을 어떤 형태로 현실

한스 오스터

Hans Oster

1887-1945년

한스 오스터의 아버지 율레스(1845-1926)는 드레스덴 개신교 개혁파 교회 목사로, 아내인 마리 파울리네(1853-1905)와 마찬가지로 알자스 출신이다. 아들 한스는 장교가 되어 일차대전에 참전했고, 바이마르 공화국 시대에 군대 경력을 계속 쌓았다. 하지만 그는 1932년 혼외 관계로 독일제국 국방군을 떠나야 했다. 오스터는 나치즘을 거부했다. 1935년 빌헬름 카나리스(1887-1945)가 그를 발탁했다. 빌헬름 카나리스는 '저항 부대' 즉 군대 비밀정보기관의 리더로 많은 저항 세력을 보호해 줄 수 있었다. 오스터는 1938년 다른 장교들과 접촉했다. 그러나 자신이 참여했던 혁명 계획을 실행에 옮기지는 않았다. 그의 친밀한 협력자였던 한스 폰 도나니(1902-1945)와의 관계가 결국 그에게도 불행을 초래했다. 도나니가 체포된 뒤 그도 혐의를 받았다. 1944년 7월 20일 오스터는 체포되었고, 1945년 4월 9일 플로센부르크에서 카나리스, 디트리히 본회퍼와 함께 처형되었다. 한스 오스터는 더 나쁜 상황이 발생하지 않게 하려고 서방 이웃 나라들에 대한 독일의 공격 계획을 누설했다. 이 때문에 오랫동안 그에 대한

기억은 부정적이었다. 독일 전후 논쟁에서 많은 사람들은 그를 국가 반역자로 낙인찍었다. 군부 저항이 오랫동안 논란의 여지가 있던 것과 유사한 상황이었다.

오스터는 부모의 집을 통해 일반적인 독일 애국주의적 영향과는 다른 것을 받았다. 부모의 집에서 그는 프랑스어를 배웠고, 프랑스에 대해 호감도 갖게 되었다. 이것은 그 시대에는 거의 생각조차 할 수 없는 일이

었다. 나치즘에 대한 깊은 혐오감은 그를 다음과 같은 확신에 이르게
했다. "나의 계획과 의무는 독일과 세계를 이 페스트로부터 해방시키는
것이다." 따라서 그는 클라우스 크라프 쉥크 폰 슈타우펜베르크[29]와 함
께 군부 저항의 중심인물이 되었다.

──— 한스 오스터는 빌헬름 카나리스를 중심으로 한 군부 저항 세
      력에 속했고, 1945년 4월 9일 플로센부르크의 강제수용소에
      서 처형당했다.

28_ 클라우스 크라프 쉥크 폰 슈타우펜베르크Claus Graf Schenk von Stauffenberh
    (1907-1944): 히틀러 암살을 기도한 '발퀴레 작전'에 가담한 귀족 출신 장교. 할리우
    드 영화 〈작전명 발키리〉의 실제 주인공.

구드룬 엔슬린

Gudrun Ensslin
1940-1977년

구드룬 엔슬린은 일곱 명의 자녀를 둔 가족에서 성장했다. 아버지 헬무트 엔슬린(1909-1984)은 뷔르템베르크의 목사였다. 구드룬 엔슬린이 밟은 교육 과정은 1960년대 여성에게는 비전형적이라고는 할 수 없었다. 그녀는 튀빙겐 대학과 슈배비쉬 그뮌트 교육대학에서 교직을 전공했다. 학교 교사로 근무하는 대신 베를린에서 공부를 계속하여, 독일민족 연구재단[29]의 재정적 지원을 받으며 독문학 박사학위 논문을 준비하고 있었다. 그러나 1967년 사귄 안드레아스 바더Andreas Baader(1943-1977)로 인해 삶의 모든 것이 바뀌었다. 1968년 바더와 엔슬린은 프랑크푸르트에 있는 백화점들을 기습 방화했다. 바더는 체포되었지만 엔슬린은 빠져나갔고, 이후 계속 범죄를 저질렀다. 이런 범죄 중에 그녀는 사람들의 목숨을 빼앗는 일도 감행했다. 1972년 체포되어, 장기간에 걸친 재판 뒤 다른 테러리스트들과 슈투트가르트 슈탐하임에 수감되었다. 체포된 사람들의 석방을 요구하며 동지들이 벌인 시도가 실패하자, 1977년 그녀는 바더와 다른 두 수감자들과 함께 자살했다. 1981년 마르가레테 폰 트로타는 구드룬 엔슬린과 그녀의 언니 크리스티아네[30]의 삶을 〈납빛 시간Die bleierne Zeit〉이라는 제목으로 영화화했다.

누구나 이런 길을 택하는 것은 아니듯, 목사관에서 성장했기 때문에 구드룬 엔슬린이 테러리스트가 된 것은 아니었다. 부모 집의 경건함과 어떤 상황에서도 그렇게 했을 딸의 행동의 단호함, 이 둘 사이에는 늘 뚜렷하게 금이 그어졌고, 이는 어쩔 수 없이 생기는 그런 것과는 전혀 달

랐다. 따라서 부모 집을 버리는 것과 테러로의 길 사이에서 구드룬 엔
슬린은 전혀 다른 영향을, 즉 저항과 폭력이 함께 놓여 있는 시대 상황,
특히 안드레아스 바더의 영향을 받았다.

── 구드룬 엔슬린은 독일적군파(RAF) 1세대에 속했다.

29_ 독일민족 연구재단(Die Studienstiftung des deutschen Volkes e.V. [SddV])은 독일 최
대의 인재후원기관으로, 정치, 종파, 세계관에 상관없이 재능 있는 대학생이나 박
사 과정 학생에게 장학금을 주는 재단이다.
30_ 언니 크리스티아네(1939)는 적군파에 희생된 유가족(외교관 게론트 폰 브라운뮐의 부인
과 형제들)과 교제하고자 애썼고, 2005년 남동생 고트프리트(1946 - 2013)와 1972년
에서 1973년까지 구드룬과 주고받은 편지가 든 책을 펴냈다.

화시킬지에 관해서는 논란의 여지가 많았고 그 형태도 축소되어, 목사 자녀가 어린이 예배와 교회 청년 활동의 기반을 이루는 정도였다. 그러나 이런 시도는 목사관에서도 자녀 수가 감소하는 상황에서는 현실화할 가능성이 적었다.

20세기 목사관의 풍경

당연히 목사관은 변화된 교육 이상에도 관여했고, 사춘기 청소년이 점차 일반적인 자의식을 갖기 시작하는 점에도 관여했다. 평균적으로 볼 때 목사 자녀가 다른 아이들에 비해 적응력이 있는지 혹은 반항적인지도 측정할 수 없다. 개별적인 경우에만 확인할 수 있을 뿐이다. 목사 자녀들이 전하기를, 아버지가 예배를 마치고 집으로 돌아오면 목사복을 입은 아버지는 엄격했고 거리감이 있었다고 했다. 그러나 이를 일반화할 수는 없다. 지난 시대의 목사들에게 주어졌던 어둡고 엄격했던 분위기를 2009년 미하엘 하네케Michael Haneke는 일차대전 직전 시대의 이야기를 담고 있는 영화 〈하얀 리본Das Weiße Band〉에서 예술적으로 표현했다. 이 영화에서 표현된 목사는 폭군이며 어두운 인물로, 아내와 자녀들을 괴롭힌다. 그러나 그 역시 와해되어 버린 가식적 사회, 각자 자신의 사회적 역할을 수행하는, 그런 사회의 대표자일 뿐이다. 그런 사실을 제외한다면, 20세기의 목사관은 여전히 시민문화의 한 부분이었다. 이 사회에서는 형식에, 그리고 특별한 방식으로 형식화에 가치를 두었다. 반면 1960년대 이후 사회 여러 분야에서 이런 양상은 변화했다.

목사관 안에서는 교육에 관한 새로운 이상처럼 '성 혁명'도 일어났다. 물론 이는 생활태도의 모범이 서서히 변화한 것이라 할 수 있는 것으로, 특히 교회행정부와 남녀 부목사 내지는 젊은 남녀 목사 사이의 갈등에서 표출되었다. 성과 남녀 관계의 새로운 형식은 이제 목회 신학적 주제, 따라서 직업 이론상의 주제도 되었다. 목사관 안의 '내연 관계'나 '혼인 증명서 없는 결혼'은 허용되지 않았고, 당연히 교회관리직에도 허용되지 않았다. 동성 간의 관계도 마찬가지였다. 그러나 특히 정서를 자극하는 주제는 바로 이혼이었다. 이혼 전에 발생한 간통이라는 점에서뿐만 아니라, 자신의 소명을 포기한 목사 부인은 어떻게 될까 하는 관점에서 이혼은 민감한 주제였다.

1960년대와 1970년대에도 이혼하는 사람은 적었기 때문에 당시에는 아직 이 주제를 피할 수 있었지만, 나중에는 결국 회피할 수 없게 되었다. 1960년과 1969년 사이 바이에른 주의 란데스키르헤에는 모두 12건의 이혼이 있었고, 1989년과 1990년에는 각각 17건이 있었다. 여기서 세속화되고 기존 관념에서 벗어나고 있는 대중과 교회 사이의 조용한 의견의 일치가 있었다. 즉 사회 다른 곳에서는 이미 오래전에 망가지기 시작한 모범상을 목사가 구현해야 한다는 데 의견의 일치를 본 것이다. 그러나 이미 1934년 헤르만 베르더만은 《독일 개신교 목사 부인Die deutsche evangelische Pfarrfrau》에서 대중도 이미 알고 있는 불행한 목사 부인을 언급했고, 감소하는 자녀 수에 대해서도 언급했다.

1960년대 이후 목사관 안에서도 성의 자기 이해, 성 역할 분배는 변화했다. 목사의 가부장적 권한은 여성이 목사직에 임명되고, 남성 역할과 아버지 역할이 전반적으로 변화됨으로써 위태로워졌다. 이때 반권위주의는 별로 문제가 되지 않았다. 오히려 아동기와 청년기를 고유한 삶의 단계로 인식한 것이 중요했다.

그러나 여전히 사람들—가난한 사람들, 고통스러운 사람들, 마음에

짐을 진 사람들—이 목사관의 문을 두드렸다. 따라서 목사가 이야기할 수 없는 상황일 때, 목사 부인은 대화 상대로 중요한 역할을 담당했다. 목사의 서재로 들어갈 수 없는 사람은 부엌 식탁에 자리를 잡을 수 있었고, 좀 더 친분이 있는 사람은 거실에서 이야기할 수 있었다. 여행자는 돌봄을 받았고, 방문객은 위로를 받았다. 목사 부인이라는 내적인 의무는 미리 정해진 교회의 규약이나 교구의 역할 기대를 통해 더욱 강해졌고, 1960년대까지도 외부에 보이는 것으로 볼 때 그들의 역할에는 반론의 여지가 없었다. 교구의 일에서 목사 부인은 자신만의 책임 분야가 있었고, 가족 내에서는 말할 것도 없었다. 이런 양상은 사회 변화로 인해 점진적으로, 그러고는 점점 더 빨리 바뀌었다.

1세대 목사 가정 이야기

목사 부인을 위한
새로운 직업상

1960년대 목사의 결혼에는 세 가지 삶의 모델이 경쟁적으로 만들어졌다. 첫째는 목사와 그를 도와주는 목사 부인의 전통적 상태를 유지하는 모델로, 목사 부인은 이제 전문 교육을 받았거나 대학 졸업자였다. 둘째는 목사 부인 스스로가 직업을 갖는 것이었다. 물론 독일에서 오랫동안 일반적이었듯이, 목사 부인은 자녀가 생기면 자주 직업을 포기했고 나중에 다시 직업을 가졌다. 셋째는 1960년대와 70년대 대부분의 란데스키르헤에서 여성 목사 취임을 도입한 후 발생한 남성 목사와 여성 목사의 결혼으로, 이런 결혼에는 종종 목사 자리를 분할, 수행할 의무가 따랐다.

목사 부인의 역할 변화

독일에서는 여전히 오랫동안 여성의 직업 활동이 '과외벌이를 한다'는 식의 오명에서 벗어날 수 없었다. 직업에서 '자아를 실현한다'는 것은 남성에게만 정해진 것이었다. 여성 목사로 활동하건, 다른 영역에서 활동하건 직업 활동은 점점 더 활발해졌고, 이로써 당연히 중요한 조력자로서의 목사 부인은 목사관에서 사라졌다.[31]

여성 목사 취임의 도입은 목사 부인의 직업 활동보다 더 심하게, 많은 목사의 자기 이해와 목사관의 이해를 뒤흔들어 놓았다. 1960년대 교회 내부 논쟁이 시작되어, 반대자뿐만 아니라 찬성자들도 성경적·신학적 논거를 찾으려 했다. 훗날 사회·정치적 관점과 여성 해방 및 성性에 대한 변화된 이해의 관점도 이 논쟁에 추가되었다.

31_ 이 문장 뒤에는 "Aus der 'Frau Pharrer' wurde nun wirklich die Pfarrfrau oder eben die 'Frau Pharrerin'"라는 문장이 있으나 우리말 문맥에는 방해가 되어 번역에서 생략했다. "목사 부인이라는 단어 Frau Pharrer에서 정말로 여성 목사Pharrfrau나 여목사님Frau Pharrerin이라는 단어가 되었다"는 뜻이다.

1세대 목사 가정 이야기

교회 개혁 프로젝트

복지가 증대하면서 사회적 유동성도 활발해졌고, 여가를 보내는 방식도 변했다. 일요일에 일을 하지 않으면 않을수록, 주말은 여가 활동을 위한 체험 기회가 되어 갔다. 1960-1970년대 사람들은 일요일 오전에 축구 경기 시간을 정하려고 다투었다. 그러자 목사들은 곧 운동 단체에게 패배했다는 것을 인정해야 했다. 선택적 예배나 토요일 밤 예배를 여는 등 모든 시도를 했지만, 일요일 오전 예배는 다른 여가 활동과 경쟁이 되지 못했다.

종교적 가치의 변화

1965년 바이에른 주 주교 헤르만 디츠펠빙어Hemann Dietzfel-binger(1908-1984)는 《현대 목사의 자기 이해Das Selbstverständnis des Pfar-rers heute》라는 제목의 소책자를 펴냈다. 서문에는 다음과 같은 문장이 있다. "오늘날 인류는 다른 세대보다도 더 증명하고 보여 주려 한다. 텔레비전은 이런 요구에 따르고 있다." 당시는 민영방송이 나오기 훨씬 전으로 오늘날과는 많이 달랐는데, 텔레비전은 가장 중요한 새로운 매체로서 모든 마을을 세계와 연결해 주었다. '교회와 현대사회'는 디츠펠빙어 책 중 한 장의 표제로서, 이 장에서는 교회, 특히 목사는 사회 변화에 어떻게 대해야 하는가, 또 어떻게 대할 수 있는가 하는 문제를 다루고 있다.

디츠펠빙어는 곧 이런 변화와 맞닥뜨리게 될 테니 우선 이러한

── 볼프스부르크 시에 있는 하일리히 가이스트 키르헤(성령교회)의 목사 부부가 1967년 교구회관에서 제3세계를 위한 성금을 호소하고 있다. 예전부터 목사 부인이 교구에서 활동하는 것은 당연한 일로 여겨졌다.

1세대 목사 가정 이야기

변화를 알아차리라고 목사들에게 조언한다. 그의 관점에서 볼 때 '순종하지 않는 것'은 뒤로 돌아서서 체념적 태도로 도망치는 것이었다. 이렇게 그는 이 시기에 제2차 바티칸 공의회를 통해 대중에게 잘 알려진 말 "아조르나멘토Aggiornamento" 즉 쇄신을 받아들였다. 이 말을 디츠펠빙어는 현대 사회로의 적응으로 이해했다.

사회적 변화에 속하는 가치의 변화와 함께 목사관을 에워싼 종교의 가치가 변화했다. 종교는 '기능적 분화' 과정에서 특정한 삶의 영역만 담당했다. 예배에 참석하거나 식탁에서 기도드리는 일이 적어졌고, 행동과 입장에 대해 논거를 댈 때 기독교적 신념은 점차 별로 중요하지 않게 되었다.

교회 개혁의 움직임

이때 교회는 변화의 대상일 뿐만 아니라, 비록 가끔 시간적으로 약간 지체되기는 했지만, 변화의 주체였다. 1960년대에는 개신교나 가톨릭 할 것 없이, 사람들은 교회에서 안으로부터의 개혁과 민주화를 외쳤다. 기독교통합운동 안에서 놀랄 만한 정치화가 일어남으로써 이러한 외침은 더욱 강해졌다. 상당한 개혁이 필요하다고 진단된 시대에, 교회를 위해서도 그리고 교회 내부에서 이러한 개혁이 필요하다는 것을 깨달은 것이다. 독일 복음주의 루터교 연합교회[32]의 관구총회는 1967년 교회개혁이라는 논제들을 다루었는데, '교직자 중심의 교회'Pastorenkirche에서 벗어나라는 요청도 이 논제 중 하나였다. 그리고 '평신도들'에게는 목사 역할은 하려 들지 않으면서, 소비자 같은 태

32_ Vereinigten Evangelisch-Lutheris chen Kirche Deutschlands(VELKD): 독일 복음주의 루터교 연합 혹은 독일 개신교 루터교 연합교회라 번역된다. 이 교회는 독일 내 일곱 란데스키르헤의 연합으로, 1948년 7월 8일에 설립되었고, 현재 일곱 란데스키르헤에 9,500만 명의 신도들이 속해 있다. 이 연합의 목표는 루터 복음의 통일을 기하고 보존하는 것이다.

마리 토아호르스트

Marie Torhorst

1888-1989년

마리 토아호르스트의 아버지 아르놀트(1841-1909)는 베스트팔렌 레데의 목사였다. 어머니 루이제(1847-1923)가 남긴 유산으로 이 가족의 네 아들들이 대학을 다녔을 뿐만 아니라, 딸인 마리와 언니 아델하이트(1884-1968)까지 대학에 다닐 수 있었다.

마리는 1913년부터 1921년까지 여교사학교를 다닌 뒤, 본 대학과 괴팅겐 대학에서 수학, 물리학, 지리학을 전공했다. 1918년 본 대학에서 〈단순히 서로 연결된 평평한 지역의 가장자리의 양〉이라는 논문으로 박사학위를 받았다. 이어 교육학 시험도 치렀다. 1920년대에 마리 토아호르스트는 교사로 일하기는 했지만, 브레멘에 있는 사립 여자 상업학교에 겨우 취직할 수 있었다. 쾰른 대학에서 추가로 공부하여 상업교사 자격을 더 취득했다. 일차대전의 압박 속에서 평화주의적 사회 참여를 하고 난 뒤 1928년 독일사회민주당(SPD)에 입당했고, 1933년까지 베를린 카를 마르크스 학교에서 일했다. 이 학교는 노동자에게 아비투어를 볼 수 있는 길을 열어 주었다. 1932년에는 소비에트 연방으로 여행을 갔고, 수백만 명의 희생자를 낸 스탈린의 독재에도 불구하고 이후 공산주의 이데올로기의 추종자가 되었다. 나치즘 시대에는 교사로서 더 이상 직장을 구하지 못해 임시직으로 생활을 꾸려 가야 했지만, 불법적인 정치 활동을 계속했다. 이 때문에 1943년 그녀는 두 달간 강제노동수용소에 구금되는 판결을 받았다.

이차대전이 끝난 뒤 1946년에는 독일 공산당(KPD)에 입당했고, 교육

개혁가로 활동했다. 1947년에서 1950년까지 튀링겐의 인민교육부장관이었고, 이 시기에 예나대학의 이데올로기화와 '시민계급' 교수의 숙청을 추진했다. 1949년에는 교육부장관으로서 바이마르에서 작가 토마스 만을 만났다. 토마스 만은 이곳에서 괴테 국가공로상을 수상했다. 1958년에서 1964년까지 그녀는 '독일 교육 중앙연구소'에서 일했다. 이 연구소는 독일사회통일당 독재 체제의 동독 교육 개혁을 뒷받침하기 위한 기관이었다.

마리 토아호르스트는 회고록에서 자신의 출신에 대해 숨기지 않았으며, 시골 목사 가족의 삶에 대한 정보를 주었다. 어린 시절 아버지가 교구에서 영적 상담을 할 때 그녀는 아버지를 따라다녔다. 이미 1920년대부터 마리 토아호르스트와 그녀의 언니 아델하이트는 점차 기독교 믿음에서 멀어지기 시작했다. 1928년 마리 토아호르스트는 독일사회민주당에 입당하면서 교회를 떠났다. 소비에트 연방으로의 여행과 뒤이은 독일사회통일당 간부로서의 정치적 활동은 종교적 신념이 깨졌음을 보여 준다.

— 마리 토아호르스트는 1947년 튀링겐의 인민교육부장관이 되었다. 1947년 사진.

도를 취하는 것은 그만두라고 충고했다. 목사는 다시 현재의 요구와 전통 사이에 얽매어 있으면서도 시대정신을 따라서는 안 되었고, 말씀 설교와 영적 상담을 통해 교구를 이끌어야 했다. 이는 '평신도'는 세속화에 물들었지만 목사는 세속화의 압박에서 해방시킨다는 의미였다. 목사의 해방, 결국 목사의 권력 박탈은 민주화가 자주 요구되던 시대에 '평신도'를 더 적극적으로 참여시키려는 뜻이었을 뿐만 아니라, 교구 내 남녀 협력자들에게 보다 더 강력한 공동결정권을 주려는 의미이기도 했다. 이미 1960년대 시작부터 사람들은 '교구 목사직의 위기', 1주일에 60시간 근무를 통한 과중한 부담, 다수의 과제와 기대에 대해 말해 왔다.

이러한 개혁 프로젝트에는 직간접적으로 목사 개인과 직책에 영향을 주는 정치적 측면도 있었다. 목사는 이제 전통적인 과제에서는 해방되었지만, 그 대신 다른 과제 즉 사회구제사업 같은 과제를 받아들여야 했다. 1970년대에 눈에 띄는 점은, 목사가 자신의 목회 구역에 있는 교구민을 넘어 다른 모든 것에, 특히 사회적으로 고립된 집단의 사람들에게도 책임이 있다고 느낀 것이다. 서독 교회가 여전히 재정적으로 최고 상태를 유지하던 상황에서는, 바로 이 부분에서도 많은 것들이 성취되었다.

미국 작가의 책 한 권이 이러한 논쟁의 중심에 들어왔다. 1965년 미국에서 출판된 하비 콕스Harvey Cox의 《세속도시The Secular City》로, 독일어로는 1967년 《하나님 없는 도시Stadt ohne Gott》라는 제목으로 출판되어 많은 독자를 끌어모았다. 콕스는 도시에서 일어나는 세속화의 과정을 긍정적으로 생각했다. 도시는 교회의 붕괴 장소가 아니라 출발 장소이다. 콕스에게 세속화는 부정적인 것이 아니라 긍정적인 것이었다. 세속화는 인간 성숙화 과정으로 이끌기 때문이다. 도

1세대 목사 가정 이야기

시에서의 세속화는 인간을 종교적·형이상학적 편견에서 해방시키며, 인간에게 세상에서의 책임에 마음을 돌리라고 한다. 도시의 익명성과 개성은 위험한 것이 아니라 기회다. 즉 인간은 집단적 강요에서 해방될 수 있다. 인간은 속박되지 않으며, 가변적이며 따라서 새로운 것에 열려 있다. 콕스는 도시의 교회를 "새로운 권력의 선구자"라고 불렀다. 다가올 하나님의 치세를 도시에 퍼뜨리고, 그렇게 하여 세속화 과정을 지원하기까지 할 과제가 도시에 부여되었다. 콕스의 책이 이론의 여지가 전혀 없는 것은 아니지만 독자들은 그 책이 목사에게 때를 알려 주는 것으로 이해했다. 이제 목사에게는 지금까지의 전통을 벗어나 다른 사회로 옮겨 가라는 과제가 부여되었다. 훗날 1970년대에 이에 대한 논쟁이 계속되었다.

1960년대에 목사관에서의 변화에 마음을 열고 이를 강력히 요구하기까지 한 사람들은 젊은 사람들, 신학대학생과 남녀 수습 목사였다. 이런 상황은 세대 변화가 진행되는 중에 일어났고, 그 사이 교회투쟁의 전통은 사라졌다. 이 세대의 정치화(이제 좌파 목사들이 보수적 목사들과 필적하게 되었다) 역시 새로운 자기 이해로 이끌었는데, 이러한 자기 이해는 사회 변화 혹은 혁명까지도 목표로 했다. 대학에서의 신학 공부에서도 관점이 바뀌어, 사회에 더 많은 관심을 두게 되었다. 신학 공부의 개혁을 둘러싼 논쟁도 한몫 거들었다. 학부 내에서는 진로에 대한 불안감도 팽배했다. 그러나 이미 오래전부터 많은 사람들은 신학 공부를 지나치게 경건하지 않은 것으로 보았고, 이제는 좌파적으로 보기까지 했다. 개신교 측에서는 이에 대한 역습으로 '성서에 충실한' 신학 교육을 위해 애를 썼다. 1969년 북독일 마을 크렐링엔에는 신학대학은 아니지만, 복음서 절대주의적 의미에서의 신학 전공 공부를 준비하기 위한 기관으로 '종교 공

요헨 클레퍼
Jochen Klepper
1903-1942년

요헨 클레퍼의 아버지 게오르크(1866-1934)는 보이텐의 목사였다. 어머니 헤트비히(1876-1941)는 결혼 과정에서 개신교로 개종했다. 하지만 가톨릭 출신이기에 남편의 교구에서 힘든 입장에 있었고, 스스로도 목사 부인으로서 주어진 역할에 순응하려 들지 않았다. 클레퍼 가족의 목사관은 사회적으로 특별했다. 클레퍼의 아버지는 자신의 관사 즉 목사관에 대한 권리만 있었다. 유산을 받아 부유했던 덕에, 가족은 목사관이 아닌 다른 큰 집에서 살았기 때문이다. 요헨 클레퍼는 천식에 시달렸다. 그래서 그의 아버지는 오랫동안 집에서 아들을 가르쳤다. 1917년에야 클레퍼는 글로가우에 있는 김나지움에서 학교생활을 시작했다. 1922년에는 대학에서 신학을 전공했다. 처음에는 에어랑엔에서, 나중에는 브레슬라우에서 대학을 다녔다. 그러나 그는 대학 공부를 중단하고 저널리스트로 일했다. 1931년 요헨 클레퍼는 과부 요하나 슈타인과 결혼했다. 그녀가 유대인이었기 때문에 아버지는 아들과 인연을 끊었다. 나치 시대에 클레퍼는 아내 때문에 직업상 불이익을 받았고, 1937년에는 출판 금지를 당했다. 바로 이 해에 찬송가에 수록된 위로의 시 〈밤이 밀려들어 왔으니, 낮은 그리 멀지 않았다〉를 지었다. 곧이어 〈시간을 주관하시는 당신〉 같은 종교시들도 지었다. 수난신비주의와 당시 교회정책 논쟁과 거리를 두었기 때문에 클레퍼는 고백교회 대표자들의 비판 대상이 되었다. 클레퍼의 이후 인생길은 아내 요하나 슈타인과 딸 레나테의 운명에 대한 걱정으로 가득했다. 다른 딸은 국외로 도주할 수 있었으나 레나테는 그렇지 못했다. 결국 1942년 요헨 클레퍼와 아내 그리고 딸은 자살했다.

요헨 클레퍼의 삶의 길은 내면으로 침잠하는 성품과 요하나 슈타인과의 결혼에 결정적인 영향을 받았다. 그의 섬세한 감성은 어머니로부터 물려받은 것 같다.

─ 요헨 클레퍼는 처음에는 신학을 전공했지만, 나중에는 저널리스트와 작가로 활동했다. 1937년경 사진.

동수양센터 Geistliches Rüstzentrum'가 세워졌다. 1970년 바젤 시에 세워진 '자유 신학 아카데미 Freie Theologische Akademie'는 교회 대학 모델에 가깝다고 할 수 있다.

목사관은 다양한 관점에서 볼 때, 특히 전통적 표상으로 목사관이 교구 혹은 교구 지역의 중심을 형성한다는 생각이 강하게 의심받으면서 난관에 부딪쳤다. 사람들은 목사직을 더 이상 직책이나 역할로 보지 않았고, 교회의 완성이라는 전체 틀 속에 있는 부분 기능으로 생각했다. 다른 기능은 신학과는 상관없는 남녀 협력자, 즉 무보수 명예직의 다른 '평신도'가 가졌다. 교육자, 사회학자와 심리학자들은 '목사 팀' 안에서 함께 일했고, 동등한 권리를 가졌다. 개혁을 원하는 사람들은, 개혁을 위해 반드시 필요한 근무 권리를 변화시키기 위해 신속하게 착수했다. 1960년대와 1970년 초의 많은 개혁 의도처럼 이러한 근무 권리 변화들도 결국 효과를 내지 못하고 사라졌지만, 당시 일반적 변화의 맥락에서 목사 개인, 직책 및 목사관에서의 생활 토대에 관해 비판적 질문을 제기하는 결과를 낳았다. 이에 대한 논쟁은 1970년대와 1980년대에도 깊이 있게 지속적으로 다루어졌다.

심리학자와 다른 학문 분야의 대표자를 유치하려는 의도는, 점차 인문학들이 신학에게는 도전이며 또한 말 상대가 되어 가고 있다는 것을 보여 준다. 이런 현상은 목사의 역할 이해에 장기간 영향을 주었던 경향에서 드러났다. 미국에서 온 임상목회 훈련 Clinical Pastoral Training(CTP) 혹은 임상 목회교육 Clinical Pastoral Education(CPE), 즉 '임상 영적 상담 훈련'이 계속 자리 잡은 것이다. 이는 병원에서의 영적 상담뿐만 아니라 교구 안에서의 영적 상담, 따라서 영적 상담사의 역할 이해와 관련되었다. 교회 안에서 새로운 운동은 제도화를 통해

1세대 목사 가정 이야기

명백해졌다. 베텔 신학대학Kirchliche Hochschule Bethel의 영적 상담 연구소도 이런 제도화의 일종이었다. 영적 상담은 그것이 행해지는 방식에 따라, 우선 대화 즉 치료적 대화로 이해되었다. 목사의 첫 번째 과제는 이제 설교가 아닌, 남의 말을 잘 들어주는 것이었다.

5.

오늘날의 목사 가정

교회,
폭풍 치는 바다에 빠지다

1963년에 만들어진 노래 가사 한 편이, 그 후 많은 예배에서 불리게 되었다. 이 노래는 교회를 이루는 구성원을 배에 비유했다. "교회 신도라는 이름의 배 한 척, 이 배가 시대의 바다를 지나간다."[1] 이 노래에서는 폭풍과 위험, 선원들의 단결과 배의 목적지, 즉 하나님의 영원에 대해 말하고 있다. 5년 뒤인 1968년 독일 개신교회 기관지라고 할 수 있는 〈교회연감〉 첫 장에 다음과 같은 문장이 실렸다. "우리가 사는 세상은 강력하고 광범위하며 근본적인 변화의 과정에 있다. 교회의 배는 어떤 경우에도 절대로 편안하고 안정적인 항해를 하지 않는다. 오히려 폭풍과 홍수에 내맡겨져, 얼마나 견뎌내는지 혹독한 시험을 받는다."

위기의 교회

서독 프로테스탄티즘이 스스로를 돌아볼 때,

1_ "Ein Schiff, das sich Gemeinde nennt"는 독일 교회음악가 마르틴 고트하르트 슈나이더Martin Gotthard Schneider(1930-)가 지었다.

1960년대 역시 위기의 시기였다. 1967년 이후 교회를 떠나는 사람의 수는 눈에 띄게 늘었다. 1968년에는 4만 4,000명에서 6민 1,000명으로, 1969년에는 11만 2,000명, 1970년에는 20만 3,000명으로 늘었다. 이후 교회를 떠나는 사람은 한동안 줄어들었지만 여전히 높은 수치를 유지했다. 이로써 교회를 떠나가는 사람의 비율은 일차대전 이후와 나치시대와 맞먹었다.

　1972년 독일 개신교회는 대규모 설문조사를 통해 처음으로 신도들의 의견과 태도를 조사했다. 이는 국민교회의 미래에 대해 교회 지도부 측도 불안해한다는 것을 보여 주는 것이었다. 보수 개신교

—— 68운동은 독일을 근본적으로 변화시켰다. 당시의 상징적 인물인 대학생 지도
자 루디 두취케(사진 가운데)가 1968년 서베를린에서 열린 베트남 논의에서 발
언하고 있다.

　1세대 목사 가정 이야기

입장에서 생각할 때 이런 숫자들은, 신도들 눈에는 목사가 지나치게 정치적이어서('좌파'의 의미에서) 그들이 교회를 떠난다는 증거였다.

이런 사실은 별도로 하고 설문조사는 목사 계층을 어떻게 생각하고 있는가에 관한 중요한 정보를 전해 주었다. 여기에 대해서는 사실 지금도 관심을 기울일 필요가 있다. 어쨌든 이런 문제에 경험적으로 접근하는 것은, 종교 활동에 대한 사회과학적 접근 방식이 인정받을 만한 가치가 있다는 사실을 증명해 줄 뿐만 아니라, 교회 대중에 대한 신학적 추측과 가정을 뛰어넘어 교회 대중 자체에게 말할 기회를 주는 시도라는 것을 입증한다.

그러나 신도들의 교회 이탈뿐만 아니라, 특히 그 뒤에 숨어 있는 사회적 변화는 엄청난 폭풍을 의미했다. 1968년은 항의로 대표되는 상징적인 해였다. 이 항의는 단순히 소수자의 항의가 아니라, 대중매체의 힘을 얻은 소수자의 항의였다. 그러나 이 항의는 생활 모델과 성향의 변화, 당연히 교회에도 닥친 변화의 상징일 뿐이었다. 사회는 이미 오래전에 움직이고 있었지만, 이제야 이런 움직임의 활기를 느낄 수 있게 된 것이다. 복지와 피임약, 여가 시간 활용 및 성 역할의 변화는 이제까지 당연했던, 특히 교회 안에서 당연히 여겨졌던 많은 것들을 의심하게 했다.

가톨릭 측에서도 제2차 바티칸 공의회(1962-1965)가 희망을 일깨웠지만, 이 희망은 한정된 범위에서만 실현될 수 있었다. 가톨릭 교회는 개방적이고자 했지만, 많은 신도들은 교회와 거리를 두었다. 교회가 개방적이 되려고 해서가 아니라, 교회와 가톨릭이 의미를 잃었기 때문이다. 개신교도 상황은 마찬가지였다. 그 결과, 사회 변화라는 관점에서 신도들을 유지하기 위해 교회를 개방하는 것이 반드시 필요한 것인가, 그러한 개방이 혹시 아직까지는 신실한 신도를 교회에서 떠나가게 하는 건 아닌가 하는 끝없는 논쟁은 완화되었다. 사회적 변화의 관점에서 볼 때, 교회의 개방이니 그에 대한 거부 모두 개신교 목사관에서는 벌써 그 이전에 일어났다고 볼 수 있다. 이미 대연정[2](1966-1969)과 다음 정권, 즉 빌리 브란트[3]와 발터 쉘[4] 아래의 사민당과 자민당의 연합 정권(1969-1974)을 거치면서, 사회적 변화들은 정치적으로 혁신되어 가고 있었다. 1967년까지 독일개신교협의회 심의회 의원이기도 했던 구스타프 하이네만은 독일 대연정의 법무부장관으로 대규모 형법개혁을 시작했고, 훗날 제3대 대통령 시절도 이에 대한 책임을 맡았다. 우선적 목표 중 하나는 성性의 범죄성을 제거하는 것이고, 법과 도덕을 분리하는 것이었다. 이제 성인成人 중의 동성애자, 불륜, 혼전 성관계 조장('매음 알선')과 정해진 한도 내의 포르노 서적 유포는 더 이상 법에 저촉되지 않았다. 이에 대해 종교계의 저항이 없지 않았지만, 개신교 측은 오래 지속적으로 항의하지는 않았다. 이어진 형법 218조[5] 개혁에 대해서도 마찬가지였다. 이런 점에서 보면 이미 1970년대에, 특히 개인의 삶의 형태나 성적性的 주제에 관련해서는 교회가 신도의 태도에 거의 영향을 주지 못했다는 사실을 알 수 있다. 목사관이 모범일 수는 있었다. 그러나 누구를 위한 모범인가가 문제였다.

이 시기 도처에서 개혁에 대한 요구가 있었지만, 이러한 것이 실현되도록 교회가 쉽게 통과시키지는 않았다. 그래서 독일 수상 빌리 브란트는 처리해야 할 개혁들에 대해 교회의 허락을 얻으려 애썼다. 그는 이미 정부 성명에 명확하게 교회를 '비판적인 협력 관계'

2_ 대연정die groBe Koalition: 의석이 많은 두 정당이 정권을 연합하는 것으로, 1966-1969년에는 기민·기사 연합당과 사민당이 연합했다. 기민당Christlich Demokratische Union Deutschlands은 독일 기독교 민주 연합, 기사당 Christlich-Soziale Union in Bayern 은 바이에른 기독교 사회 연합, 사민당Sozialdemokratische Partei Deutschlands은 독일 사회민주의당을 간략히 부르는 말이다.
3_ 빌리 브란트Willy Brandt(1913-1992): 1969-1974년까지 사민당과 자민당(Freie Demokratische Patei, 자유민주당) 연합정권 대표로, 4대 독일 수상 역임.
4_ 발터 쉘Walter Scheel(1919-2016): 자민당 소속 정치가. 독일 4대 대통령.
5_ 독일 형법 218조는 낙태에 관련된 내용이다.

1세대 목사 가정 이야기

에 초대한다고 명시했다. 교회는 교회대로, 조직적이면서도 신학적
인 개혁이 정체된 상태에 직면했다고 생각해서, 이 시기 빌리 브란
트의 모토였던 '더 많은 민주주의 감행'을 무시하지 않았다. 인간에
대한 봉사에서의 공동과제에 관한 빌리 브란트의 연설은, 많은 프로
테스탄트들이 교회의 사회적 과제라는 관점에서 생각하던 것과 일
치했다. 개신교 유권자들, 특히 여성 유권자들과 목사에게 사회민주
당은 점점 더 매력적으로 받아들여졌다. 반면 기독교민주당은 당의
이름에 담겨 있는 기독교의 의미에 관해 깊이 생각해 보았다. 따라

—— 개신교회는 1980년의 평화운동도 지지했다. 1983년 3월 8일, 미국의 중거리
로켓을 독일에 주둔시키겠다는 계획에 반대하여 베를린 달렘 소재 예수 그리
스도 교회 앞에서 시위가 벌어졌다.

서 교구들, 교회 장로회, 지역총회에서는 종교와 정치의 관계, 그리고 교회와 기독교 신앙의 도덕적 역할에 대해 이제까지 당연시했던 의견들이 달라졌다. 이제 목사의 존재와 목사관의 존재는 생활태도라는 관점에서 볼 때 점점 더 지역적 공감의 토대를 잃었고, 이는 도시에서도 마찬가지였다. 농촌에서는 꽤 오랫동안 많은 것들이 전과 마찬가지인 듯 보였지만, 이곳 사람들도 성性에 대한 태도를 바꾸었고, 여가는 근처 도시에서 보냈으며, 예배와 교구 활동에는 덜 참여했다. 이런 상황은 당연히 젊은 층에서 일어났다.

달라지는 목사관

목사관과 특히 목사(점차적으로 여성 목사도 여기에 해당되었다)는 이런 변화에 영향을 받지 않을 수가 없었다. 극단적으로 말해서, 목사관은 이제 더 이상 사회의 모범이 아니었다. 오히려 정반대였다. 그래서 젊은 남녀 목사들은 자신들의 생활태도에 사회 변화를 그대로 반영해도 될까, 된다면 어느 정도일까 등의 문제에 부딪쳤다. 보수파는 자주 목사들에게서 '좌파의 득세'가 보인다고 생각했다. 이런 좌파의 득세는 결국 기존 것을 타파하고 새 세상을 헤쳐 가려는 분위기와 관련이 있는 정치 성향으로, 그리고 사회의 안녕을 위해 다른 사람과 책임을 진다는 낙관주의로 성향을 바꿨다는 것을 의미했다.

모두가 이런 의견을 지지하는 것은 아니었지만, 목사 중 많은 사람이 공감했고, 많은 목사관이 이를 받아들였다. 서독 어느 곳에나 교회가 있고, 그 교회가 인적으로나 경제적으로 가장 정돈되어 있던 시기에, 마을 교회이건 도시 한 지역의 교회이건 상관없이 교회는 어느 정도 총체적 관할권을 요구할 수 있었다. 그렇게 교회는 지속성과 현대성을 구현할 수 있었다. 한 교구 안에 목사 자리가 여럿 있는 경우, 현명한 선택을 거쳐 보수적 목사 옆에 '현대적인' 목사가 재직할 수 있었다.

1980년대 초에 있었던 평화운동은 목사관의 은밀한 정치적 잠재성을 다시 한 번 명백히 보여 주었다. 이와 함께 목사가 사회 전체의 정치적 다양성을 정확히 반영한다는 사실이 또다시 드러났다. 군비 확장에 관한 논쟁에서 종교적인 것과 세상적인 것은 분리되어야 한다는 전통 입장을 고수하는 발언과 마찬가지로, 급진적이며 평화주의적인 발언의 목소리도 컸기 때문이다. 이때 구서독의 개신교회는 목사와 함께 마지막으로 커다란 정치적 무대에 들어섰으며, 자신들의 요구를 주장할 수 있었다. 그러나 이후 교회는 점점 더 자신에게만 몰두했고, 종종 사람들은 서독 교회로부터는 독일 재통일의 정치·사회적 과정을 전혀 알 수 없게 되었다.

따라서 목사관과 목사들은 정치·사회·문화의 변화에 서로 다르게 반응했다. 목사의 전형적 모습이 있던 과거와 달리, 이제 사람들은 목사관에서 어떤 사람을 만날지—넥타이를 매고 앉아 있는 남자를 만날지, 옷을 갖춰 입은 여자를 만날지, 자신이 뜬 니트를 입은 남자를 만날지, 혹은 티셔츠를 입은 여자를 만날지—, 만나 보기 전에는 알 수가 없었다. 생활태도, 기질, 정치적 의견의 다양성과 차이가 목사관 안에서도 그대로 표현되었다.

에른스트 포르스트호프

Ernst Forsthoff

1902-1974년

에른스트 포르스트호프의 아버지 하인리히(1871-1942)는 1906년부터 뮐하임 안 데어 루르에서 목사로 근무했다. 1934년부터 은퇴하던 1936년까지 나치 교회정책이 행해지는 중에 새로 설립된 개신교 주교구인 쾰른 아헨의 교구장을 역임했다.

원래 이 자리에는 '독일 그리스도인들'의 주교인 하인리히 오버하이트(1895-1977)가 임명되었으나, 그는 임무를 시작하지도 못했다. 에른스트 포르스트호프는 1920년대 법학과 국가학을 전공했다. 가장 많이 영향을 받은 스승은 카를 슈미트(1888-1985)[6]였다. 1933년 포르스트호프는 프랑크푸르트 암 마인 대학교수가 되었다. 그는 나치 독재의 지지자였으며 수혜자였다. 1933년 출간한 책 《총체적 국가Der totale Staat》는 '순수한 법치국가'의 평가절하 및 '나치 혁명'의 합법화를 주제로 삼고 있다.

그러나 나치 독재가 진행되는 동안 포르스트호프는 점차 정치와 거리를 두었다. 그는 교회법적인 문제에 관심을 기울였고, 그래서 크베들린부르크 성당을 '나치 돌격대 문화장소 및 축성장소'로 만드는 것에도 반대했다. 나치의 관점에서 볼 때, 포르스트호프는 개신교회와 친밀한 관계에 있었다. 따라서 진정한 체제추종자로 여겨지지 않았고, 그의 책 《총체적 국가》도 단호하지 않다는 평가를 받게 되었다. 전쟁 뒤 포르스트호프와 그의 옹호자들은, 그가 결국에는 체제 반항적이었다고 주장했다. 그러나 그의 태도는 논란의 여지가 있었고, 이는 1950년대와 1960년대에도 마찬가지였다. 이런 논쟁 속에서도 그는 헌법학자로, 특히 헌법 주해자로 인정받았다.

1933년 이후 포르스트호프 집안의 아버지와 아들의 삶에서는 유사한 점이 보인다. 즉 두 사람 모두 처음에는 국가사회주의에 열광했고, 둘 다 카를 슈미트의 영향을 받았다. 아들이 슈미트의 영향으로 정치적 총체주의를 발전시켰다면, 아버지는 교회 안에서 총통전권주의[7]를 전개했다.

—— 법학자 에른스트 포르스트호프는 헌법학자로 명성을 얻었다.

6_ 카를 슈미트Carl Schmit: 독일 헌법학자, 정치철학자로 인정되기도 한다. 이론의 여지가 있기는 하지만 20세기 최고의 독일 헌법학자 및 국제법학자 중 한 사람이다. 그러나 1925년 슈미트는 명예를 잃었다. 그는 나치의 편을 들어 '룀 쿠데타'에서 돌격대 총사령관 룀을 위시한 지도부 살해의 정당성을 인정했다. 발데마르 구리안 Waldemar Gurian(1902-1954)은 그를 "제3제국의 계관 법관"이라 칭했다.

7_ 총통 전권주의Führerprinzip: 파시즘과 나치즘에서 보이는, 오직 총통에 의해서만 권위가 행사되는 정치적 원칙.

목사직,
사회 조절 기능을 잃다

　　개신교 목사관의 모범 및 본보기 기능에 관해 오늘날까지도 게을리하고 있는 질문이 있다. 목사관을 모방하는 것에 관한 질문, 즉 목사관의 영향을 받아야 하는 사회적 그룹이나 생활환경에 대한 질문이 바로 그것이다. 1970년대부터는 모든 것을 위한 목표 집단이 있었다. 교회총회는 그 모든 것을 '가능성의 시장'이라고 이해하기 쉽게 표현했다. 사실 목사관 자체도 이미 가능성의 시장이 되었다. 물론 생활 형태와 생활 양식에 한정되기는 했다. 바로 이 점에서 목사관 안의 완전히 새로운 생활 형태에 관한 논쟁이 이어졌다. 목사관이라는 삶의 모델이 여전히 효력이 있다고 한다면, 현재 더 이상 '목사관'이 존재하지 않는 이 시기에 목사관이 무슨 의미가 있는가가 의문이었다.

　　　　　　　　　　　　　　　　　　　1세대 목사 가정 이야기

잃어 가는 영향력

노골적으로 제기되지는 않았지만 또 다른 질문이 있었다. 여전히 수용되고 있는 목사관의 모범 기능을 중개해 주는 것에 관한 질문이었다. 대중매체가 이미 오래전에 일상이 되어 버린 시대에, 목사관이나 목사의 결혼, 목사 가족이 일반 시민들의 삶의 방향을 설정하는 데 있어 목표점이 될 가능성은 거의 없었다. 이런 식으로 목표점이 되는 것은 목사와 긴밀한 관계를 유지하며, 목사관의 삶에 관해 의견을 얻을 수 있는 교구민에게만 해당하는 것이었다. 남녀 목사나 그들의 자녀를 사귀지 않은 사람들에게는 절대 있을 수 없는 일이었다.

목사관이 교회 옆에 있어서, 주민들이 장을 볼 때나 거리에서 혹은 주일예배에 참석할 때마다 목사관 거주자들과 정기적으로 만날 수 있는 마을이라면, 목사관이 공동체의 모범으로써 다른 어떤 것보다 좋다는 것은 말할 필요도 없을 것이다. 그러나 대도시와 '베드타운'과 같이 주민들이 아침이면 거주지를 떠나 일터로 가는 곳에서는 목사관이 본보기 역할을 할 수 없었다.

비록 교회 신도들이 남녀 목사의 모범성을 강조하기는 하지만, 그게 무엇인지, 위급한 경우 자신들을 위해 목사들로부터 어떤 태도나 입장을 받아들여야 하는지 등은 이미 오래전부터 분명하지가 않았다. 지난 수십 년간 교회 신도들의 설문조사는, 교회가 무엇을 해야 하고 허용해야 하는지에 대한 신도들의 의견이 다양하다는 사실을 보여 준다. 비록 충분히 조사되지는 않았지만, 사람들이 생활 태도에 관련해서는 점차 교회의 간섭에서 벗어나게 되었다는 사실은 분명하다.

1950년대와 1960년대에도 개신교회는 특정 계획에 따라 조직
화하면서(사실 도덕화하면서) 생활 양식에 영향을 끼치려 온 힘을 기
울였다. 그러나 급격한 사회 속에서 이것은 곧 거의 가능하지 않게
되었다. 교회는 사회의 모든 규격이 통일되기를 바랐지만, 달라진
소비와 여가 형태 그리고 종교에 아주 한정적인 틀만을 할당하는 사
회의 '기능적 분화'[8]로 이제 더 많은 생활 범주가 그런 규격 통일에
서 벗어나게 되었다. 젊은 목사 세대는 사람들이 도덕화의 요구에
귀 기울이지 않는 것을 시대에 어울리는 새로운 관심사라고, 즉 소
비 비평과 자본주의 비판으로 해석했다. 이로써 젊은 목사 세대는
부분적으로는 탈 물질만능주의적인 환경[9]을 접하게도 되었다. 이런
환경에서 곧 녹색당[10]이 출범하게 되었다. 아무튼 이제 청년문화 및
대중문화는 1950년대와 1960년대 초처럼 무시될 수
없었다. 그러나 이런 문화는 자주 나이 든 목사들에
게는 이해되지 못했다. 따라서 개신교 청소년 선도 사
업은, 특히 혼전 성관계 같은 주제에서는 1950년대와
마찬가지로, 여전히 도덕적인 의미를 띠었다.

목사들은 불륜, 별거, 이혼도 거론했다. 물론 이
때 대부분은 죄와 용서 같은 것을 해석하기 위한 샘플
로 언급될 뿐, 갈등의 주제화와 이의 극복은 중요하
지 않았다. 이에 따른 간접적인 결과로 1970년대 이
후부터는 영적 상담으로 도피하는 일이 발생했다. 이
런 영적 상담을 할 때도, 비록 위기의 시대이기는 하
지만 교구민의 행동에 대해 지시를 내리는 것이 아니
라, 그들의 생활태도를 이해하려고 노력했다. 목사는
아직은 교구민들과 함께 나아갈 수는 있었다. 하지만

8_ 기능적 분화die funktionale Dif-
ferenzierung: 이 개념은 니클라
스 루만 사회학의 필수불가결한
요소로, 그는 이 개념을 사회의
이론적 분석에 사용했다.
9_ 탈 물질만능주의적인 '환경Mi-
lieu'에서 'Milieu'는 사회학적 관
점에서는 그러한 규칙, 법, 사회,
정치 같은 사회적 조건을 말하
며, 개인이나 사회적 그룹이 이
런 조건에 내맡겨진다.
10_ 녹색당Die Grünen: 생태계의 평
형을 지향하는 세계 최초의 환경
정당. 1979년 헤르베르트 그룰,
페트라 켈리 등의 주도로 250여
개의 생태·환경 단체들이 연합
하여 출범했다. 핵에너지나 대
기·수질오염의 통제에 대한 여
론의 조직화에 노력해 1980년
전국 규모의 정당으로 부상했다
(http://100.daum.net/encyclope-
dia/view/b04n0273a).

1세대 목사 가정 이야기

자발적으로 뭔가 할 수는 없었다. 이는 적어도 19세기부터는 더 이상 목사에게 가능하지 않았다.

—— 개신교 여성 신학자들은 오늘날 자주 대중적 관심 한가운데 있기도 하다. 게르트라우트 크놀은 1990년 오스트리아 대통령 선거에 입후보했다. 당시 목사이자 행정관리 목사이기도 했던 그녀는 선거에서 두 번째로 많은 표를 얻었다. 1998년 사진.

여성 목사와
직업이 있는 목사 부인

앞 장에서 언급한 것처럼 1960년대에는 목사 부인의 선택권이
점차 증가했다. 목사 부인 중에 직업을 갖는 사람들이 점차 많아졌
고, 스스로 목사가 될 수도 있었다. 베를린 브란덴부르크 지역의 개
신교회는 1964년 특정 자리에서는 여성 목사가 일할 수 있게 하는
법을 시행했다. 여성 신학자들 역시 점차 목사 정규직에 근무할 수
있도록 허용되었고, 이것은 동독 지역에 있는 란데스키르헤의 일부
에서 우선 실시되었다.

성직에 있는 여성들

이러한 상황은 1965년 동베를린에서 출간된 일제 베르티네테
Ilse Bertinette의 《성직에 있는 여성들Frauen im geistlichen Amt》에서 읽을
수 있다. 이 책은 신학적으로 장황하게 접근한 뒤, 여성 목사 취임에
찬성하는 의견으로 끝을 맺었다. 목사 취임식을 하고 목사직에 임명

1세대 목사 가정 이야기

되는 여성은 점차 증가했고, 다른 란데스키르헤들에서도 이들에게 임무를 맡기기 시작했다. 이는 각 개인의 전기, 특히 목사직에 임명되어 이 길을 준비하고 있는 사람들의 모범이 되는 여성들의 성공 전기에 대한 관심과 뒤섞였다.

루터파 란데스키르헤는 목사직에 대한 그들의 이해 때문에, 일반적으로 여성 목사 취임에 대해 프로테스탄트 통합교회보다 소극적이었다. 1965년 아우크스부르크 지역 행정관리 목사인 발터 루프레히트가 바이에른 주에 있는 노이엔데텔스아우의 신학교에서 했던 강연이 그 증거다. 이 강연에서 루프레히트는 여성 신학자가 특정한 예배 의식을 집행할 수 있도록 허락하자고 제안함으로써, 사회 변화에 적응을 옹호하는 발언을 했다. 바이에른에서도 다른 란데스키르헤에서처럼 가끔 여성 신학자가 있었다. 그러나 그들은 특별예배에서만 활동했고, 일반적으로 결혼과 함께 직업을 포기해야 했으며, 부목사 혹은 목사 보조라는 이름만 있었다. 바이에른의 란데스키르헤에서는 격렬한 반대가 있은 후 1975년에야 여성 목사 취임식이 가능했다. 물론 목사 취임식만 가능했고, 남성들과 직업상 동등한 권리를 갖는 것은 다른 일이었다. 순차적으로 볼 때, 일단 여성들의 목사 취임식이 도입되어야 동등한 권리도 따르는 것이었다. 독일 개신교 연합 내에서 1960년대 말 여성 목사 비율은 약 3퍼센트였으나, 2001년에는 27.5퍼센트로 상승 추세였다. 여성 목사의 비율은 여성 목사 취임의 전통이 있는지, 란데스키르헤의 일자리 정책이 '여성 친화적'인지에 따라 란데스키르헤마다 차이가 매우 크다.

여성 목사 취임식과 여성 목사의 직업상 동등한 권리는 사회 변화의 측면에서 볼 때 높은 상징적 가치가 있었다. 결국 이 점에서 교회 안에서 주도적 여성상이 무엇인지 결정되었기 때문이다. 보수

측의 논증어법은 대부분 직업 특성상의 질문에 관련되어 있지 않았다. 오히려 개인과 성별, 특히 성서적 혹은 신학적으로 기초가 세워진 질문, 여성의 목사 취임식을 신앙고백의 문제로 만드는 근본적인 질문과 관련이 있었다. 이로써 계속 성서적 질서를, 즉 여성이 남성을 지배해서는 안 된다는 질서를 제시하면서, 신학과 성경은 사회 변화와 대립했다. 그러나 이런 대립은 의도된 것은 아니었다. 결국 프로테스탄트 통합교회 안에서도 여성 목사가 근로법상의 동등권을 획득하기에는 여전히 갈 길이 멀었다. 바덴 지역에서는 1971년까지도 그런 상황이 지속되었다. 목사기도형제회 같은 보수 단체에서 반대가 있었고, 마찬가지로 훗날 여성 목사의 동료가 될 수 있는 잠재적인 남성 '성직자 동료'들도 이에 반발했다. 여기에는 특히 전체 교회의 주장도 중요한 역할을 했다고 할 수 있다. 즉 가톨릭 교회와 정교교회와 달리 개신교회가 여성 문제에서 부당하고도 특별한 길을 가고 있다고 주장한 것이다. 물론 아무도 다시는 독신제를 원하지 않았다.

현재 목사직에서 여성이 하는 특별한 역할, 전형적인 성별에 따른 장·단점, 여성 신학자들의 관심사 등에 관한 논쟁들은 목사로 근무하는 여성 및 다른 전문직에 종사하는 여성이 늘면서 예상보다 빨리 진정되었다. 고등학교 여성 정교사, 여의사, 여성 법률가, 여성 정치인들도 일반화되었다. 많은 란데스키르헤에서 여성 목사는 지도적 위치로 격상했고, 교회 지도부는 여성 목사 취임식에 관한 논쟁을 곧 중단하거나, 중요 문제에서 제외시키려고 했다. 교구민들은 남성 목사에게 만족하듯 여성 목사에게도 그럴 것이라는 사실을 금방 납득했다. 목사 직업에서의 '여성화'에 대한 경고 역시 광범위한 효과를 끼치지는 못했다. 여성이 남성보다 나은 인간이기 때문

1세대 목사 가정 이야기

에 여성이 일반적으로 더 나은 목사가 되리라는 기대가 별 효력이 없듯이 말이다.

그러나 생활 면에서와 직업 실천에서 남성 목사에 비해 여성 목사의 상황은 미래를 전망하기가 쉽지 않았다. 그들은 자주 기간제로만 근무했고, 자녀를 돌볼 수 있는 가능성이 부족했으며, 젊은 층도 교회의 특정 영역에서 여성의 역할에 대해 여전히 전통적으로 이해하고 있었기 때문이다. 직업적으로 인정받고, 교회에서도 경력을 쌓을 수 있는 기회는 남성이 그런 기회를 놓쳤을 경우에만 여성에게 허락되었다. 그러나 결국 목사 직업에서 남녀평등이 이뤄질 수 있었다. 이는 이 시기에도 여전히 논의의 대상이 되었던 주제, 즉 목사라는 개인과 그가 수행하는 직분의 관계가 목사 직업의 남녀평등에서도 어느 정도 긍정적인 영향을 주었기 때문이다. '남성 목사' 또는 '여성 목사'라는 직업은 개인을 통해서뿐만 아니라, 개인과 성별과는 무관한 특정한 행동의 완성을 통해 확고해졌다.

그럼에도 여성들의 보고에 따르면, 여성들은 우선은 여성에게 부과된 특성으로 인식되고, 그다음에야 비로소 전문적인 여성 목사로 인식되었다고 한다. 따라서 여성 목사는 그들을 남성 목사와 구분 짓는 여성 특유의 능력이 있다는 논제가 여전히 남아 있었다. 물론 주로 여성 목사들이 이런 주장을 했다. 여성 특유의 능력으로는 감성과 감수성 같은 것이 언급되었다. 직업과 관련된 것이 아니라, 실제로는 개인과 관련된 부분들을 여성 특유의 능력이라고 했던 것이다. 그러나 이런 것에 관해 경험적으로 연구되지 않았으며, 따라서 성별 이론을 근거로 그런 논제를 의심 없이 받아들여도 되는지 검증되지도 않았다. 이 시대에는 남성들도 자신들을 위해 감수성, 즉 그들에게는 결여되어 있다고 하는 감정이입과 정서에 대한 자신

아르눌프 클레트
Arnulf Klett
1905-1974년

아르눌프 클레트의 아버지 테오도르 고틀리프(1861-1942)는 뷔템베르크의 목사였다. 어머니 마리 아우구스테(1862-1922)는 이전 가톨릭 주임 신부의 딸로, 그녀의 아버지는 개신교로 개종했으며 특히 구제 사업에 전력했다. 아르눌프 클레트는 두 부부의 늦둥이자 외아들이다.

부모가 그에게 많은 것을 기대하기는 했지만 부모와의 관계는 돈독했다. 클레트는 튀빙겐에서 법학을 전공하고 변호사가 되었다. 국가사회주의가 시작할 무렵 그는 두 달 동안 보호감옥에 감금되었다. 나치의 언론 획일적 통합에 불복했기 때문이다. 이차대전 때는 군법회의 재판에서 군인과 다른 정치적 이유로 감금된 사람들을 변호했다. 저항운동그룹과의 접촉은 없었다.

클레트는 슈투트가르트의 시장으로 유명해졌고, 1945년부터 1974년 사망할 때까지 시장으로 있었다. 전후 파괴된 도시가 재건되는 과정에서 클레트는 서독 도시 재건에 활기를 불어넣은 시장들 중의 하나다. 먼저 잔해를 제거하고 꼭 필요한 하부구조를 재건했다. 클레트는 "새로운 구축"이라 말하기를 좋아했는데, 이것은 이미 그의 시대에도 논쟁이 분분했던 도시계획상의 결정으로 이어졌다. 동시에 클레트는 도시 행정관청에서 나치의 영향을 없애려고 적극 노력했다. 프랑스를 포함, 전쟁 중 독일과 적대관계였던 다른 나라들과의 화해는 그의 바람이었다.

클레트는 평생 어느 당에도 속하지 않았다. 그 덕에 자신을 중심으로 다수 사람들을 규합할 수 있었다. 여기에는 그가 어느 정도는 가족의 전통에 따라, 두 종파의 접촉을 유지했던 것도 기여했다. 그가 추진했던 비나치스화 정책에서, 뷔템베르크 개신교 주교 테오필 부름(1868-1953)보다는 철저한 나치 반대자였던 로텐부르크 가톨릭 주교인 요아네스 밥티스타 슈프롤(1870-1949)에게서 더 큰 지지를 받았다.

── 법률가 아르눌프 클레트는 오랫동안 슈투트가르트 시장이었다.

들의 입장을 크게 변화시켰다.

목사직에 있는 남성과 여성에 대한 기대가 동일하지 않다는 것
은 오늘날에도 알 수 있다. 여성은 예나 지금이나 남성에 비해 더 자
주 기간제로 일하며, 여성들에게는 지도보다는 영적 상담을 더 많이
기대하고 있다. 물론 이러한 역할은 때로 원래의 성향과 어울리기도
한다. 또한 여성들은 남성 목사로부터 무시당하는 느낌을 자주 받는
다. 물론 이 모든 것은 1990년대의 조사 결과다. 여성 목사들은 목
사 부인의 역할도 하지만, 여성 목사의 반려자들에게 목사 부인 역
할을 맡길 수 없다는 사실도 관찰된다.

—— 여성이 목사가 되는 것은 20세기 후반에야 가능했다. 클리켄(작센 안할트 지역)
의 크로이츠키르헤에서 설교하는 여성 목사.

── 독일 개신교연합회 회장 니콜라우스 슈나이더가 2012년 4월 27일 독일의 유
명 여성 신학자 중 한 명인 마르고트 캐스만을 2017년 종교개혁 500주년을 위
한 독일 개신교연합회 대사직에 임명하고 있다.

　　　　　　　　　　　　　　　1세대 목사 가정 이야기

목사 부인의 다양한 활동

이런 토대 위에서, 여성 목사의 역할에 대한 모든 논쟁에도 불구하고 전통적인 목사관 이미지는 몇 년 사이 많이 바뀌었다. 목사 부인들의 직업 활동이 점점 늘어난 것도 여기에 크게 작용했는데, 어쩌면 여성 목사가 늘어난 것보다 더 큰 기여를 했다고 볼 수 있다. 이로써 목사관은 루터 시대 이후 목사관이 반드시 갖추어야 할 사회적 기준 단계에 도달하게 되었다. 카타리나 폰 보라가 집안 살림을 했다면, 이제 목사 부인들은 집 밖에서 살림을 하는 것이었다.

목사 부인은 집을 나가서 일했다. 예전에는 목사 부인이 결혼할 때 지참금을 조금 가져왔다면, 이제 그녀는 일을 함으로써 부부의 소득을 높일 수 있었다. 사회에서도 일반적으로 중요하게 여기는 것, 즉 어떤 일을 할 재정적 수단이 있는 것은 이제 목사의 결혼에서도 통용되었다. 따라서 이혼할 경우, 목사 부인이 직업이 있다면 부족한 수입과 노후 대책으로 가난해지는 문제는 더 이상 고려되지 않았다. 목사 부인의 직업으로 생긴 두 번째 수입은 목사 가족의 생활을 넉넉하게 해주었다. 물질적 관점에서 이는 삶의 질을 높였고, 자녀에게도 유용했다. 동독 목사관 안에서는 목사 부인의 직업 활동을 서독에 비해 훨씬 정상적인 것으로 생각했다. 목사의 급료는 적었고 동독에서 여성의 직업 활동은 일반적인 일이었기 때문이다.

그러나 목사 부인이 직업이 있을 경우, 교구를 위해서는 시간과 활동력이 제한적으로 사용된다는 점이 문제였다. 많은 목사 부인은 교구 결속에 참여하기를 거부했다. 특히 그들이 남편과 결혼한 것이지 남편의 직업과 결혼한 것은 아니라고 생각하는 경우는 더욱 그랬다. 전통적인 교회 환경에서는 절대로 할 수 없는 주장이었다. 목사 부인이 교회 활동에 참여해야 할 이유는 교구에 따라 목사의 결혼마다 차이가 있었다. 전통적인 역할상은 교구와 교직자회뿐민 아니라 남편에 의해서도 요구되었기 때문이다. 아이가 태어나면 여성은 집에 있고, 따라서 여성의 수입, 경력과 사회적 명성을 포기하는 것이 서독에서 거의 당연시되던 시기에, 전통적인 목사 부인 모델은 아직은 사회와 완전히 동떨어진 모범이 아니었다. 따라서 여성들이 자녀를 키운 뒤 다시 직업으로 돌아오려 할 때, 이력상 목사 부인 모델이 제일 큰 걸림돌이 되었다. 여성 해방은 여러 방면에서 활동력을 요구했는데, 1970년대까지도 목사 부인이 직업을 가지려고 할 경우에는 허락을 받아야 하는 란데스키르헤도 있었다.

화보지 〈슈테른〉이 1979년에 한 설문조사에서 응답자 중 4퍼센트만이 목사를 이상적인 남성으로 여긴다는 결과가 나왔다. 남편의 신분에 따라 여성의 지위가 정해지던 시대는 끝났다. 여성 목사의 남편이라는 지위가 있었다면, 그는 이 문제에서 목사 부인에 비해 훨씬 편했을 것이다. 남성이 직업 활동을 하는 것, 그것도 집 밖에서 직업 활동을 하는 것은 훨씬 당연한 권리로 여겨지기 때문이다. 이제 자주 '목사 부인'은 '여성 목사'이기도 했고, 여교사, 여의사, 여성 자연과학자, 간호사 직업을 갖기도 했다. 대학 졸업이 전제되는 목사 직업과 그렇지 않은 목사 부인, 또 부인은 아니지만 목사 부인의 역할을 하는 여성의 직업 간의 불균형은 점차 사라졌다. 목사 부인(혹은 목사 남편)이 자신의 생활과 직업 경험을 결혼과 가족 관계에 가져옴으로써, 목사관은 완전히 새로운 방식으로 개방되었다. 목사 부인은 이제는 자주 단순히 파트타임 목사 부인이 되기도 했다. 그녀가 교구 일에서 손을 떼듯이, 많은 다른 여성들도 그렇게 했다. 그들은 직업이 있어서 교구민 그룹을 위해 일을 할 수 없었다.

1세대 목사 가정 이야기

파트타임 직업 도입의 증가는 목사관에 대한 이해, 특히 사회적 유기체인 목사 가족에 대한 이해에 영향을 끼쳤다. 파트타임직이 도입된 이후 이의 장단점에 관한 논쟁은 끊이지 않았다. 특히 전일제 목사직에 비해 교구민의 요구에 선을 긋기가 더 힘들었기 때문이다. 이 점에서는 대도시 교구가 농촌 교구보다 우호적이었다. 현실적인 측면에서는, 파트타임으로 근무하는 남녀 목사는 어디에 거주해야 하는가 하는 문제도 제기되었다. 교회에서 근무만 하는 경우 목사관이란 존재 자체가 없었고, 목사관을 만들려 하지도 않았다. 반쪽짜리 직장은 교구민을 위해 솔직하게 대응해 주는 전통적인 모델이 살기에는 별로 매력적이지 않기 때문이다.

그럼에도 목사 부인은 완전히 사라지지 않았고, 또한 목사 부인은 자신의 역할을 이해하고 그것을 직업으로 인정했다. 남녀 목사의 직업 역할은 아주 확실하게 규정되어 있는 반면, 목사 부인의 역할은 그렇지 않았다. 목사 부인은 직업 활동을 할 수도 있고 그렇지 않을 수도 있으며, 그것과 상관없이 교구 생활에 자신이 어떻게 기여할지에 대해 스스로 결정할 수도 있다. 목사 부인의 역할에 대한 이해가 다양화되면서, 개신교 란데스키르헤 안에서 '목사 부인의 활동Pfarrfrauenarbeit'이 강화되었다. 이는 부분적으로는 교회의 '목사의 신부를 위한 강좌들Pfarrbräutekurse'에서 생겨난 것으로, 목사 부인들 스스로 조직했다. 별거와 이혼의 경우, 정보와 조언은 물론 지원까지 해주는 것이 이 단체의 근본적인 과제였고, 여전한 과제이다. 직업이 없는 '전통적인' 목사 부인에게 별거는 여전히 거주지와 사회적 환경을 잃어버린다는 것을 의미했으며, 당연히 교구와 관련된 그녀의 기능이 사라졌다는 것을 의미했기 때문이다.

세속화 시대에
목사를 바라보는 관점

1960년대 후반 이후 목사 직업을 주제로 한 남녀 실천신학자들의 책이 출판되었다. 교회의 관점, 전통적인 역할 규정과 고전적인 활동 영역, 즉 목사를 위한 일종의 목회학에 관해서는 이제 더 이상 질문하지 않았다. 대신 전통 파괴와 세속화 현상이 시작되는 시기에 이 직업의 새로운 정의에 대한 질문이 제기되었다. 무엇보다 남성 목사 개인과 점차 증가하는 여성 목사 개인에 관한 질문이 제기되었다. 남녀 목사의 정체성과 신뢰성을 주제로 다룬 것이다. 특히 설교에서 자아 문제를 다루거나, 교회의 수장으로서 주일설교를 위해 성경 텍스트와 씨름하며, 목사 자신들의 삶의 의미에서 성경 텍스트에 대해 질문하는 남녀 목사 개인을 문제로 다룰 때, 이들의 '자아' 역시 주제로 다뤄졌다.

1세대 목사 가정 이야기

남녀 목사 개인을 바라보는 관점

남녀 목사 개인의 의미에 관한 논쟁은 결과적으로 생활 실천에 까지 이르는 관점들도 다루었다. 예를 들면 목사가 예배에 목사복을 입어야 할지, 아니면 검은 목사복이 두려움을 불러일으키니 개인으로 더 잘 인식될 수 있는 시민 복장(양복은 이미 논란의 여지가 있었다)을 해야 할지도 문제가 되었다. 개인이 무엇이어야 하는지, 무엇이고자 하는지에 대한 문제는 그 개인이 선호하는 생활 방식에 달려 있다. 그래서 많은 고등학교 정교사들이 양복 대신 처음에는 코듀로이 콤비를, 그다음에는 폴라 셔츠와 티셔츠를 입었던 것처럼, 많은 목사들 특히 젊은 세대 목사들도 그렇게 했다. 머리 길이도 유행복에 맞게 바뀌었다.

어떤 담배를 피우는지, 어떤 자동차를 모는지, 이런 것들에 따라 사람들은 자신을 사회 특정 집단에 귀속시켰다. 시가를 피우거나 말아 피우는 담배를 피거나, '원자력: 노 땡큐'라고 쓰인 스티커를 붙이거나 붙이지 않은 실용적인 왜건을 타거나, '오리'라는 별명으로 불리는 푸조 시트로엥 2CV를 타고 다니면서 자신들이 어디에 속하는지를 드러낸 것이다. 선택적 생활 양식이 통용될 수 있었다. 그러나 이런 생활 양식은 나이 든 교구민들에게는 불쾌감을 유발할 수 있었고, 반면 젊은 교구민들에게는 수긍할 만한 것이었다. 선택적이라 함은 경우에 따라서는 가족적 거주 형태를 공동체적 거주형태로 대체하려는 것을 의미한다고 볼 수 있다. 이는 목사관의 모범을 사회를 위해 재현하기 위해서였다. 농촌에 있는 커다란 목사관은 여러 사람 내지는 여러 가족이 한 집에서 공동 생활하는 주거 공동체로 만들어 사람들을 선입시키기에 제격인 듯 보였다. 이런 주거 공동체에서 남녀 목사는 많은 사람들 틈에 있는 한 개인일 뿐이었다. 물론 교회 지도부는 이에 상응하는 요구를 제대로 실행에 옮길수 없었고, 1970년대 말 이후부터는 선택적·생태학적 생활 양식으로 주제가 바뀌었다. 이제 많은 사람들은 목사관에서 이런 생활 양식을 누려 보고자 했다.

반면 교회 지도부와 교구 측은 목사가 사용할 집을 짓거나 구입하는 등의 다른 경향을 보였다. 이제 이런 집들은 이전의 노출된 목사관과는 달랐다. 이렇게 되자, 특히 대도시에서 교구가 확장되어 더 많은 목사 자리가 만들어지고 있기는 하지만 남성 목사나 여성 목사 중 단 한 명만이 신축교회 옆에 세워진 목사관에서 살 수 있는 경우 문제가 되었다. 그러나 교회 옆이 아니라 도시 어딘가에 교회가 마련해 준 거주지인 일종의 관사에 거주할 경우, 훨씬 더 익명으로 그리고 '민주적'으로 살 수 있기도 했다. 여기서 목사관을 위한 제2의 다른 가능성은 목사가 평범한 이웃이 되는 것이었다. 그 결과 이제 목사가 사는 집은 과거처럼 누구에게나 '열린 집'이 아니었다. 물론 '떠돌이들'이 뭔가 얻으려고 목사의 집 주소를 손에서 손으로 넘겨주기는 할 것이다.

목사관에서 어떤 생활 양식과 생활 계획이 허용되는지, 혹은 어떤 생활 양식과 생활 계획을 의무로 지켜야 하는지에 관한 질문과 함께, 동성애 남성 목사(동성애 여성 목사에 대해서는 거의 언급되지 않았다)에게 목사관에서 거주할 권리를 주어도 되는가에 관한 질문이 나왔다. '브링커 사건'이 대표적이었다. 클라우스 브링커^{Klaus Brinker}는 하노버 란데스키르헤의 목사였는데, 1981년 자신이 동성애자임을 밝히고 동성 파트너와 목사관에서 살려고 하자 해임되었다. 이 질문에서도 지난 수십 년간 근본적인 변화가 관찰된다. 교회 내에서

클라우스 푹스
Klaus Fuchs
1911-1988년

클라우스 푹스가 태어날 당시 그의 아버지 에밀(1874-1971)은 뤼셀스하임의 목사였다. 1920년대에 에밀 푹스는 목사들 중에는 별로 많지 않은, 종교적 사회주의자의 한 사람으로 유명했다. 1933년 정치적인 이유로 대학에서의 그의 경력이 중단되었지만, 1949년에는 이러한 정치적 특징 덕에 65세의 나이로 라이프치히 대학 교수가 되었다. 어머니 엘제(1875-1931)는 유복한 가문 태생이다. 1930년 클라우스는 이미 아버지가 그랬듯이 사회민주당 SPD 당원이 되었다. 그러나 1932년 독일공산당에 입당하자 적대자로 추적당했다. 친척의 도움으로 그는 영국으로 갈 수 있었고, 그곳에서 전공인 물리학을 계속하여 졸업할 수 있었다. 1941년에서 1943년까지 영국 핵 개발 계획에 참여했고, 1943년에는 미국으로 가서 미국 원자폭탄 개발에 협조했다. 하지만 1948년 그가 소련 스파이임이 드러났다. 그는 소련에 대한 호감으로 그와 같은 행동을 했다고 이유를 밝혔다. 1959년 그는 동독에 있는 아버지에

게로 갈 수 있었다. 그의 아버지는 전쟁 뒤 서독 프랑크푸르트에 살았고 미국에서 강의도 했지만, 동독 도시 라이프치히로 거주지를 옮겼다. 이후 클라우스 푹스는 드레스덴 근처 로센도르프에 있는 핵연구센터에서 일했다. 독일 과학 학술원 의장단 일원이기도 했다. 동독에서는 관례에 따른 특혜와 우대를 받았지만, 서독에서는 '핵 스파이'로 알려졌다. 아버지가 클라우스 푹스에게 준 영향은 대단했다. 클라우스는 아버지로부터 외부의 어려움에 맞서 양심을 따르라고 배웠다고 했다. 아버지처럼 아들도 정치적으로는 이방인이었고, 이 이방인은 동독에서야 비로소 명성을 얻게 되었다.

— 물리학자 클라우스 푹스는 로스 알라모스에서 미국 원자폭탄 프로그램에 참여했으나, 1948년 동쪽 스파이로 밝혀져 유죄 판결을 받았다. 1986년 사진.

의 동성애, 그리고 목사의 동성애는 일반적으로 더 이상 면직을 유발하는 문제로 생각되지 않는다. 물론 이 점에 대한 교회 내부의 의견은 여전히 천차만별이다. 그러나 수십 년 동안 동성애에 관한 교회 지도부의 의견은 근본적으로 바뀌었다. 2003년 브링커가 65세로 사망했을 때, 하노버 지역 여성 지방감독인 마르고트 캐스만이 추도사를 했다.

목사관과 목사 역할의 변화

그 사이 목사의 사회적 출신 배경도 더 세분화되었다. 일명 하층계급(즉 노동자 가정) 출신의 신학 대학생 비율은 1970년경에는 약 14퍼센트였다. 이전보다 크게 증가한 것이다. 상류 계층(조사 결과에 따르면 목사와 상급학교 교사도 여기 속한다)의 비율은 약 32퍼센트였다. 이것은 이전의 약 50퍼센트에 비하면 현저히 낮은 비율이다. 중간 계층(사무원, 수공업자 등) 출신은 약 50퍼센트로 변화가 없었다. 가톨릭 신학 대학생의 경우는 이와는 전혀 달랐고, 이들 중 대학 졸업자의 아들의 비율은 전 학과 중에서 가장 낮았다. 가톨릭 사제라는 직업은 교양시민의 직업에 편입되지 않았다. 그가 해야 할 기능과 활동은 개신교 목사의 그것과는 달랐다.

목사 집안에서 목사를 배출하는 비율도 아주 낮아져, 1960년경에는 약 22퍼센트였던 것이 1970년경에는 10퍼센트 아래로 떨어졌다. 대학생 중 신학 대학생의 비율은 1950년에는 4퍼센트였던 것이 1968년에는 1.5퍼센트로 내려가, 최종적으로는 3,900명으로 집계되었다. 당연히 이에 상응하여 대학 졸업자 가운데 목사가 차지하는 비율도 낮아졌다. 이제 대학의 다른 학과들과 여기 속하는 심

1세대 목사 가정 이야기

리학, 사회학, 의학을 전공한 직업 그룹들이 의미와 형태 구성 요소 면에서 우위를 차지했다.

목사들 중에는 대학에서 신학을 전공하지 않고, '나중에 소명을 받은 사람들die Spätberufenen'로서 목사 직업으로 가는 제2 교육 과정[11]을 거친 경우도 있었다. 이는 1960, 70년대 많은 목사들의 자기 이해에 중요한 역할을 했다. 이런 상황이 벌어진 배경은 목사가 부족했기 때문이다. 그러나 1980년대에 와서 '신학자 공급과잉'이 되면서 목사 부족이 해소되었고, 이로 인해 교회 후계자 양성을 위한 제2 교육 과정은 더 이상 의미가 없게 되었다. '나중에 소명을 받은 사람들'(원래는 가톨릭에서 사용하는 단어다)은 보통 교회와 관련된 직업이나 그 외의 직종에서 경력을 쌓은 사람들이었다. 그들은 일부 이미 가족이 있기도 했고 자신만의 생활 방식을 발전시켰다. 그들의 자기 이해와 태도에 따르면, 그들은 오히려 삶의 경험이 많은 경력자, 즉 대학 졸업자이며 교양 시민들이었다. 교회 지도부의 관점에서 본다면 그들은 어느 면으로는 이류 목사였고, 공무원법에 따르면 대학에서 교육받은 목사에 비해 급여가 더 나빴다. 따라서 단지 '대리 목사Pfarrverwalter'에 불과했다(바이에른 주의 개신교 루터파 교회에서는 이렇게 표현한다).

1970년대까지 목사의 4분의 1을 차지할 정도로 수가 늘었던 또 다른 그룹이 있다. 여러 행정 구역을 포괄하는 업무와 특별목사직을 맡은 목사들, 혹은 각각의 란데스키르헤에 자리가 있을 경우 그곳에서 교직을 맡은 목사들로, 이들은 목사관이나 교구 소속 관사에 거주하지 않았다. 이런 목사 그룹은 교구의 정식 남녀 목사들에게는 점점 더 비판적으로 보이게 되었다. 그러나

11_ 제2 교육 과정(zweiter Bildungsweg, ZBW)은 의무교육이 끝났지만 졸업장을 받지 못했거나, 제1 교육 과정을 제대로 마치지 못한 뒤, 다시 공부해서 졸업할 수 있는 교육 과정을 말한다. 야간 고등학교, 야간 실업학교 혹은 재교육 과정 등이 여기 속한다.

다른 한편으로 교구 내 많은 목사들은 '특별 목사직'을 맡고 싶어 했다. 특별 목사직은 근무시간이 규칙적이며 뭇사람의 주목을 받지 않고 지낼 수 있었기 때문이다. 이 직책은 특히 여성들에게 인기가 있었다. 가족과 직업을 더 잘 조화시킬 수 있다고 생각했기 때문이다. 무엇보다도 그런 자리로 옮기는 것은 상황 개선을 보장받는 것이라 할 수 있었다. 꼭 급여가 인상되어서가 아니라, 직업적으로 인정받는다든가, 직업에 만족한다고 할 수 있는 상황이 되는 것이다.

시류에 맞는 목사의 역할 이해를 찾으려 했지만, 이미 신학적 관점에서는 통일된 전제와 목표 설정을 전혀 찾을 수 없었다. 교회 지도부는 늦은 감은 있지만 특히 수습 목사를 양성할 때 사회·교회·신학에서의 변화를 억제하려고 했다. 동시에 수습 목사는 수습 시기에 바로 목사관으로 이사할 준비를 마쳐야 했다. 목사관으로 이사한다는 것은 한편으로는 주거 면적의 확장을, 다른 한편으로는 교구 한가운데 생활 토대를 마련한다는 것을 의미했다. 여기에는 수습 목사를 가르치는 남녀 목사와의 긴밀한 관계도 도움이 되었다. 대학 시절 교구에서 실습하면서 목사관 내의 생활을 접해 본 적이 없었다면, 많은 사람들은 이러한 목사관에서의 생활을 처음 경험하게 되는 셈이었다.

1970년대 교회 종무국은 젊은 남녀 신학자들이 점점 더 목사관에서 적응하지 못한다고 불평했다. 이 역시 수습 목사들이 목사관에 대해 아는 것이 없었기 때문에 나온 결과였다. 적어도 목사 자리에 배정받으면 목사관의 현실을 받아들여야 했다. 젊은 남녀 수습 목사들에게는 결혼하지 않고 동거하는 것이 허용되었는데, 목사관으로 들어가게 되면 이제 동거는 결혼을 통해 '적법화'되어야 했다. 젊은 목사 부부의 결혼은 모든 게 나무랄 데 없다는 사실을 교구민

1세대 목사 가정 이야기

에게 보여 주는 것일 수도 있었다. 그러나 많은 남녀 수습 목사들은 이미 결혼한 상태였다. 부분적으로는 교회의 압박을 피하기 위해서 였다.

1970년대 이후, 실천신학적으로 고찰해 볼 때도 목사 역할에 대한 이해가 많이 변화했다는 것을 알 수 있다. 목사는 교구민, 교회 임원이나 목사 개인의 전통 이해가 그에게 규정한 듯 보이는 모든 것에 대해, 모두를 위해 더 이상 책임질 수 없었고, 책임 지려 들지도 않았다. 목사가 왜 수많은 란데스키르헤에서 자신의 업무과제로 규정된 종교 수업을 해야 하는 것인가? 이 수업을 위해 충분한 교육을 받지도 않았는데 말이다. 여기에 적합한 교사진은 없는 것인가? 왜 목사가 나이 든 교구민의 생일에 가야 하며, 다른 파티에서처럼 그곳에서 그저 '꿔다 놓은 보릿자루'처럼 있거나, 사람들이 "모든 결혼식에서 춤을 춘다"고 빈정대며 말하듯 모든 일에 끼어들어야 하는가? 그저 교회라는 기관을 대표하는 것, 그저 '목사님'으로서 생일 파티 식탁에 앉아 있는 것, 이것은 시간을 낭비하는 일이었다. 그리고 목사 스스로 자신은 어디에서건 늘 무슨 말인가 해주어야 한다고 생각하는데, 이건 자기 이해에 합당하지 않았다.

이런 상황의 배경에는 국민교회의 고질적인 문제가 있다. 국민 교회는 교회세 제도를 통해 '자유교회'[12]에 비해 상당히 적절한 봉급 기반을 제공했지만, 교회의 권리를 주장함으로써 종종 목사의 자기 이해와는 전혀 맞지 않을 때도 있다. 동시에 예배 의식 구성에 참여 하려는 교구민의 요구는 점점 더 커졌다. 그러나 교구민들이 결혼식 과 장례식에 어떤 찬송가를 부를 것인지, 그 밖에 누가 강연을 해도 좋은지 결정하는 것은, 남녀 목사들 에게는 예배 의식에서의 자신들의 권리가 침해당하는

12_ 독일 개신교연합 소속 교회 이외 의 개신교. 예를 들면 침례교, 감 리교 등의 프로테스탄트 교회.

것으로 여겨졌다. 어린이 세례에 관한 논쟁, 그리고 남녀 목사들이 자신의 자녀들은 더 이상 영아세례를 받지 않게 하려는 것에 관한 논쟁도 있었다. 이러한 것은 다른 한편으로는, 국민교회의 현실이 많은 사람들에게 더 이상 적합하지 않으며, 이런 현실에서 당연히 세속화의 전 단계를 관찰할 수 있다는 것을 증명해 주었다.

시사 잡지 〈슈피겔〉이 발표한 것과 같은 여론조사는, 독일 사람들이 교의학을 곧이곧대로 받아들이지 않으며, 기독교 믿음에서 중요한 역할을 하는, 죽은 자의 부활에 관한 질문에 일부는 여전히 관심이 있다는 것을 보여 준다. 교회 행사에 적극 참여하는 사람도 줄었다. 이런 태도는 예배에만 관련된 것이 아니었다. 새로운 목적그룹 조직이라는 의미에서도 예배를 새롭게 구성해야 한다며 격렬한 논쟁이 벌어졌다. 실제로 목격하고 또 교구민들의 조사를 통해 입증된 것이 있었다. 즉 대부분의 교구민이 교회 행사의 날 적극 참여하지 않는 태도를 보였다는 것이다. 이 사실은 한편으로는 "언저리에 있는 사람Randsiedler"[13]에 관해 토론하게 만들었다. 목사들은 이들에 대해 어떻게 해야 할지 몰랐다. 반면 다른 한편으로 '핵심교구민Kerngemeinde'은 지나치게 경직되고 보수적이라 생각했다.

동시에 종교상의 자기 이해에 대해 의문이 제기되었다. 즉 목사직은 '직업Beruf'인가 아니면 '소명Berufung'인가? 목사 취임식은 가톨릭의 사제 서품식과 같아서는 안 된다. 그렇다고 해서 공무원법에 따라 란데스키르헤의 고용 관계에 임명되는 것처럼 되어서도 안 된다. 이런 목사 취임식은 대체 무슨 의미가 있는가? 많은 남녀 목사들에게 목사 취임식은 단순히 교구로부터 위임받는 것에 불과했다. 이런 생각은 종교개혁 초기에 근원이

13_ Rand는 '변두리, 시 외곽, 언저리'라는 뜻이고, Siedler는 '이주자, 이민'이라는 뜻이다. 두 단어가 합쳐져 Randsiedler가 되면, 시 외곽 거주지에 사는 사람이라는 뜻이 된다. 그러나 여기서는 의심론자, 회의론자처럼 교회와 믿음에 거리를 두고 있는 사람이라 보는 것이 좋을 듯하다.

1세대 목사 가정 이야기

요아힘 에른스트 베렌트
Joachim-Ernst Berendt
1922-2000년

요아힘 에른스트 베렌트는 '재즈의 교황'으로 알려져 있다. 그의 어머니 프리다는 아들이 두 살 때 사망했다. 아버지 에른스트(1878-1942)는 1932년 나치 당원이 되었지만, 나치의 교회 정책 논쟁에서는 항상 고백교회 편을 들었는데, 베를린에서 자신이 이끄는 구제 사업기구를 보호하기 위해서였다. 목사이자 목사의 아들이기도 한 에른스트 베렌트는 수차례 체포되었고 마지막에는 다카우 수용소에 수감되어 그곳에서 사망했다. 아들 요아힘 베렌트는 아버지에 대해 다가가기는 어렵지만 저항적 '프로테스탄트'의 모범이라고 회상했다. 그러나 아들은 가족의 전통인 신학을 전공하지 않고 물리학을 전공했다. 1942년에는 군입대 때문에 이 학업마저 중단할 수밖에 없었다. 이미 1930년대부터 그는 몰래 재즈음악을 들었다. 전쟁이 끝난 뒤에는 라디오 언론인이 되어, 이전에는 '흑인음악'이라며 인종차별적인 모욕을 당했던 음악인 재즈를 대중화시키려고 노력했다. 유명한 미국 재즈 음악가를 독일 텔레비전 방송에 출현시키는 데 성공했고, 이로써 서독을 '서구화'시키는 데, 즉 미국의 가치

와 문화를 대중화시키는 데 기여했다. 1953년 처음 출간된 그의 《재즈북 Jazzbuch》은 여전히 출판되고 있으며 여러 언어로 번역되었다. 대략 150만 부가 발행되었다. 여러 매체와 그의 출판물 및 음반을 통해 지금도 베렌트를 만날 수 있다. 베렌트는 다양한 상을 수상했고 재즈 애호가 이외의 사람들에게서도 인정받았다.

1970년대 이후 베렌트는 그 시대의 일반적 성향에 따라 비서구 음악에도 관심을 두어, 이 음악을 서구의 전통과 함께 '월드뮤직'으로 합성하려 했다. 이러한 관심 가운데 그는 아시아 종교와 밀교적 견해에 열중하여 문화비평가가 되었다.

── 요아힘 에른스트 베렌트는 이차대전 후 재즈를 널리 퍼뜨리는 데 큰 공헌했다.

있다고 할 수 있으며, 1960년대 후반과 1970년대 전교회 전성기에
집중적인 신학적 논쟁을 유발했다.

—— 입교식은 가족이 함께 모이고 전통적인 가족의 모습이 장려되는 교회의 큰 행
사의 하나다.

1세대 목사 가정 이야기

오늘날의 개신교 목사관

젊은 세대의 남녀 수습 목사와 남녀 목사가 업무를 시작하면서, 훤히 들여다보이는 '유리 집' 같은 목사관 안의 생활 방식에 대한 저항도 커졌다. 사적인 생활 계획은 타인의 관찰과 영향으로부터 보호되어야 했다. 그러나 이로써 '목사관'이라는 개념과 밀접하게 연관된 생활 태도의 모범이 되는 것은 불확실해졌다.

목사관 안의 새로운 성향

도시에서는 이 '유리집'이 점차 불투명해져 간 반면, 농촌에서는 목사관의 사회통제가 여전히 집중적으로 행해지고 있었다. 물론 이런 기능은 이제 거의 사라져, 눈길이 가는 목사관만 남아 있었다. 동독에서 온 실향민들의 편입을 통해 자주 변화되었던 마을 공동체는 사람들이 다른 곳으로 떠나 버리거나 이주해 버림으로써 새로운 도전에 직면했고, 그들의 사회구조 안에서 변화되었다. 마을은 도

게르하르트 슈톨텐베르크

Gerhard Stoltenberg

1928-2001년

게르하르트 슈톨텐베르크의 아버지는 슐레스비히홀슈타인 지방의 목사였고, 어머니는 교사였다. 부모에 대해서는 거의 알려진 바가 없고, 나치시대에 아버지의 정치적 태도에 대해서도 마찬가지다. 1947년 게르하르트 슈톨텐베르크는 기독교민주연합에 가입했고 청년연합[14]에 참여하여 다음 해에는 청년연합 주의장 및 연방의장이 되었다. 1949년부터

1954년까지 대학에서 역사, 철학 및 사회학을 전공했고, 역사학에서 박사학위와 교수 자격을 취득했다. 동시에 1954년에는 기독교민주연합의 주의회의원이, 1957년에는 연방의회의원이 되었다. 1965년부터 1969년까지는 연방교육부장관, 1971년부터 1982년까지는 슐레스비히홀슈타인 주 수상, 1982년에는 연방재무부장관이 되었다. 1989년에는 연방국방장관이 되었고, 따라서 재통일에 따른 동독 국가 인민군대의 해체 및 통합 임무를 맡았다. 1992년 이 직책에서 물러났다. 그의 정치적 업적은 특히 1960년대의 학술정책과 연구정책에서, 또한 1980년대의 재정정책에서도 볼 수 있다. 슈톨텐베르크는 학술정책 면에서는 독일-미국 연구협력, 연방정부자금 지원을 통한 대학개조로 명성을 얻었고, 재정정책 면에서는 재정을 탄탄히 하는 데 성공했다.

"북쪽 출신의 냉정하고 (혹은 대단히) 합리적인 사람"이라고 자신을 즐겨 표현한 게르하르트 슈톨텐베르크는 개신교 신자로, 기독교적 책임감에서 정치에 입문했다. '시민적' 목사관에서 성장한 것에 긍정적인 기억을 갖고 있었다. 기독교민주연합에서는 '기독교 연구회'에 참여했다. 동시대 사람들은 그의 행동 원칙이나 가치 설정은 그의 프로테스탄트적 성향의 결과라고 생각했다. 게르하르트 슈톨텐베르크는 자신의 장례식을 국가장이 아닌, 소박한 장례예배로 치러 주길 바랐다.

—— 정치가이자 교수 자격을 취득한 역사학자 게르하르트 슈톨텐베르크는 젊은 시절에 기독교민주연합에 입당하여 연방내각에서 세 번이나 중책을 맡았다.

14_ 독일 청년연합(JU: Junge Unio)은 독일 기독교민주연합(CDU, 혹은 기민당)과 그 자매당인 바이에른 기독교사회연합(CSU, 혹은 기사당)의 청년 조직으로, 독일과 유럽 전체에서 회원이 가장 많은 청년 조직이다.

시의 위성도시가 되기도 했고, 따라서 마을의 상점과 행정부서는 사라졌으며, 일과 여가 시간의 유흥거리는 도시에만 있었다. 전통은 이제 가끔 교회라는 기관에 의해서만 요구될 수 있었다. 이런 상황에서 젊은 목사 부부 혹은 수습 목사 부부가 도덕적이면서도 사회적 안정의 닻으로 기능하기를 바라는 전통적인 기대를 충족시키지 못하면, 이는 교직자회에서 논쟁을 일으켰다.

1979년, 실천신학자 리하르트 리스Richard Riess가 편찬한 《시간 속의 집. 오늘날의 개신교 목사관Haus in der Zeit. Das evangelische Pfarrhaus heute》이 출판되었다. 편찬인은 서문에서, 목사관과 관련된 많은 느낌들을 언급했고, 동시에 이 모음집은 다양한 관점, 특히 이혼이 당연하다고 할 정도로 목사관이 사회 변화 현상에 참여했던 그 시기의 관점들을 갖고 있다고 썼다. 리스가 말하는 사회적 조직체로서의 목사관의 현실화는 점점 어려워지고 있다. 목사관이라는 그 집에서 성스러운 가족은 사라졌다. 리스는 목사관이 아직도 다른 사람이 본받아야 할 모델로 존재할 수 있는가에 관한 질문은 미해결인 채로 두었다. 1977년, 바이에른 란데스키르헤에서 설문조사가 실시되었다. 이 조사에서 목사 부부의 절반 이상이 목사관에서의 생활에 실망했다는 결과가 나왔다. 이것은 많은 교구민의 기대가 부담이 되었기 때문이라고 설명할 수 있다. 당연히 이상적인 결혼생활 및 가족생활, 교구민과의 소통 장소에 대한 목사 부부의 높은 기대 때문이기도 했다. 설문조사 결과, 목사관에게 모범적 기능을 요구하던 생각은 완전히 바뀌어, 이제 목사관은 손님을 환대하고 개방되어 있는 곳이라고 생각하게 되었다. 따라서 목사관은 결혼생활이나 가족생활과는 관련되지 않았다.

목사의 역할 논쟁

목사의 과제는 시간이 지나면서, 또한 생활세계가 종교에서 독립하면 할수록, 그 세계의 요구가 커지면 커질수록 점점 더 다양해졌다. 종교 수업은 교육학적으로, 전공과 관련하여 직업적으로 이뤄져야 했으며, 영적 상담을 위해 목사들은 교육을 받아야만 했다. 지도자로서의 과제를 인식해야 했고, 자의식과 전문성이 놀라울 정도로 높아진 남녀 직원을 보살펴야 했다. 그런데 남녀 목사가 원래 책임져야 할 일은 무엇이었나? 예배나 설교 같은 핵심과제가 있었나? 적어도 이런 과제에서 아직은 목사 혼자만 결정권이 있고, 때로는 교회에서 일하는 남녀 음악가를 무뚝뚝하게 대할 수도 있었다. 하지만 행정적인 과제, 여성 모임, 입교식을 해야 할 아이들의 수업, 시구역에서의 업무 혹은 정치의 상태는 어떤가? 심지어 특별한 과제는 다른 사람에게 맡겨야 하지 않았을까?

1세대 목사 가정 이야기

달라진 직업 상황

이러한 질문들에 교육에 관한 논쟁들까지 추가되었다. 이 논쟁
들은 우선은 대학에서의 신학 전공에 방향이 맞춰졌다. 신학은 이
런 비판을 받았다. 교육의 근본적인 내용들은 그저 서서히 변화하
고 있으며, 실무는 염두에 두지 않고, 영적 상담, 교구 운영과 사회
구제사업의 실제적인 필요에는 적합하지 않다는 것이었다. 이러한
비판은 현실과 완전히 일치하지는 않았다. 젊은 교수들과 함께 새
롭고 시대에 맞는 내용이 대학 공부에 들어왔으며, 실천신학에서는
'인류학적 변화'가 일어났기 때문이다. 이를 통해서 비로소 사회학
적 조사가 주목받게 되었고, 심리요법과 영적 상담의 융합이 용인되
었다. 시대에 맞는 교육이 필요하다는 것은 모두가 인정하는 바였
지만, 이런 교육은 아직은 부목사 훈련에서만 현실화되었다. 그러
나 이 훈련은 비판적인 신세대 남녀 수습 목사에 의해 갈등의 장이
될 수도 있었다. 교회 지도부의 기대와 신학 후진들이 생각하는 삶
의 입장이 달랐기 때문이다.

직업상 새로운 것이 요구되었는데, 이 요구의 특성은 남성 목
사 그리고 점차 여성 목사의 근무 상황에 어느 정도 외적인 영향을
주었다. 그래서 목사의 작업실 혹은 근무실은 오랫동안 '서재'로 간
주되었다. 물론 경험상 이런 것이 단순히 목사의 이상화와 관련된
다고 할 수는 없다. 전통적으로 설교 준비에는 높은 가치가 부여되
었다. 목사는 설교를 위해 우선 '연구'해야 했다. 그러나 모든 목사
가 정말 연구를 했는지는 알 수 없다. 어쨌든 이제 목사의 작업실 혹
은 근무실이 서재로 쓰이는 경우는 점점 적어졌고, 대신 영적 상담
을 위한 대화와 모임을 위한 공간, 자신의 신앙 관리를 위한 공간으

로 사용되었다. 때로 이런 공간은 현대식 거주지에서는 없어진 공간, 즉 사랑방의 특성을 띠기도 했다. 이곳에서는 조용히 책을 읽거나 대화를 나누곤 했다. 새로 건축된 교구회관에는 근무실이 여러 곳 있어, 목사관도 목사 가족이 거주하는 곳으로만 사용될 수 있었다. 이제 목사는 대기실과 교구비서가 딸린 사무실을 가졌고, 곧 컴퓨터와 자동응답기도 갖게 되었다. 늘 교구민의 말을 들어주는 대신 면담 시간을 정해 놓았다. 다른 한편 교구민들은 이제 특정한 시간에는 목사와 연락이 가능하다는 것을 믿을 수 있었다. 목사의 사무실에는 루터의 초상화 대신 제3세계에서 온 벽걸이가 여기저기 걸려 있었고, 풍부한 학식을 보장하는, 벽 한 면을 다 채운 책장 대신 서류보관장이 있었다. 사무실과 공간적으로 분리된 목사관은 이제 목사가 근무를 마친 뒤 돌아가서 사적인 보통 사람이 되는, 그런 집이 될 수 있었다.

1990년대에는 목사의 근무와 삶의 조건에 관한 논쟁에서 '시간'이라는 주제가 중요한 역할을 했다. 목사들이 한 주에 몇 시간이나 일하는지(50에서 60시간) 조사되었고, 어떻게 하면 더 효율적으로 직업상 의무를 이행할 수 있으며, 어떤 의무를 거부해야 하는지에 관한 제안도 있었다. 이것은 특히 기간제 남녀 목사에게 해당하는 것으로, 그들은 '경계 긋기'를 배워야 했다. 특히 규모가 큰 교구 안에서는, 교구를 체계화하는 것도 시간 관리의 일부였다. 여기서 남녀 목사들이 대학에서나 부목사로 있을 때는 배우지 못했던 능력, 오히려 아쉬운 대로 부목사 훈련 때 논의되었던 그 능력이 요구되었다. 따라서 목사의 주요 과제가 설교와 영적 상담이 아닌, 조직과 관리냐며 목사들로부터 반대 질문이 제기될 수 있었다. 여기서 문제가 되는 것은 대체 이 직업의 본래 과제가 무엇인가 하는 것이었다.

이에 대한 답변은 매우 다양하며, 많은 남녀 목사들의 개인적 성향에 달려 있었다. 이들은 이미 일정 기록 수첩, 즉 교회의 업무 일지나 조직 서류에서 자신들의 과제를 추론할 수 있었다. 혹시 객관적으로 볼 때 과도한 요구가 있었던 것은 아닐까(이런 질문이 제기되자 대학 졸업을 요구하는 다른 직업에서도 일주일에 40시간만 일하는 것은 아니라는 주장도 나왔다). 목사들은 점차 과도한 요구에 시달리는 증세를 보였고, 이는 번아웃[15]으로 분류되었다. 몇몇 란데스키르헤는 치료를 제안하거나 성직자의 집으로 후퇴할 수 있게 해줌으로써 이런 증세에 대처했다.

따라서 질문이 바뀌었다. 1970년대와 1980년대의 주요 문제는, 다른 직업과 달리 현재의 도전을 통해 연속성과 긴장성을 구체화시키는 직업을 가진 사람은 대체 누구인가 하는 것이었다. 반면 그 이후에는 사람들이 무엇을 할 수 있으며, 그것을 위한 한계 조건들은 어떠해야 하는가 하는 질문이 중요시되었다. 그러나 이러한 경향들 역시 획일적이지는 않았다. 여전히 전통적인 테마인 영적 상담, 목사의 정신적인 관할 영역, 목사 권한의 한계가 문제였다. 2005년 하노버 란데스키르헤가 목사를 대상으로 한 여론조사에서 네 가지 기본 유형으로 (설교와 관련된) 복음 선포적, (관리와 교구 건립과 관련된) 인공두뇌학적, 전형적, 구제사업적 직업상이 도출됐다. 여론조사 책임자들은 이 네 가지 기본 유형이 쉽게 구분된다고 생각했다. 또한 목사들이 자기 이해에서 보이는 다양성은 그들의 개인적 성향에 근거를 두며, 직업의 요구 사항 중 어떤 것에 중점을 둘 것인지 선택할 수 있는 가능성도 있다는 결론도 나왔다.

설교는 특별한 주제였다. 점점 줄어드는 예배 참

15_ 번아웃burnout: 만성적이고 장기적인 스트레스를 나타내는 말. 감정적 소모, 비인격화를 당하거나, 개인적 성취감이 감소될 때 나타나는 특성이 있다.

석 교구민을 위해 혹은 '열 명의 노부인들'을 위해 몇 시간씩 설교 준비를 하는 것이 가치가 있는가 하고 많은 사람들은 의구심을 내비쳤다. 지금까지의 경험으로 볼 때 예배가 더 이상 교구 생활의 중심점이 아니고, 더 이상 교구민의 집회가 아니며, 그저 교구민 중 점점 작아지는 그룹들의 모임에 불과하다면, 도대체 예배는 어떤 역할을 해야 하는가? 많은 사람들의 이런 의구심에도 불구하고, 설교를 태만히 하는 것을 반대하는 글이 계속 쓰였다. 어쨌든 설교란 목사가 본래 가장 잘할 수 있어야 하는 것이었고, 설교를 위해 그들은 영적으로 또 종교적으로 전심전력을 다해야 했기 때문이다.

교회가 추구해야 할 모습은 무엇인가

복음 중심주의적이며 카리스마적인 목사가 일반적인 교구 구조를 무력하게 만드는 개인 교구를 설립함으로써 교회 내부 갈등이 일어났다. 목사란 무엇이며 어떠해야 하는가에 관한 질문은 순수 이론적인 질문과는 전혀 다른 것이었다. 그 질문은 오히려 교회가 대체 무엇이어야 하며 어떻게 보여야 하는가 하는 질문과 얽혀 있다. 목사를 종교 지도자로 생각하는 것은 그의 내면성뿐만 아니라, 특정한 교구 모델과 지도 전략을 믿는다는 것이다. 1980년대 말 갈등이 최고조에 달했을 때, 아르놀츠하인 회의Arnoldshainer Konferenz—특히 프로테스탄트 통합 란데스키르헤들이 이 회의에 모였다—의 신학 위원회는 1988년 〈그의 빛을 비추게 하라. 교구와 목사의 부흥을 위함 Sein Licht leuchten lassen. Zur Erneuerung von Gemeinde und Pfarrerschaft〉이라는 제목의 글을 발표했다. 이 글에서 목사관은 부수적이었고, 목사가 중점적으로 다뤄졌다. 저자는 교구 생활의 개혁 및 자신만의 개혁

1세대 목사 가정 이야기

을 위해 목사가 기운을 내야 한다고 주장한다. 따라서 교회의 중심이 아니라 교회의 권위 있는 주변에서 발생한 개념들은 이제 목사와 교구의 실생활에 뿌리를 내려야 한다는 것이다. 목사가 생활 속에서 어떻게 자유와 직업의 조화를 이룰까 고민할 때, 이때에도 목사관이 영향을 미치는 것을 알 수 있다. 사생활에 대한 목사의 권리는 중요하다. 하지만 종교적 차원에서 볼 때는 목사관 안에서 모범적인 삶을 영위하는 것이 중요했다.

신학 공부가 이제 막 출발하는 많은 남녀 목사들(대부분 남성 목사들)에게서 믿음과 성경에 대한 종교적 이해를 몰아내 버림으로써 그들을 변질시키지는 않았나 하는 질문이 제기된다. 이러한 논쟁은 신학자 교육을 자신들이 직접 하고 싶어 하는 복음 중심주의 운동 대표자들에 의해 시작되었다. 그러나 이때 아직 복음 중심주의적으로 사회화되지 않았고, 복음 중심주의적 견본에 따라 새로 교육받는 것에도 전혀 관심이 없는 많은 남녀 목사가 이미 존재했고, 여전히 존재하고 있다는 사실은 전혀 고려되지 않았다. 또한 대학의 신학 수업이 절망을 추구하는 것이 아니라, 오히려 현재에서, 다시 말해 세속화된 현대 안에서 더욱 더 기독교 신앙을 전달할 수 있는 가능성을 알려 주려 한다는 사실 역시 무시되었다. 복음 중심주의를 외치는 사람들은 선교를 할 거라는 주장을 했지만, 자신들을 다른 사람들과 구분함으로써 이미 오래전에 국민교회와 결별했다. 독일이 재통일되고 이와 함께 교회가 재통일된 이후, 이러한 경향은 전혀 다른 종류의 분리와 맞닥뜨리게 되었다. 즉 동독의 독일사회주의연합당 독재를 통해 생겨난 동독 남녀 목사들의 자아 구분이라는 분리에 부닥친 것이다.

사람들은 특별한 도전을 시도해, 대도시들과 특히 새로 개발되

닐스 죄니히젠

Niels Sönnichsen

1930년 출생.

닐스 죄니히젠의 아버지 니콜라이(1897-1971)는 북 슐레스비히(덴마크) 출신으로, 1929년 로겐스토르프의 부목사가 되었다. 아들 닐스 죄니히 젠은 이곳에서 태어났다. 니콜라이 죄니히젠은 '독일 그리스도인들'에 속했다. 1943년 그는 러시아 전쟁포로가 되었고, '자유 독일 민족위원 회'[16]와 '독일 장교 연합'에 가담했다. 다른 독일 군 인들에게 적군에게로 달아나라고 선동하는 단체에 가담한 것이다. 전쟁 직후 죄니히젠은 다른 사람들 과 함께 풀려나 독일로 왔다. 여기서 점령군이 의 도하는 대로 교회정치적으로 활동하기 위해, 자신 이 마지막으로 목사로 있었던 동독 메클렌부르크 의 그란친으로 돌아왔다. 아들 닐스는 의학을 공부 했다. 그러나 노동자나 농부의 자녀가 아니었기 때 문에 장학금을 받지 못했다. 아버지는 형편없는 보 수를 받는 목사였기에 아들을 지원해 줄 수 없었다. 1966년 닐스 죄니히젠은 예나 대학 피부병원 원 장이 되었고, 1967년에는 피부병학 교수가 되었 다. 1970년부터는 베를린 의대 샤리테[17]의 피부과 과장으로 근무했다. 1993년에는 이 직위를 사임하고 서독 보쿰에 있는 병원장이 되었다. 또한 그는 에이즈 전염병 전문가로 유명하다. 동독에는 이 병이 아예 없 다고 했다. 최초 전염 그룹인 동성애자들이 공개적으로는 전혀 드러나 지 않았고, 차별 대우를 받았기 때문이다. 1985년에는 죄니히젠도 동 독 내 에이즈 확산을 아직 대수롭지 않게 여겼지만, 나중에는 이 병에 대한 계몽과 예방의 선구자가 되었다.

자서전에서 그는 목사관 출신이기에 특별한 동기를 부여받았다는 점 에 대해 말하지는 않았지만, 자신의 출신에 대해서는 긍정적으로 말했

다. 동독에서는 교회 차원에서 동성애자에게 도움을 주었고, 그는 이
가치를 인정했다.

—— 의학자 닐스 죄니히젠은 동독에서 면역결핍증인 에이즈의 위
    험에 대해 알렸다.

16_ 자유 독일 민족위원회(Das Nationalkomitee Freies Deutschland, NKFD)는 소련 내 전쟁
    포로가 된 독일군인 및 장교와 공산주의 독일 이민자로 구성된 연합이었다.
17_ 샤리테Charité: 독일 베를린의 의과대학이며 대학병원으로 1710년 설립되었고
    1810년부터 베를린 훔볼트 대학교의 대학병원으로 사용되었다. 2003년 'Charité
    Universitätsmedizin Berlin'(베를린 샤리테 의과대학)이라는 이름으로 베를린 자유대
    학교의 의과대학까지 통합됨으로써 유럽 최대의 대학병원이 되었다.

요하네스 라우

Johannes Rau

1931-2006년

요하네스 라우는 전통적인 목사관 출신은 아니다. 그의 아버지 에발트 (1898-1953)는 처음에는 사업가였다가, 후에 부퍼탈에서 순회설교자가 되었다. 이를 통해 아들인 요하네스는 경건주의적으로 각성된 환경과 밀접한 관계를 맺게 되었다. 1942년부터 요하네스 라우는 김나지움을 다녔고, 1943년에는 바르멘에 있는 학생성경회에서 적극적으로 활동했다. 이때 고백교회의 지도적 인물 중 한 사람인 카를 이머(1888-1944)를 알게 되었고, 그를 자신의 두 번째 아버지라 불렀다. 1948년 그는 학교를 그만두고 서적 상인이 되기 위해 수습을 받기 시작했다. 이로써 그가 원래 원했던 직업에 대한 소망, 목사가 되고자 했던 소망을 없애 버렸다. 수습을 받으면서 저널리스트와 작가로 일했고 나중에는 기독교 출판사의 관리자가 되었다. 구스타프 하이네만(1899-1976)이 1952년 전독일 인민당을 창당하자, 요하네스 라우는 여기 입당했다. 그러나 1957년 전독일 인민당이 해체되자, 다시 하이네만을 따라 독일 사회민

주당에 입당했다. 여기서 점점 지위가 올라 중요한 기독교 관련 직책을 맡았다. 동시에 1965년부터는 라인 지역 주 총회에서 일했고, 교회 지도부의 명예 회원이 되었다. 독일연방대통령이 되자 이 모든 직위를 사임했다. 1966년부터 1974년까지는 독일 개신교회 의회 의장단 위원을 지냈고, 1969년에는 부퍼탈 시장, 1970년에는 노르트라인 베스트팔렌 주의 학술 연구 장관, 1978년에는 주정부 수상이 되었다. 1999년부터 2004년까지 독일연방 대통령을 역임했다.

그는 때로는 다정하게 '요하네스 형제' 혹은 '설교자'로 불리기도 했는데, 각성된 부모 집에서 받은 자신의 복음적·기독교적 성향을 감추지 않았다. 물론 정치적 영향은 '교회투쟁'에서 입증된 개신교 신자인 구스타프 하이네만에게서 받았다. 구스타프 하이네만은 훗날 연방대통령이 됨으로써 요하네스 라우의 선임자가 되었고, 라우는 그의 손녀딸과 결혼했다.

── 요하네스 라우는 1999년에서 2004년까지 독일연방공화국의 연방대통령이었다.

어 익명의 이주자들이 사는 도시 변두리에서 활동하기 시작했다. 이곳에는 부족한 것이 많았고, 교회와 교구회관도 새로 건립해야 했다. 그러나 뒤죽박죽 섞여 서로가 서로를 모르는 주민들 속에서 교회가 어떤 모습을 보여야 할지는 분명하지 않았다. '전체 구민 활동 Stadtteilarbeit'은 하나의 표제어로, 이런 표제어 아래 목사 측에서도 사회에 참여했고, 다른 단체나 조직과 함께 뭔가를 시도했다. 교회의 인적 조직망이 여전히 밀접하게 연결되어 있고, 교회의 재정적 자원이 아직도 풍족했던 동안에는 이런 시도는 아직 아무 문제도 없었다. 다른 활동 영역은 반핵 운동 등의 시민운동과 같은 것들이었다. 이런 운동에서 몇몇 목사들은 눈에 띄게 목사복을 입으면서까지 이런 데모에 참여했다.

1세대 목사 가정 이야기

—— 아이스레벤에 있는 장크트 페트리 파울 키르헤는 루터가 세례를 받았던 교회이다. 이곳에서는 2012년 4월 29일 축하예배로 세례 센터를 시작했다. 고딕양식의 교회에는 바닥에 세례용 수반이 설치되었다. 오늘날 개신교 교회는 사회 현실에 직면하여, 편부모들을 그들의 자녀와 함께 세례에 초대하는 것이자신들의 과제라 생각하고 있다.

교회 이탈 현상

　　1960년대 말, 아직 소규모이기는 하지만 놀랄 만한 교회 이탈의 물결이 최초로 일었다. 목사 직업의 활동 영역에서는 이를 생업으로 인정하려는 현상이 두드러졌고, 교회와 신학은 사회학적 방법을 더욱 더 강하게 수용했다. 이 모든 것과 함께 목사 개인과 직업에 대한 연구가 시작되었다. 이런 연구는 더 이상 실천신학적 혹은 체계신학적으로 탐구되지 않았다. 대신 경험에 따른 설문조사에 근거를 두었다. 따라서 이제 남성 목사로서(그리고 이제는 여성 목사로서) 자기 자신에 대해 무엇을 기대하는가 하는 질문과 함께, 타인이 한 개인에게 무엇을 기대하는가 하는 질문이 영향을 끼치게 되었다. 종교사회학 내지 교회사회학은 경험적 학문이 되었다. 교회 지도부도 점차 이를 필요로 했다. 물론 이에 따른 결과는 오늘날까지도 부수적으로만 수용되는 듯 보인다.

　　　　　　　　　　　　　　　　1세대 목사 가정 이야기

엘케 좀머
Elke Sommer
1940년 출생.

엘케 좀머의 본명은 엘케 슐레츠로, 목사인 아버지 페터 슐레츠와 어머니 레나타의 딸로 태어났다. 전쟁 중이던 1942년, 가족은 베를린에서 플랭키쉐 슈바이츠로 대피했다. 그곳에서 아버지가 다시 일을 하기 전까지는 가난하게 살아야 했다. 엘케 좀머는 에어랑엔에서 인문주의 김나지움을 다녔다. 몇 안 되는 여학생 중 한 명이었다. 에어랑엔의 예술 교육자 페터 비나(1888-1969)에게서 회화 수업을 받았고, 부모는 이를 좋게 여겨 딸을 지원해 주었다. 젊은 여인이 김나지움을 중간까지만 마치고 그만두는 것은 당시로서는 이상한 일이 아니었다. 좀머는 통역사가 되려고 했지만 그렇게 되지는 못했다. 1958년 어머니가 선물한 이탈리아 여행에서 영화배우로 '발굴' 되었기 때문이다. 갑자기 유명해졌고 오랫동안 명성을 누리는 그녀의 영화배우 경력이 시작되었다. 이런 경력은 결국 할리우드로까지 이어졌다. 목사의 딸 혹은 '성직자의 어린 딸'이 이제 '섹시 심벌', '자우어크라우트 브리짓 바르도'[18]가 되어, 1960년대와 70년대에 큰 주목을 받았다. 미국에 거주하는 독일 여성, 고향인 프랑켄 지역의 뿌리를 인정하는 그녀는 두 나라를 이어 주는 가교가 되었다. 독일에서는 그녀의 일과 사생활에

대한 보도가 많았다. 미국의 관점에서 볼 때 그녀는 '금발의 프로일라인 분더',[19] 아름다운 젊은 여인, 게다가 비군사적이며 개방적인 독일을 증명하는 영수증이었다. 예술가인 그녀는 영화배우로서뿐만 아니라 연극배우, 가수, 화가로서도 유명했다. 열네 살 때 아버지가 사망했는데, 그녀에게는 견디기 힘든 상실이었다. 부모와는 관계가 아주 좋았다. 인터뷰에서 항상 그녀는 이를 언급했고, 부모로부터 받은 종교적 영향에 대해서도 말해 왔다.

── 영화배우 엘케 좀머는 1960년대와 70년대에 할리우드에서 전형적인 금발여인의 모습을 보여 주었다.

18_ 자우어크라우트Sauerkraut는 독일의 전통 음식인 양배추 절임을 뜻한다. '독일의 브리짓 바르도'라는 의미.

19_ Fräuleinwunder: '프로일라인Fräulein'은 영어의 '~양, 아가씨', '분더Wunder'는 기적이라는 뜻.

교회는 얼마나 견고한가

전통적으로 이미 세속화가 심화된 도시인 서베를린은 그 특성 상 경험적 연구를 위한 최초의 장이 되었다. 1960년대 이 도시에서 는 신학교 연구 프로젝트 범주에서 남녀 목사들은 자기 이해에 관 해 질문을 받았고, 이에 해당하는 연구들이 1970년대 초 발표되었 다. 사실 자료를 연구한 저자들 중 한 사람은 체계신학자인 요리크 슈피겔Yorick Spiegel로, 그는 실천신학 영역에서 많은 연구를 했다. 1970년 그의 책《관직에 있는 목사Der Pfarrer im Amt》가 출판되었다. 여기서는 특히 목사의 자기 이해와 교구 내 목사의 지위가 다뤄졌 다. 슈피겔의 생각은 민주화, 교구 내 상호작용, 교회, 개방성 혹은 과제의 권한 이양 같은 표제어들로 요약된다. 그는 목사가 세 가지 를 결정해야 하는 상황에 처해 있다고 보았다. 즉 목사가 자신의 중 심적 지위를 유지해야 하는가, 아니면 다른 사람에게 과제를 맡겨 야 하는가, 그리고 그렇게 함으로써 '독재적' 혹은 '민주적' 목사여 야 하는가? 국민교회를 위한 목사여야 하는가 아니면 교구의 한정 된 범주를 위한 목사여야 하는가? 목사가 교회 위계질서의 일부여 야 하는가 아니면 교구의 일부여야 하는가? 이 세 가지 결정에 직 면해 있다는 것이다.

독일개신교협의회는 1972년 처음으로 교회신도를 대상으로 조 사를 했다. 그 결과는 1974년《교회는 얼마나 견고한가?Wie stabil ist die Kirche?》라는 책으로 출판되었다. 이로써 처음 실제 자료가 사용 되었고, 이런 자료를 사용함으로써 목사에 대한 신도의 태도를 바 탕으로 한 신도의 의견을 대중에게 알리게 되었다. 이 책에 따르면 응답자의 3분의 1 정도가 목사의 가정 방문을 반겼고, 연령대가 높

1세대 목사 가정 이야기

으면 가정 방문에 대한 찬성도도 높았다. 응답자의 절반 정도는 최근 2년 동안 특히 세례, 입교식, 결혼 등을 기회로 목사와 개인적 상담을 했다. 이때 과반수 이상이 목사로부터 좋은 인상 혹은 아주 좋은 인상을 받았다. 이런 결과는 모든 것이 망가지는 듯 보임에도, 목사와의 교제의 밀도가 매우 높다는 결론을 말해 주었다. 여기서 이런 교제의 밀도가 사람들이 익명으로 지내는 위성도시에서보다 농촌에서 더 높다는 사실은 예상 밖의 결과는 아니었다. 그러나 베를린에서 했던 조사는 다른 결과를 보여 주었다. 여기서는 응답자 중 다수가 목사에 대해 부정적 입장을 보였고, 응답자의 3분의 1은 부정적으로 비판하기도 했다. 그러나 베를린에서의 조사 결과는 다른 여론조사들, 예를 들면 알렌스바하[20]에 있는 여론 조사 연구소의 조사와 일치하지 않았다. 세속화된 베를린은 명백히 특별한 경우를 보여 준다.

세례, 결혼, 설교와 같이 교회에서 하는 의례는 목사와 관계를 맺을 수 있게 해주었지만, 긴 안목으로 볼 때 이것은 문제가 되었다. 이러한 의례를 찾는 사람이 점점 줄었기 때문이다. 베를린에서 실시했던 설문조사는 또한 교회에서 하는 의례의 의미에 대해서도 관심을 기울였다. 설문조사 결과, 전체적으로 재직자로서의 목사가 목사 개인보다 덜 중요시된다는 것이 밝혀졌다. 이런 사실은 곧 교회가 인격적으로 존재한다는 것을 의미한다. 즉 교회는 공공기관이나 관청으로서가 아니라 인격으로 인식되어야 했다.

국민교회 목사의 네트워크가 밀접하게 형성되던 시기에, 이런 네트워크는 일할 수 있는 밑천이었다. 어쨌든 이런 조사 결과는 한편으로는 기회로, 다른 한편으로는 위험신호로 해석되었다. 이런 조사로 인해 공

20_ 알렌스바하Allensbach는 독일 바덴뷔르템베르크 주에 있는 작은 마을이다. 이곳에 1948년에 세워진 알렌스바하 여론조사 기구는 세계적으로 유명한 여론조사 기구 중 하나다.

공기관과 관청에 대한 의문이 제기되었기 때문이다. 또한 여론조사는 신도들이 교회의 정치 참여를 별로 원하지 않는다는 사실도 분명히 밝혀 주었다. 오히려 신도들은 교회가 늘 했던 것, 즉 설교하기, 신도 개개인 돌봐 주기, 구제사업 활동을 하기 원했다. 이 점은 많은 목사들의 자기 이해와는 어울리지 않았다. 이들은 전통적인 과제에는 별로 신경 쓰지 않고, 정치·사회적 구제사업 참여에 더 많은 관심을 가졌다. '정치적인' 목사들에 대해서는 복음 중심주의적인 사람들뿐만 아니라 다른 교구민들도 공공연하게 비판했다. 더 정확히 말하면 목사직의 기능에 대한 조사 결과, 응답자들은 인생 행로 중 특정한 사건이 생겼을 때 목사가 예배와 영적 상담으로 자신들과 함께해야 한다는 답변을 했다. 이런 생각은 그에 어울리는 예배를 곧 일종의 '통과의례 Passageritus'로 보이게 했고, 많은 목사들로 하여금 자신들이 원래 전달하고자 하는 통보는 받아들여지지 않는다고 생각하게 만들었다.

어쨌든 목사가 교회를 대변한다는 점은 분명해졌다. 그러나 목사관에 대한 질문, 즉 교회 구성원이 목사관에 대해 어떻게 생각하는지에 대한 질문은 제기되지 않았다. 가정 방문의 강조는 목사의 활동이 목사관 밖으로 옮겨졌다는 것을 의미한다. 어차피 영적 상담을 할 때 목사는 교구민을 그의 삶의 영역에서 알기 위해 가정 방문을 선호한다. 교구민이 목사 집으로 오는 것이 아니라, 목사가 교구민의 거주지로 가서, 그곳에서 영적 상담과 그 밖의 다양한 대화를 하면서 이 거주지에서 찾아볼 수 있는 삶의 현실과 종교적 신념을 화제로 삼는 것이다.

1세대 목사 가정 이야기

교회는 어떻게 될 것인가

십 년 뒤 두 번째 교회 구성원을 대상으로 한 여론조사가 행해졌고, 1984년 그 결과가 《교회는 어떻게 될 것인가?Was wird aus der Kirche?》라는 제목으로 출판되었다. 당시 서독 인구의 42퍼센트가 개신교회에 속했다. 1970년대는 47퍼센트였다. 만 개 이상의 교구와 만 명 이상의 목사가 있었다. 목사는 늘 그렇듯 교회 구성원 사이에서 존경을 받았다. 목사의 가정 방문에 대한 찬성률은 약간 높아지기까지 했고, 목사로부터 어떤 인상을 받느냐는 질문에 응답자의 85퍼센트가 '아주 좋다' 혹은 '좋다'고 답했다. 관계의 밀접성에 관해서는 거주지의 크기에 따라 아주 상이한 조사 결과가 나왔다. 대도시는 도전 그 자체였다. 의례 집행은 여전히 중요한 역할을 했지만 감소 추세였다. 세례와 교회에서의 결혼이 이미 눈에 띄게 줄어들었기 때문이다.

다시 10년이 지난 뒤 세 번째 교회 구성원 여론조사를 했을 때는 국가와 교회가 재통일[21]되었고, 이러한 재통일은 교회의 구조를 놀라울 정도로 변화시켰다. 구서독에서는 신도들이 국민교회에서 떠나가기 시작했지만, 구동독의 란데스키르헤에서는 이미 오래전부터 이런 현상이 일어났다. 이 여론조사 연구의 제목은 '낯선 고향 교회Fremde Heimat Kirche'였는데, 이 낯선 고향 교회는 오히려 일종의 중간정류장으로, 재통일을 설명해 주는 역할을 했다.

2002년에는 네 번째 교회 구성원 여론조사가 실시되었고, 이에 대한 평가서는 2006년 《다양한 삶의 관련 속에 있는 교회Kirche in der Vielfalt der Lebensbezüge》라는 제목으로 발표되었다. 여기서 서독 응답자의

21_ 독일 역사에서 '통일'은 1971년 빌헬름 1세에 의한 근대국가로의 통일을 말하며, 1990년 동·서독의 통일은 '재통일'이라 한다.

게르트루트 휠러

Gertrud Höhler

1941년 출생.

게르트루트 휠러의 아버지 하인리히(1907-1995)는 엘버펠트의 목사였고, 나중에는 이 지역 교회의 행정관리 감독이 되었다. '교회투쟁' 중에 그는 명확한 입장을 취하지 않았다. 게르트루트 휠러는 네 명의 형제 중 두 번째였다. 이들은 경제적으로 넉넉하지 못한 상황에서도 모두 대학을 졸업할 수 있었다. 게르트루트는 문예학과 예술사를 전공했고, 독일 작가 빌헬름 라베의 작품에 나타나는 성경 인용에 관해 박사학위 논문을 썼다. 1967년 박사 과정 중에 사생아를 낳았다. 이는 당시의 미풍양속에 어긋나는 일이었다. 1972년부터는 파더보른 대학에서 문예학을 강의했다. 1970년대 말 이후 문화비평과 사회비평을 주제로 책을 쓰기 시작했다. 1987년에는 도이체방크 이사회장 알프레트 헤어하우젠의 고문이 되었다. 그는 1989년 폭탄테러로 사망했다. 당시 그녀는 매체의 스타이자 책의 저자가 되어 있었다. 1993년에는 교수를 그만두었고 이후부터는 기업의 고문으로 일했다. 매체에서는 그녀를 수상의 고문 혹은 콜[22]의 고문이라 불렀다. 그녀는 여기에 대해 반박하지 않았다. 2012년에는 앙겔라 메르켈에 관한 책을 출간했다. 이 책에 대해 평론가들은 지나치게 공격적이라 평했고, 이 책에서 서독 목사의 딸 게르트루트 휠러와 동독 목사의 딸 앙겔라 메르켈의 대립을 읽어냈다.

게르트루트 휠러는 어린 시절을 말하면서 아버지가 저녁에는 아이들에게 성경을 낭독해 주었다고 전했다. 그녀는 자신이 성경을 철저히 알고 있는 사람이라고 주장한다. 부모 집에서 전달받은 가장 이상적인 것으로는 겸손, 부지런함과 규율을 꼽는다. 그녀의 책들에서는 비교 가능한 개인적 특성이 중요한 역할을 한다. 그녀는 이러한 역할을 '돈의 종교'와 비교했다.

── 시사평론가이자 사업 고문인 게르트루트 휠러는 학문뿐만 아니라 조언 분야에서도 성공했다.

22_ 당시 독일 수상 헬무트 콜을 말한다.

레초 슐라우흐
Rezzo Schlauch
1947년 출생.

레초 슐라우흐의 아버지 루돌프(1909-1971)는 뷔르템베르크 주 배히링엔의 목사였다. 그는 신학과 함께 역사와 예술사를 전공했고, 고향의 역사와 문화에 관한 책을 펴냈다. 어머니 잉가루트(1913-2003) 역시 작가로 활동했다. 1966년에서 1972년까지 레초 슐라우흐는 법학을 전공했고, 2차 국가고시를 치른 뒤 변호사가 되었다.
1968년부터는 랄프 다렌도르프(1929-2009)의 정치적 자유주의에 이끌렸고, 1980년부터는 녹색당의, 1993년부터는 동맹90/녹색당의 영향력 있는 인물 중 하나로 활동했다. 1984년부터 1994년까지는 바덴뷔르템베르크 주 의회 의원직을 맡았고, 1994년부터 2002년까지 연방의회의원이었다. 2002년부터 2005년까지 노동 및 경제부 정무차관을 지냈고, 이후 민간 부문으로 옮

겼다. 슐라우흐는 정치가로서 자신의 태도와 생활 양식을 통해 '시민적으로' 보이는 것을 마다하지 않았다. 그는 그 지방 특성을 지닌 사람, 고향과 결부된 사람이라는 평을 받았다. 녹색당에서 그는 '레알로스Realos' 즉 현실주의자로 평가되었다. 이에 맞게 1998-2005년에는 '적녹연맹'의 대변인이 되었다. 1996년 슈투트가르트 시장 선거에서 근소한 차로 떨어졌다.
경건주의가 아니라 자유주의적인 영향을 받은 것으로 볼 때, 그는 전형적인 뷔르템베르크 목사관 출신은 아니다. 개방된 목사관에서 보낸 유년 시절에 대해서는 긍정적으로 묘사하며, 자신의 아버지는 교구민의 일상의 일들을 돌봐 주었고 이런 일들을 설교에 반영했다고 말한다. 슐라우흐는 정치가로서 아버지가 했던 사회 참여의 전통을 이어 가고 있다고 생각하며, 자신의 기독교적 특성에 대해서도 솔직하게 이야기한다. 또한 그는 독일개신교협의회의 공공책임회 회원이었으며, 어느 인터뷰에서 스스로를 "영혼 포획자Seelenfänger"라 칭했다.

── 레초 슐라우흐는 정치에서 이력을 쌓은 뒤 경제 분야로 활동 영역을 바꾸었다.

3분의 2와 동독 응답자의 5분의 4는, 남녀 목사가 교구의 모범이 될 만한 품행을 보여 주었으면 하는 기대를 드러냈다. 그러나 이 여론 조사에서도 목사관에 대한 질문은 없었고, 목사관의 모범적 기능에 대한 질문도 없었다. 그 외에 실제적으로 사람들이 목사에게 갖는 기대 중 상위를 차지한 부분은 목사가 전환점에 있는 사람들과 동행해 주고, 이들의 고난에 대해 함께 이야기해 주는 것이었다.

목사에 관해서 볼 때, 위에 언급한 네 번의 조사에서 확인된 사실은 목사가 핵심 역할을 받아들이려 하건 그렇지 않건, 이 역할이 그에게 어울린다는 점이었다. 개별적인 사항에서 사실 남녀 목사들은 이 조사 결과에 실망했다. 이들은 자신들의 정치적인 참여에 관해 더 높이 평가해 주기를 바랐을 것이다. 또한 교회 구성원의 관점이 자신들에게는 해가 된다고 생각했다. 교회의 성명이나 란데스키르헤가 가진 주도권은 큰 공감을 얻지 못했다. 교회의 다른 공동작업자들의 노고를 더 두드러지게 보이고자 했던 모든 시도에도 불구하고, 교회 구성원이 볼 때 교회를 대표하는 것은 결국 남녀 목사들이었다. 늘 그렇듯 목사들은 높은 존경을 받으며 교회 구성원들 곁에 있었다. 그러나 주민들 사이에서 이런 존경은 전반적으로 줄어들었다. 목사와 개인적으로 교제하는 데 관심을 갖는 사람은 소수일 뿐이며 특히 연령이 높은 사람들이었다. 이 연구조사 결과 중 하나는, 목사가 이렇게 특히 (핵심)교구민의 한정된 범주와 긴밀한 관계에 있다는 사실이었다. 남녀 목사에게 갖는 기대 즉 교구민과의 동행, 영적 상담, 설교, 모범 기능 등은 흥미롭게도 목사들 스스로에게서도 드러났다. 그들은 우선적으로 자신을 영적 상담자 혹은 설교자라 생각했고, 아주 소수는 자신을 모범이라 생각하기도 했다.

노르트키르헤[23]의 생성과 연관해서, 즉 메클렌부르크, 포메른과 북부 엘베 지역 교회 연합과 관련해서 2010년에 경험적 연구가 있다. 이 연구는 이 교회 목사들의 자기 이해 실태를 규명하려 했다. 여기서 성별 고유의 특성도 분명하게 밝혀졌다. 남성 목사의 87퍼센트, 여성 목사의 95퍼센트가 자신을 '영적 상담자'로 생각했고, '인생 동행자'로서의 역할에서도 이와 유사한 결과를 보였다(남성 75퍼센트, 여성 85퍼센트). 반면 자신을 목자의 모범이라고 생각하는 점에서는 남성 목사가 40퍼센트, 여성 목사가 31퍼센트로 남성이 앞섰다.

이러한 경험적 조사와 함께, 전기 연구와 시대의 증인이라는 시각에 관심을 두고 목사 자녀들이 자신들의 전기나 자신들의 의미에 관해 쓴 출판물이 나오기 시작했다. 그중 많이 읽힌 책은 정치학자 마르틴 그라이펜하겐Martin Greiffenhagen이 1982년 출간한 《목사의 자녀들. 프로테스탄트적 주제에 관한 전기적 사실Pfarrerskinder. Autobiogrphisches zu einem protestantischen Thema》이다. 물론 저자 자신도 목사 아들이었다. 이 책에는 특히 언론인이자 작가인 엘케 하이덴라이히Elke Heidenreich, 독일 대통령이었던 정치가 요하네스 라우Johannes Rau, 작가 가브리엘레 보만Gabriele Wohmann 등에 관한 내용이 있다. 이 책에 이어 그라이펜하겐이 편찬한 《개신교 목사관. 문화사이자 사회사Das evangelische Pfarrhaus. Eine Kultur- und Sozialgeschichte》가 출판되었다. 그라이펜하겐은 목사 직업과 목사관이 중요한 변화의 시기에 놓여있다는 의식에서 위의 책 《목사의 자녀들. 프로테스탄트적 주제에 관한 전기적 사실》을 출판했다. 그래서 그는 책 서문에서 다음과 같이 썼다. "목사관은 그 유리벽을 잃어버리고, 교구의 중심에서 물러나 평범한 거주지가 되고 있다. 이런 방식으로 목사의 자녀들에게는 그 특별

23_ 노르트키르헤(북쪽 교회)는 독일에서 가장 최근에 생긴 개신교 란데스키르헤로, 구서독과 구동독 교회의 첫 번째 연합교회다.

한 조건들, 다시 말해 그들이 이제까지 교육받을 때 복종해야 했던 그러한 조건들이 사라지고 있다." 이 책은 '마지막 순간'의 재고 조사라 할 수 있었다. 그라이펜하겐은 부모의 집을 회상하면서 그 집에서 받았던 영향과 분리 과정을 서술했다. 그리고 이 책에서 교육이라는 주제는 특별한 방식으로 서술되었다. 교육이란 뭔가 어려운 것, 68세대를 통해 망가진 주제라고 여겨지던 시대의 교육을 다룬 것이다. 교육의 영향은 목사관의 책임이며, 목사의 자녀들도 그에 대해 자신의 과거를 돌아보며 기록을 남긴다. 이 영향은 비록 상반되기는 하지만 대중에게 깊은 인상을 남겼다.

2005년 목사의 딸이며 언론인인 안야 뷔르츠베르크Anja Würz-berg가 펴낸《목사의 아이인 나. 성스러운 가족회사 내에서의 삶에 관해Ich: Pfarrerskind Vom Leben in der heiligen Familienfirma》는 근본적인 접근이 조금 미흡하다. 안야 뷔르츠베르크는 목사의 자녀들은 그들만의 특징이 있어, 서로를 쉽게 알아볼 수 있다고 했다. 물론 이 책에 소개된 목사 자녀들이 부모의 집에서 어떤 특별한 것을 얻었고 또 무엇을 공유하고 있는지에 대한 질문은 해결되지 않았다.

1세대 목사 가정 이야기

드라마 속 목사의 현실

목사관과 목사 직업은 독일인이 오랫동안 가장 좋아했던 언론매체인 텔레비전의 주제였다. 1973년 〈크로이츠베르크의 목사 Pfarrer in Kreuzberg〉라는 제목으로, 현실에 접근한 13부작 시리즈가 방송되었다. 이 방송에서는 대도시의 교회라는 주제로 여러 권의 책을 내 유명해진 베를린의 한 구역 크로이츠베르크의 목사 클라우스 둔체Klaus Duntze가 조언자 역할을 한다. 주인공인 목사 슈미데크는 그의 근무지인 베를린 크로이츠베르크에서 사회적으로 고립된 집단 및 실패한 사람들을 위해 책임을 느끼는 사회적 인사로 정해져 있다.

이상이 아닌 갈등의 공간으로

특히 강한 인상과 대중의 논쟁을 불러일으킨 것은 1988년 방송된, 뷔르템베르크 주를 배경으로 한 텔레비전 연속극 〈세상에, 목사님'O Gott, Herr Pfarrer〉이다. 많은 시청자들이 이 연속극에 대해 개인적 비평을 했고, 주인공 목사 비간트의 태도를 비판하기까지 했다. 극중 목사관에는 목사와 직업 여성인 그의 아내, 약간 반항적인 두 자녀가 살고 있다. 이런 상황 설정은 시대를 그대로 반영한 것이다. 작가 펠릭스 후비Felix Huby가 만들어낸 내용은 수준이 높았고, 신학적이고 도덕적인 주제를 다루었다. 뷔르템베르크 주에 퍼져 있는 경건주의는 부목사라는 인물을 통해 보여 주었다. 또한 이 드라마는 정치적이고 사회적인 주제도 다뤘는데, 이는 목사 가족들인 '조역들'을 통해 드러났다. 1990년에는 〈여성 목사 레나우Pfarrerin Lenau〉라는 제목의 후작이 제작되었다. 건축가와 결혼한 여성 목사가 주인공인 이 드라마는 여성 목사의 역할과 그 역할의 거부를 다루었다.

이런 연속극에서 목사관은 현실을 벗어난 이상이 아니라, 갈등이 존재하는 공간으로 그려졌다. 이 갈등은 이목을 집중시킬 만한 큰 사건으로 각색되지는 않았다. '평범한' 가정이 그려졌고, 이 가정에서 일부는 목사라는 특별한 직업에 전념하고, 다른 가족 구성원은 자신의 자유개발 여지를 유지하거나 얻어내고자 노력한다. 물론 목사관의 한정 조건이나 특징은 언급되지 않는다. 이 안에도 대중을 위한 모범적인 것이 어떤 식으로든 제시되었다고 볼 수 있다.

1세대 목사 가정 이야기

목사도 고독할 수 있다

.

이미 19세기에는 목사들의 자아 성찰과 함께 불평도 생겨났다. (이제 점차 증가하는 여성 목사도 포함하여) 목사가 동등하게 교제할 수 있는 친구와 지인이 없다는 것이다. 이런 고독감은 특히 다른 곳보다도 더 남의 눈길을 받고 있는 농촌에서 느끼는 감정이었다. 19세기 이후 목사는 주로 자신과 유사한 사람들 틈에서 행동했다. 때문에 다른 사람들의 생활세계와 결합하고 접근하는 데 손해를 보았다. 목사관과 목사 가족도, '성직자 동료'와의 교제도 이에 대한 보충 역할을 해줄 수 없었다.

목사의 관계성

새로운 사회학적 연구조사는 남녀 목사가 자주 '방어벽'을 치며, 특히 자신들의 일에서는 본인들만의 생각을 따른다는 것을 확인시켰다. 남녀 목사들은 자신들의 교회관리 직무를 자주 부정적으로 보

마르쿠스 메켈
Markus Meckel
1952년 출생.

마르쿠스 메켈은 다섯 형제 중 두 번째로 태어났다. 메켈의 아버지 에른스트 오이겐(1977년 사망)은 처음에는 동독 개신교회연합에서 세계기독교도 및 교회 담당자로 활동했다. 마르쿠스 메켈은 당시 이미 일상적인 불이익을 경험했다. 1969년 에어바이터르테 오버슐레에 진학하게 되어 있었지만, 아비투어를 치르지 못했다. 포츠담에 있는 헤르만스베르터 신학학교에서 아비투어를 치른 뒤에는 나움부르크와 동베를린에 있는 신학대학에서 신학을 전공할 수밖에 없었다. 1988년까지 메켈은 메클렌부르크에서 목사로 있었고, 이후에는 마그데부르크 근방에 있는 세계교회운동 만남 및 교육회관의 관리자가 되었다. 1988-1989년에는 동독에서 열린 세 번의 세계교회 모임에 참여했다. 이 모임에서는 시민권에 속하는 관심사들도 논의되었다. 1989년 10월 초에 그는 국가 반역적인 상황 아래서 동독 사회민주당[25] 창당에 참여하고 정치에 입문했다. 1990년에는 동독의 마지막 외무장관이 되었다. 이후 몇

년 동안은 특히 동독 사회주의통일당 독재와 그 결과의 정밀 진단에 몰두했다. 특히 같은 이름의 재단인 '통일당 독재의 정밀 진단을 위한 연방재단'의 범위 내에서, 이에 대한 철저한 규명을 하려고 노력했다. 마르쿠스 메켈은 자신이 동독의 목사관 출신인 것을 밝히며, 모든 불이익에도 불구하고 목사관에서 주어지는 자유개발 여지에 주의를 환기시켰다. 그는 아버지를 통해 동독을 넘어, 특히 폴란드와 접촉할 수 있었다. 다른 많은 사람들처럼 메켈도 교회를 열린 의견 교환의 학교, 민주주의의 학교이며 교양시민의 퇴각 장소라고 생각했다. 또한 목사관의 독일-독일적 역할을 강조했다. 목사관 안에서는 서독에서 온 방문객과의 비공식적 접촉이 가능했다. 전통적 의미의 목사관이 더 이상 존재하지 않는다는 사실을 메켈은 유감스럽게 여기지 않았다. 이러한 기관은 그 가부장적 기본구조 때문에 더 이상 시대에 어울리지 않는다고 생각했기 때문이다.

── 동독 야당 위원 마르쿠스 메켈(왼쪽)이 1989년 서베를린 독일 사회민주당의 임시 전당대회에 손님으로 초대되었다.

24_ 동독의 사회민주당(Sozialdemokratische Partei in DDR: SDP)과 서독의 사회민주당 즉 사민당(Sozialdemokratische Partei Deutschlands: SPD)은 1990년 SPD로 합병되었다.

앙겔라 메르켈
Angela Merkel
1954년 출생.

앙겔라 메르켈의 아버지 호르스트 카스너(1926-2011)는 베를린 태생으로 이차대전 이후 하이델베르크와 함부르크에서 신학을 전공했다. 1954년 그는 아내 헤를린트(1928년 출생)와 갓 태어난 딸 앙겔라와 함께 동독에 목사가 부족한 것을 알고 도와주기 위해 동독으로 갔다. 이

일은 어머니에게는 자신의 직업인 교사를 포기하는 것을 의미했다. 이후 남동생과 여동생이 태어났다. 호르스트 카스너는 1957년 브란덴부르크 템플린에 있는 목회 신학원 교장이 되었다. 그는 동독에서 체제 순응적 목사로 인정받았다. 이것은 그가 '기독교 자유회의' 같은 몇몇 명확한 노선을 가진 조직의 회원인 것만 보아도 알 수 있다. 훗날 첫 결혼 이후 메르켈로 성이 바뀐, 앙겔라 카스너는 자유

독일청년단 회원이 되었고, 아비투어 시험을 치를 수 있었다. 대학에서는 물리학을 전공했다. 1989년 말에는 동독 야당인 '민주 궐기'[25]에 가입함으로써, 훗날에는 민권운동 지지자로서 정치의 길에 들어섰다. '민주 궐기'는 훗날 기독교민주연합에 편입되었다. 1990년 메르켈은 독일연방의회에 기독교민주연합 의원으로 선출되었다. 이후 장관 및 여러 당직을 거쳐 독일 수상(2005년)에 올랐다.

앙겔라 메르켈은 동독의 상황으로 봐서는 비전형적인 목사 딸이다. 그녀는 교육에서 불이익을 받지 않았다. 그녀가 자유독일청년단에 입단한 덕이고, 또한 세상 물정에 어두운 이론가가 아니라 타협적이었던 아버지의 정치적 태도가 그런 결과를 낳았다고 할 수 있다. 동독 대학에

서 자연과학을 전공하는 것은 쉬운 일은 아니었다. 게다가 대학에서처럼 독일사회주의통합당에 반드시 가입할 필요는 없었지만, 졸업 후 학술아카데미에서 일하는 것도 쉽지 않았다. 물론 목사 자녀의 삶의 특징은 남아 있었다. 그래서 앙겔라 메르켈의 삶에서 커다란 목사관에서의 성장과 학교 친구들이 자신을 소외시킨 경험 역시 중요한 역할을 했다.

── 독일 수상인 앙겔라 메르켈은 현재 독일 목사의 자녀 중 가장 유명한 인물이라 할 수 있다.

25_ 민주 궐기(Demokratischer Aufbruch: DA): 우리말로 민주 약진/봉기/변혁, 민주적 부흥, 혹은 민주개혁당으로 번역되기도 한다. 이 책에서는 '민주 궐기'로 번역한다.

며, 자신을 '외로운 투사'로 여기고, 또한 교회라는 기관의 일부로 생각하는 경우는 별로 없다. 게다가 팀을 이루어 일할 능력이 없는 사람도 많다. "제단 뒤에 혼자 서 있는 두 다리는 행복하여라"[26]라는 속담은 동료 및 교구민들과의 공동 작업이 실패한 결과를 나타내는 말로 자주 쓰인다. 동료나 교구민들은 목사가 차라리 혼자 예배를 도맡아 하게끔 만든다. 이런 관점에서 경쟁은 일을 활기차게 만드는 것이 아니라, 자기과대평가 혹은 자기과소평가를 낳는다.

목사도 사생활이 필요하다. 인간은 빵으로만 사는 것도 아니고 직업적 성공으로만 사는 것도 아니라는 것, 이런 사실을 특히 목사의 직업에서 실현시키기는 어렵다. 협력적 상호관계는 쉽게 교회의 감시와 견책을 받게 되며, 남녀 목사와 교구민의 균형적인 우정은 종종 지켜나가기 힘들다. 이것은 다른 면으로 보면, 종교적 관점에서도 목사가 고립되는 것이라고 할 수 있다. 교회 범주에서 열리는 목사회의도 더 이상 이 고립을 완화시킬 수 없다. 목사회의에서는 어차피 기술적인 질문이 중요시될 뿐이다.

업무 시간으로 인해 남녀 목사에게 여가 선용은 단순한 문제가 아니었다. 그들은 언제 교회적 주제와 관계없는 연극, 음악회, 영화관, 강연이나 축구장에 가는가? 여전히 대학 학위가 필요한 목사라는 계층이 누리던 시민적 삶은 손해를 볼 위험에 처해 있었다. 새로운 생활 양식들의 출현 때문만이 아니라, 교육이나 의사소통, 정보에서 불이익을 감수하고 있기 때문이다. 남녀 목사가 늘 업무만 본다면, 또 늘 직업과 관련해서만 대응할 수 있다면, 그들은 본연의 모습으로 있기는 힘들다. 영적 상담자, 설교자로 존재하기 힘들 수 있다는

26_ Glücklich sind die Beene, die stehn hinterm Altar alleene. 본문에서는 '제단 뒤에 혼자 서 있는 두 다리는 행복하구나'라는 뜻이다. "Selig, selig sind die Beine, die vorm Altar steh'sn alleine!"라고도 한다. 즉 '기쁘고, 기쁘다 제단 앞에 혼자 서 있는 두 다리는'이라는 뜻의 목사들 사이에 쓰이는 옛 속담으로, 목사직을 수행할 때 동료 없이 혼자 하는 것이 더 좋다는 의미를 담고 있다.

1세대 목사 가정 이야기

뜻이다. 물론 의사, 변호사와 교수에게도 유사한 일이 생길 수 있다.

사회적 추세에 상응해서, 혼자 사는 목사들이 점점 많아지고 있다. 때로는 마을의 커다란 목사관에서 혼자 살기도 한다. 가족은 교구민의 간섭으로부터 목사를 보호할 수 있다. 그러나 혼자 사는 목사들은 이런 보호를 받지 못해 이따금 불평하기도 한다. 사람들이 혼자 사는 목사들의 사생활권을 아예 인정하려 하지 않고 적극 간섭하기 때문이다. 직업과 사생활을 명확하게 분리하고, 그렇게 사는 것을 이해하는 사람들도 있다. 교구 경계 없이 활동하며 관사나 목사관에서 살 필요가 없는 남녀 목사들은 이런 점에서는 훨씬 수월한 상황이다.

결혼 위기에 처한 목사

《목사관 안의 결혼 – 깨짐Ehe-Bruch im Pfarrhaus》[27]은 1990년 실천신학자 만프레트 요주티스Manfred Josuttis와 디트리히 슈톨베르크 Dietrich Stollberg가 펴낸 책이다. 이 책은 아르놀트하인 개신교 아카데미에서 있었던 회의의 결과로, 이 회의는 다른 한편으로는 목사관 안에 결혼 위기가 만연하다는 조사 결과에 대한 반응이기도 했다.

삶의 현실, 목사관을 따라잡다

결혼 위기는 위기에 처한 목사 부부에게만 해당하는 것이 아니라 교구민, 교직자회, 남녀 동료, 교회 지도부에도 해당하는 일이었다. 불륜Ehebruch에 관한 논의는 전반적인 변화라는 주제에 묻혀 버렸다. 이제는 여성 목사, 직업을 가진 목사 부인도 있었고, 혼인증명서 없는 부부와 동성 부부가 목사관에 거주하길 원하기도 했다. 그러나 이때

27_ 저자는 '간통Ehebruch'이라는 단어를 분리해서 '결혼-깨짐Ehe-Bruch'으로 사용했다. 이렇게 함으로써 단어의 뜻이 확장되었다.

1세대 목사 가정 이야기

도 목사관 이상화에 눈길을 주었다. 디트리히 슈톨베르크에 따르면 목사관을 이상화하는 것은 목사관을 하나의 모범으로 실제보다 높아 보이게 만들려는 목적이 있었다. 목사관과 거리를 두기 위해서였다. 목사는 도덕의 감시자여야 했다. 그러나 일반적인 사람들은 그 도덕을 더 이상 공유하려 하지 않았다.

남녀 목사들은 자신을 모범이라고 어느 정도는 인정했는데, 이를 마지못해 한 일이었다고 일반화할 수는 없다(최근 조사를 봐도 마지못해 한 것은 아니었다). 물론 그들은 자발적으로 모범이 되려 하지는 않았다. 또한 부부관계와 가족관계를 완벽하게 보여 줌으로써 모범적인 모습을 보이려 하지도 않았다. 이혼이 쉬워졌고 교회 밖에서는 이혼을 인정했기 때문에, 다른 모든 결혼과 마찬가지로 목사의 결혼은 점차 위태로워졌다. 이런 사실은 1980년대부터 명백해졌고 교회 지도부도 시인했다. 결혼이 '조화로운' 것으로 간주될 수 있는가에 대한 질문은, 남녀 두 성의 관계와 성 역할을 어떻게 이해하는가와 관련이 있다. 목사관이 여러 본보기를 보여 줄 수 있도록 목사관에는 다양한 모범들이 제기되었다. 그러나 이러한 모범들은 남녀 두 성의 관계와 자녀에 대한 관계가 전혀 달랐던 시절에서 유래한 것이다. 이제는 부부가 갈등을 해결했고, 더 이상 갈등을 비밀에 부치지도 않았다. 예전에는 싫든 좋든 함께 살았지만 더 이상 그렇지 않았고 이유가 어떻든 이혼을 했다.

교회 지도부는 별거하거나 이혼하는 목사 부부의 수를 그저 간혹 언급했지만, 이들의 이혼율은 점차 사회 전체의 이혼율에 접근했다고 할 수 있다. '죽음이 우리를 갈라놓을 때까지'라는 말 대신 '잘 지내는 한'이라고 해야 하지 않을까? 그저 농담으로 치부할 수만은 없는 이 질문은 목사 부부에게도 해당했고, 문제 해결 대책이 없다는 것을 증명해 주었다. 위기의 부부에게 혼인은 파기될 수 없음을 고집하면서, 개신교 상담소에서 도움을 받으라는 조언을 해주는 것은 교회 대중에게나 목사에게 별 도움이 되지 않았다. 교회 지도부에게 남녀 목사의 별거나 이혼은, 영적 상담이나 근무법규의 관점에서 볼 때는 개별 경우이지만, 이런 개별 경우가 변해 작은 집단 현상이 되었다. 목사의 별거나 이혼으로 교구 목사가 바뀌게 될 경우, 교구민도 빈번히 이런 집단 현상에 개입했다.

이혼과 함께 남녀 목사의 재혼도 증가했다. 이 주제에서는 특히 신뢰성이 문제가 되었다. 그러나 이는 오래지 않아 해결되었다. 이혼과 재혼에 직접 관계되는 교구민이 늘자, 사람들이 교회 편을 들어 이 문제에 침묵했기 때문이다. 이 문제에서 목사 측 사람들과 교구민은 마치 유리집 안에 앉아 있듯 함께 타인의 눈길을 인식해야 했고, 그들은 사회 현실의 일부였다. 결혼을 갈라놓는 것이 죽음이 아니라면, 이제 그것은 불륜, 지루함, 소원함 같은 것들이었다. 신뢰성 문제가 새로운 방식으로 제기되었다. 다시 말해 그와 관련된 갈등을 극복하는 관점에서 제기된 것이다.

　　　　　　　　　　　　　　1세대 목사 가정 이야기

집 없는 목사?

목사 직업에 관한 다양한 출판물에서 목사관은 거의 다뤄지지 않았다. 자신을 늘 똑같이 이해했고, 그렇게 이해되고 있는 남녀 목사들은 자신들의 아주 편협한 사회적 관계에서 분리되어 외로운 투사가 되었다. 다른 면으로 보면, 목사의 삶은 전적으로 목사관 안에 존재하며, 이 삶은 대부분 전통적이거나 새로운 가족 모델 안에서 존재한다. 목사 스스로가 제시했고, 또 여론조사에서 그들에게 제시되었던 질문은, 그들이 목사관에서의 삶을 어떻게 보고 있으며, 어떤 기회와 선택권 그리고 위험을 목사관에서의 삶과 연결시키는가 하는 것이다.

거주 만족과 직업 만족

노르트키르헤가 조직되는 과정 중에 실시한 여론조사에서 목사의 거주 상황 및 근무지 거주 의무에 관한 그들의 태도도 질문되었

크리스토프 디크만

Christoph Dieckmann
1956년 출생.

크리스토프 디크만의 아버지 한스 요아힘(1920-1993)은 처음에는 할버슈타트 근방의 목사였고, 나중에는 장어하우젠의 목사로 근무했다. 목사관 출신인 어머니 아넬리제는 실업학교 교사였으나 목사 부인으로서의 삶을 위해 직업을 포기했다. 제3제국 시대 때 아버지는 확고한 나치 추종자였지만, 전쟁이 끝난 뒤에는 기독교 믿음으로 돌아와 신학을 공부했다. 목사들이 일반적으로 그러했듯이, 크리스토프의 부모는 독일사회주의통합당 정부와 거리를 두었다. 때문에 크리스토프 디크만은 에어바이터르테 오버슐레로의 진학을 허락받지 못했고, 따라서 아비투어도 볼 수 없었다. 영사기사 직업 훈련을 받은 후 동베를린에 있는 신학대학교(슈프라헨콘빅트)와 라이프치히(신학학교)에서 대학 공부를 할 수 있었다. 대학을 마친 뒤에는 동독 교회연합 신학부에서 일했고, 1986년에는 동베를린 세계교회 선교협회에서 언론담당관이 되었다. 이를 통해 그는 저널리즘 안에서 자신의 길을 찾았다. 디크만의 글은 서독에서 발행되는 '사회주의 교회'에도 실렸다. 독일 재통일 후에는 주간지 〈차이트〉의 편집장이 되었다.

크리스토프 디크만은 자신의 책들에서 동독 목사관에서 성장한 것을 이야기하는데, 특히 딩엘슈태트에 있는 마을 목사관에서 도시인 장어하우젠의 목사관으로 이사했던 것을 중심으로 서술했다. 마을에서는 목사의 자녀들이 아직 마을 공동체의 일부일 수 있는 반면, 도시에서는 훨씬 더 혹독한 소외를 당했다. 그리고 시골에서는 넓은 목사관에서 사는 반면, 도시에서는 협소한 목사관에서 거주해야 했다. 신학교에서의 신학 전공은 (많은 다른 사람들처럼) 디크만에게 자유롭게 지적인 면을 개발할 여지를 주었고, 다행히도 이는 교회 지붕 아래서 그의 직업 활동으로까지 확대되었다.

— 저널리스트 크리스토프 디크만은 시사보도로 1994년 에곤 에르빈 키쉬 상을 수상했다.

카타리나 슈바베디센
Katharina Schwabedissen
1972년 출생.

카타리나 슈바베디센의 아버지 요헨(1939년 출생)은 서독 노르트라인베스트팔렌 주에 있는 글라트베크의 목사였고, 그곳에서 '공산주의' 목사로 알려졌다. 그곳뿐만 아니라 다른 지역에서도 1980년대의 평화운동에 정치적으로 참여했기 때문이다. 카타리나 슈바베디센도 이미 어린 시절부터 정치적·사회적으로 적극적이었다. 간호사 직업훈련을 받은 뒤에는 대학에서 철학과 역사를 전공했다. 2004년 슈바베디센은 '노동과 사회정의를 위한 선거대안'[28]에 가입했고, 이 당은 2007년 독일 민주사회당과 함께 좌파당과 결합했다. 2008년 그녀는 근소한 차로 다수를 차지한 두 당 소속으로, 노르트라인 베스트팔렌 주 연합 의장으로 선출되었다.

2012년에는 주의회 선거에 수석후보자로 주의회에 출마했다. 그러나 좌파당이 주의회에 진출하지 못한 탓에 슈바베디센은 당의장직에서 물러났다. 이로써 당분간 그녀의 정치적 이력은 끝났다. 인터뷰에서 슈바베디센은 항상 정치를 통한 요구와 자신의 두 자녀에 대한 책임 사이에 갈등이 있었음을 암시했다.

언론은 슈바베디센이 목사관 출신인 것에 자주 주목하면서, 그녀의 정치적 관점이 이러한 출신에 영향을 받은 것은 아닌지 질문한다. 슈바베디센 자신도 부모의 집에서 받은 영향은 대단히 크다고 말하며, 기독교 소년 단원 회원이었던 것도 숨기지 않는다. 아버지는 사회 정의에 관한 문제에 관심이 있어, 부엌 식탁에서도 정치에 대해 토론했다. 결과적으로 볼 때, 기독교적 전통 유산이 내적이고 정치적인 활동으로 드러난 것은 당연한 일이다. 카타리나 슈바베디센이 볼 때 오늘날 예수는 확실한 좌파 동지일 것이며, 하나님의 나라는 그녀에게는 민주사회주의 안에서 실현되어야 할 것이다.

── 카타리나 슈바베디센은 역사와 철학을 전공한 뒤 정치에 입문했다.

28_ 노동과 사회정의를 위한 선거대안(Wahlalternative Arbeit und soziale Gerechtigkeit, WASG): '선거대안당'이라 번역되기도 한다.

다. 다시 말해 교구 지역에 거주해야 하는 의무에 관해서도 질문된 것이다. 이 조사에서 약 3분의 2가 자신들의 거주 상황에 만족하며, 3분의 1은 근무지 거주 의무에 불만족한 것으로 답했다. 또한 80퍼센트가 근무지 거주 의무 면제에 찬성한다는 사실이 밝혀졌다(여성 목사의 71퍼센트만이 목사관이나 관사에 살고 있었다). 응답자 중 절반을 약간 넘는 사람들에게 목사관에서의 삶은 '뭇사람의 주목을 받는 아주 불만스러운 삶'이었고, 40퍼센트의 응답자에게만 목사관은 피난처였다. 교구 삶에서 목사관의 기능에 대한 목사의 태도도 새로운 것을 알려 준다. 28퍼센트만이 목사관을 살아 있는 기독교의 장소로 여겼으며, 12퍼센트는 목사관을 모범 기능을 지닌 사회적 모델로, 21퍼센트는 교구의 상징적 중심으로 생각했다.

근무지 거주 의무에 관한 질문에서는 다른 란데스키르헤들에서 실시한 조사와 반응이 일치한다. 같은 시기 올덴부르크 란데스키르헤에서도 여론조사가 실시되었다. 여기서 근무지 거주의무의 폐지와 유지에 대해 대략 유사한 수의 응답자들이 의견을 표시했다. 농촌 지역 응답자의 42퍼센트는 근무지 거주 의무가 의미 있다고 생각했지만, 도시 지역 응답자는 33퍼센트만 이에 찬성했다. 여기서 더 문제가 되었던 관사 거주 의무는 근무지 거주 의무와 구별된다. 그래서 목사들은 지정된 아파트나 집에서 거주 의무를 지키기보다는, 교구 지역에 거주하는 것을 선호했다. 응답자의 약 절반은 은퇴를 위해 집을 사기를 원했으며, 절반 조금 못 미치는 수는 자신들이 거주하는 목사관의 건축 상태에 만족하지 못했다. 특히 남녀 목사가 유감스럽게 여긴 것은, 그들이 실제로 주택을 구입하여 은퇴 생활을 미리 대비할 수 있는 가능성이 없다는 사실이었다. 왜냐하면 그들은 관사를 이용하고, 관사 이용을 급여에 포함하여 받으라는 강요를 받는데, 이런 강요는 목사 배우자의 수입이 좋지 않은 한, 동시에 집을 구입하거나 융자금을 갚기 어렵게 만들기 때문이다. 2005년 헤센과 나사우의 개신교회에서 실시한 목사의 만족도에 관한 설문 조사도 유사한 결과를 나타냈다. 목사관 거주에 만족하지 못하는 이유로 제일 먼저 언급된 점은, 직업적인 것·개인적인 것·교구적인 것이 제대로 분리되지 않는 점과, 약 25퍼센트에서 20퍼센트 정도가 높은 경비를 꼽았다. 반면 '사회의 감독'을 불만족의 이유로 든 사람은 2.5퍼센트로 하위에 머물렀다.

거주 만족과 직업 만족은 매우 밀접한 관계인 듯하다. 목사들은 근무지 거주 의무를 완화해 달라고 요구하지만, 교회 지도부 측은 그렇게 될 경우 교구민을 직접 대면하는 데 해가 될 것이며, 전자기기를 사용한 소통이 아닌 개인적 만남의 가능성이 중요하다며 반론을 제기한다. 교회 지도부 관점에서 볼 때 목사관은 개신교회에서 단념할 수 없는 한 부분이다. 여기서 지난 수년 동안의 이러한 조사 결과를 기반으로 목사관의 새로운 규정, 즉 변화된 상황들을 만족시켜야 하는 새로운 규정이 발견됐다. 2002년 독일개신교협의회는 《목사관 문제에 대한 권고들Empfehlungen zu Fragen des Pfarrhauses》을 펴냈다. 재정적 문제 및 사회적 변화와 관련된 책으로, 중심 내용은 근무지 거주 의무가 아니라 관사 거주 의무, 즉 교구가 제공한 관사나 목사관에 입주할 의무에 관한 것이다. 물론 일반적인 언어 사용이나 교회법 문구에서, 관사나 목사관은 자주 같은 의미로 사용된다. 지난 몇 년 동안 목사관에 거주하는 남녀 목사들은 목사관에서 개인적으로 사용한 공간에 대해 금전적 이득을 보았다는 이유로 세금을 내야 했고, 목사관의 미관을 위한 수리 의무를 이행해야 했기 때문에 재정적 부담을 떠안았다. 이런 재정 부담 문제에 대해 독일개신교협의회는 유난히 잘못을 인정하는 듯한 태도를 보였다. 종무국의 관점에서 또 걱정스러운 것은 목사의 4분의 1이 목사관이나 관사를 받지 못하고, 스스로 집이나 아파트를 사거나 세를 얻어야 하는 실정이었다. 이것은 특히 여러 교구를 돌아다니며 근무하거나, 비정규직으로 근무하는 목사들에게 해당하는 것이었다. 이들은 관사 거주 의무가 없어, 배우자가 적당한 수입이 있을 경우 주택자산에 돈을 투자할 수도 있었다.

동·서독의 차이는 명확했다. 서독 란데스키르헤에서는 목사관의 중심적 위치가 여전히 아주 일반적으로 인정된 반면, 동독 란데스키르헤에서는 이미 상황이 현저하게 달라졌다. 교구 경지를 정리할 때, 교구민들이 자신들의 땅에 있는 목사관이 보존되기를 원한다면, 이것은 남녀 목사들과 연락할 수 있으면 좋겠다는 소망과 함께, 비어 있는 목사관이 일반적으로 잘 팔리지 않는다는 다른 이유도 있는 것이다. 목사관의 크기나 건물 상태, 또는 외딴 마을의 상황이 이러한 부동산의 매력을 떨어뜨린다. 목사관에 살고 있는 남녀 목사의 모범 기능에 관해 볼 때, 독일개신교협의회가 발표한 문서는 그와 같은 도덕화는 단념했고, '모범'이라는 개념 자체를 피했다. 대신 목사관은 일종의 상징으로, 사회 속 기독교 정신의 현현의 상징, 모두가 희망하는 상들의 결정화의 핵심으로 이야기되었다. 이 문서에서는 모범적인 삶에 대해서도 언급되었다. 이 문서는 목사관이 성공한 삶에 대해 교회 구성원의 환상을 비춰 주는 스크린이나 방향 설정 목표가 아니라는 점을 강력하게 주장했다. 이러한 사실은 사회학적 연구조사에서는 한 번도 재조사되지 않았다. 교회 구성원을 대상으로 한 조사에서는 시대의 경향에 맞게, 목사관이나 그곳에 거주하는 사람들이 아니라, 목사직에 있는 남성이나 여성이 중요한 역할을 했다. 제2의 기회를 가질 권리가 있다는 점을 언급할 때는, 목사관 안의 위기에 관해서도 장황하고 난해한 결론이 내려졌다. 목사관이 보여 주는 삶의 본보기의 측면에서 대체 그것이 무엇을 의미하는지는 당연히 문서에 드러나지 않았다.

—— 많은 목사관 안에서는 지금도 교양시민의 이상이 살아 있다. 마르고트 캐스만과 그녀의 네 딸들이 함께하는 가족 음악. 1999년.

개신교적인 생활 양식

많은 란데스키르헤 내에서는 최근 수십 년 동안 교회 지도부와 함께 혹은 이들의 뜻을 거스르면서, '목사관 안에서의 삶의 형태'를 주제로 집중적인 토론이 있었다. 근본적인 질문은 목사관이 (교구의, 더 나아가 비종교적, 다른 종파 및 다른 종교적 환경의) 삶을 내적으로 변화시키고 형성해야 하는 것인지, 아니면 사회적 변화가 목사관을 변화시키고 형성하는 것인지에 관한 것이었다. 개신교의 입장에서 보면, 두 번째 질문은 거의 교회 종말의 시작이라고 할 수 있을 것이다. 그러나 란데스키르헤마다 차이는 있지만, 목사관 안에서도 사회적 변화가 일어난 현실에서 이러한 논쟁은 이미 진행되고 있다. 게다가 가톨릭 측에서도 사제관을 개방해서 그 안에 새로운 삶의 모델을, 즉 가톨릭의 독신주의를 지켜야 할 필요는 없는 공동체 생활 방식을 시험적으로 실행하려고 시도하고 있다.

1세대 목사 가정 이야기

목사관의 생활 방식

그렇지만 새로운 생활 방식을 위한 목사관 개방을 지지하는 사람들도 이런 생활 방식을 사회 현실에 단순히 적용시키려 하지는 않는다. 다음과 같은 질문도 여전히 남아 있다. 목사관 안의 삶도 변할 수밖에 없는 시대에서 목사관의 모범 기능이나 선례 기능을 고려해 볼 때, 또한 생활 방식이나 이전 시대의 구체적 숫자를 제시하지 않더라도 사회 전체와 마찬가지로 급격히 감소한 목사의 자녀 수까지 고려할 때, 목사관은 장차 어떤 의미가 될까 하는 질문 말이다.

'세속화'에 대한 두려움을 없애려고 전전긍긍하지 말고, 이미 목사관 안에 자리 잡고 있는 다양한 생활 방식들을 동등한 권리를 가진 것으로 수용하는 것, 이것이 제일 먼저 해야 할 일이다. 목사관은 더 큰 논쟁, 프로테스탄티즘이 현대의 생활 방식과 가족 방식에 대해 어떻게 생각하는가를 다루는, 그런 논쟁의 일부라 할 수 있다. 어떤 형태의 파트너 관계를 맺었는가는 상관없이 파트너가 서로를 위해 짊어져야 하는 책임 부담, 신앙심 장려, 자녀 양육 등은 목사관의 일이 아니며, 목사관 밖에 있는 사람들에 대한 개신교적 윤리도 목사관과는 상관없는 일이었다. 종교개혁의 핵심 중 하나는 모든 성도의 성직자 신분이다. 따라서 이 성직자 신분은 등급이 매겨진 생활 모델을 알지 못한다. 다른 사람들에게 훌륭해 보이는, 어쩌면 도달할 수 없는 모범이 되기 위해 그들과 다른 특별한 길을 가지 않는 것이다. 목사관도 개신교 교단도 이러한 모범을 제시할 수 없다. 종교개혁이 수도원 제도를 종결시킨 진정한 의미는 바로 여기 있다. 전통적인 의미에서 볼 때 목사관은 현대의 수도원이 아니며, 행위의인의 보루도 아니다. 목사관은 주택 혹은 아파트로, 그 안에 남녀 목사가 반려자와 함께 혹은 반려자 없이 사는 곳이며, 가장 좋은 경우는 자녀도 함께 사는 곳이다. 그리고 성공을 보장할 수는 없지만 그들이 개신교적인 것으로서, 믿음, 지식, 교육, 문화, 타인에 대한 개방성을 실현시키는 곳이다.

생생한 현실을 살아가는 목사 가족

역사를 쓰는 사람은 관련 사실을 과거에 맡겨 버리는 위험에 빠진다. 목사관의 역사에 눈길을 주는 것도 이와 같은 위험에 놓여 있다. 특히 목사관의 역사가 시대적으로 큰 폭의 차이를 보인다는 것을 전제로 할 경우 그렇다. 목사관은 이전의 최고 정점에서부터 이제 목사관에 어떤 특별한 것도 기대할 수 없는 현재의 상황으로 그위치가 떨어졌기 때문이다. 이 책은 목사관의 이상화에 대해 많은이야기를 했지만, 끝으로 다시 한 번 이에 대해 경고해야 하겠다. 목사관은 늘, 그리고 어디서나 많은 사람들이 기대하는 모습 그대로의장소는 아니었다. 목사들이 항상 그들이 원하는 모습의 사람이 아니었고, 그런 사람일 수 없었기 때문이다. 목사들은 당연히 대학에서 교육받아야 했고, 이를 통해 남들보다 교육에서 앞서 있었다. 그러나 그들은 오랜 시간 이런 우위조차 온전히 유지하지 못했다. 따라서 이 책은 목사관을 지식과 문화가 넘치는 저수조로서 높이 평가하는 다른 책에 비하면 회의적이다. 다른 한편으로는 목사의 자

녀에게, 특히 20세기에 목사의 자녀로 태어난 사람에게는 놀라움을
줄 수도 있을 것이다.

목사의 자녀들

지난 세기 독일 역사에 기록된 사람들 중에는 목사의 자녀들도
있다. 물론 목사의 자녀들 중 다수는 그들에 관한 이야기에서 영광
의 한 페이지를 차지하지 못했다. 나치 당원이었던 호르스트 베셀과
테러리스트 구드룬 엔슬린은 특별한 경우이다. 알베르트 슈바이처

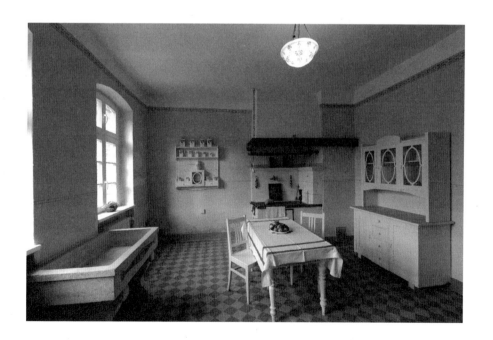

—— 2012년, 프리그니츠 지역 블뤼텐에 있는 이전 개신교 목사관 안에 최초의 시
골목사박물관이 문을 열었다. 목사관이 박물관이 될 만한가?

353

—— 독일 목사관은 문화사 및 문학사에서 확고한 자리를 차지하고 있다. 그러나 목사관의 미래는 어떤가?

19세기에 출판된 괴테의 자서전격인 작품《시와 진실》속 삽화. 젊은 시절 괴테가 사랑했던 목사의 딸 프리데리케 브리온이 부모와 함께 제젠하임의 목사관 앞에 앉아 있는 모습.

도 그렇다. 이들처럼 역사 속에서 부정적으로나 긍정적으로 기록될 만한 극단적인 인물들이 있다. 그러나 이런 극단적인 인물들은 목사 자녀의 존재와 영향에 대한 문제에서 일반화시킬 만한 단서를 주지는 못한다. 단서를 찾기에는 목사 자녀 중 '중간 집단'이 흥미롭다. 물론 이들도 상당히 높은 수준에 있는 사람들이다. 이 중간 집단은 정치가, 시인, 자연과학자, 의사들로, 이런 직업을 가진 여성들도 여기에 속한다. 이들은 '목사의 자녀는 방앗간장이의 가축이나 마찬가지'[1]라는 속담을 변형시켜서, '그러나 누군가 제대로만 자란다면, 탁월한 재능을 드러낸다'라고 불릴 수 있는 사람들이다.

이 중간 집단에 속한 사람들 모두가 갖고 있는 것 중 교집합이 있을까? 이런 교집합의 첫 번째 표시는 이들이 스스로 목사관 출신이라고 밝힌 것이다. 이것이 단순한 자전적 정보로만 해석되는 것이 아님에도 말이다. 목사관 출신이라고 할 때, 이는 그들의 정체성을 드러내는 것이다. 이러한 목사 자녀의 이력은 대부분 이야기체의 짧은 문학작품, 즉 자신의 관점으로 쓴 전기적 복원물이라 할 수 있다. 그러나 이런 글들은 시대사에서 다루는 인물들의 경우와 달리 글로 남은 원전 자료로 취급하지는 않는다. 새로운 시대에 인터뷰에 응한 응답자들과 이전 시대에 자신들의 출신에 대해 글로 정보를 남긴 사람들이 어느 정도 진지하게 속마음을 털어놓았는지는 알 수 없다. 그러나 이들은 적어도 목사관 안에서의 삶에 대해 사람들이 기대했던 것 외에도 뭔가를 누설했다. 이 사람들은 목사관 출신이라는 사실을 말함으로써 자신들을 '목사의 자녀들'로 분류했다. 대중의 생각 속에서는 하나의 연상 고리가 목사의 자녀들이라는 말과 연결된다. 이런 고리는 근래에 들어서도 대중매체에 의

1_ 방앗간장이의 주업은 곡식을 빻는 것이다. 따라서 그의 가축은 방치될 수밖에 없었다. 예전에 목사의 급여는 형편없었고 자녀도 많아서, 방앗간장이의 가축처럼 보살핌을 제대로 받지 못한다는 뜻이다.

해 더욱 강력해졌다. 이런 연상에 속하는 것은 검약, 엄격함, 가정음악, 정신적인 것으로의 승화 등이다. 이는 모든 목사 자녀의 젊은 시절에는 어울리지 않은 요소들이다.

그러한 교집합을 구성하는 다른 요소들에 대해서도 질문이 제기되었다. 이런 중간 계층에 속한 사람들은 꽤 성공했고, '유명 인사'가 되기도 했다. 그러나 이들이 여기에 도달한 방식은 아주 다양했다. 또한 모든 가능한 직업 영역에서, 특히 부모의 집 밖에서의 경험에 많은 영향을 받았다. 이 책에서는 대를 이어 목사나 신학 교수가 된 목사의 자녀들에게는 눈길을 주지 않기 때문에, 위의 예에서 보여 준 상은 왜곡될 수도 있을 것이다.

이 책을 쓸 때 제기된 방법론에 관한 질문은 그냥 남겨 두겠다. 스스로를 목사의 자녀라 '밝히지' 않은 모든 목사의 자녀들은 무엇이 되었으며, 사람들이 전혀 알지 못하는 그런 목사의 자녀들은 무엇이 되었을까? 목사 자녀임을 밝혔거나, 사람들이 알아챈 그런 이들은 전체 중 소수다(허술한 통계를 참작할 때 전체 숫자도 믿을 만하지는 않다). 어쨌든 눈에 띄는 것은, 목사관 출신에 대해 미움에 가득한 '앙갚음'은 없는 것으로 보이며, 또한 목사인 부모의 집에서 성장한 탓에 삶이 완전히 혼란에 빠져 교회의 해악의 증거로 삼을 만한 그런 목사 자녀들도 있었지만, 조직적 무신론이 이들을 사로잡지는 않았다는 사실이다. 어떤 경우에건 이렇게 말할 수 있다. 즉 자신의 출신을 기꺼이 기억하지 않는 사람은 그것에 대해 입을 다문다. 이 책은 목사의 자녀들에게서 받은 설문조사한 것을 기반으로 하지 않았다. 적어도 전기적 예에 관해서는 스냅사진과 같은 것만 제시할 수 있을 뿐이다. 따라서 사람들은 이렇게 물어볼 수 있을 것이다. 그럼 법학자, 의사, 물리학자 혹은 교수의 자녀들에 관한 책은 대체 무엇을 전달해 줄까 하고 말이다. 교양이 대를 이어 그대로 물려져 재생산되고, 시민 출신이라는 것이 인생 출발의 장점은 아닐까 하는 의혹이 생겼다. 최근의 연구는 이런 의혹이 사실임을 증명했다. 이러한 장점을 통해 목사의 자녀들은 가정에서 얻는 지식에서뿐만 아니라, 행동 양식 면에서도 다른 사람에 비해 월등하며, 이런 장점을 갖고 사회적 기대를 더 잘 충족시킬 수 있는 것이다. 사람들은 중요한 '소프트 스킬'[2]을 이미 가정에서, 어쩌면 더 일찍 부모 집에서 배울 것이다. 부모 집에서의 아주 다양한 사회적 상호작용이 직업을 결정한다.

오늘날의 목사관을 바라보며

어떤 전망 같은 것을 할 수 있을까? 목사관은 순수함을 잃어버렸고, 현재에도 여전히 주목받고 있기는 하지만, 뭔가 상실된 기분을 느끼며 더 이상 예전의 목사관이 아니라고 할 수도 있을 것이다. 서론에서 이미 언급했지만, 다시 한 번 주의를 환기시켜야겠다. 목사관에 대한 작별의 노래를 부르기에는 너무 이르다는 것을 말이다. 비록 목사관에 두 남자나 두 여자가 한 쌍의 파트너로 아이와 함께, 아니면 아이 없이 살거나, 혹은 혼자서 아이를 키우며 산다고 해도 (전체 프로테스탄티즘이 그러하듯) 목사관은 높은 수준의 적응력을 갖추고 있다고 할 수도 있을 것이다. 이때 목사관이 사회적 변화를 모방하며 주저하는 것은 별 문제가 안 된다. 목사관에 거주하는 여성이나 남성은 결국 변화할 것이다. 그리고 자신들이 이상적인 가족의 삶을, 즉 대부분의 사람들은 더 이상 유지할 수 없는 그런 삶을 살아야 하는지 자문할 것이다. 목사관의 사유화는 더 이상 진척될 수 없을 것 같

2 _ 소프트 스킬Soft Skill: 기업 조직 내에서 커뮤니케이션, 협상, 팀 워크, 리더십 등을 활성화할 수 있는 능력.

고, 따라서 남녀 목사의 직업적 기능이 교구 사무실, 가정 방문, 교구회관으로 이전되는 것 역시 진척되기 어려울 것이다.

주택으로서의 목사관과 관계되는 요소들, 또 이미 서론에서 말한 요소들인 거주 의무, 임대료 몫에 관한 세금 납부, 목사관 건물의 현재 상태, 수리 필요성, 불충분한 난방 등은 앞으로 살펴봐야 할 또 다른 요소들이다. 최근 설문조사가 보여 주듯이, 모든 남녀 목사가 그런 집에 만족하지는 않는다. 거주 만족도와 직업 만족도가 밀접하게 연결된 것은 아니다. 그렇지만 목사관에서의 생활을 편안하게 해주고, 그곳 거주민인 남녀 목사가 존경받게 하기 위해, 교직자회 입장에서 교회 지도부가 이러한 조사 결과를 어떻게 다뤄야 하는가

── 목사의 깃 장식은 목사 부인의 명함이다. 풀을 빳빳이 먹인 깃은 예전에는 목사 부인이 남편의 옷에 신경 쓰는 훌륭한 가정주부임을 알려 주는 표시였다.

하는 질문이 제기된다. 이와 함께 동독 교회에서는 이미 오래전에 일반적이 된 상황인 여러 교구가 하나로 통합되어 목사관이 더 이상 교구의 중심에 있지 않은 상황에 대해 서독 교회도 대비해야 할 것이다. 농촌에서 이렇게 될 경우, 그것은 목사관이 없어지고, 남녀 목사는 이름도 모르는 사람이 된다는 것을 뜻한다.

모범적 기능에 대하여

개신교 목사관은 오늘날에도 여전히 모범이 될 수 있을까, 혹은 모범이어야 할까? 이러한 질문은 대체 누구를 위한 것인가? 마치 누구도 그로 인해 손상을 입지 않는 듯, 교회에는 더 이상 관심이 없으며, 점점 더 비종교적이 되어 가며, 그 안에서는 다양한 생활 양식이 실현되고 있는 '세상'을 위한 것은 아닐 것이다. 새로운 가족 구조에 대한 사회 및 정치적 논쟁은, 가족이란 (물론 새로운 정의에서의) 사회제도로서 미래에도 특별한 보호와 장려를 누려야 한다는 사실에 전적으로 동의한다. 또한 규정된 생활 양식에만 한정된 융통성 없는 모범 역시 다양한 삶의 모습을 형성하는 교구민들을 위한 고려 대상은 아닐 것이다. 게다가 어떤 관점에서 모범을 보여야 하는가에 대한 질문은 아직 답도 찾지 못했는데, 오늘날 누가 아직도 목사의 자녀에게 모범을 보이라고 요구하겠는가? 교회 내부 영역과 관련해서 살펴보자. 아동예배 참석 인원의 절반은 목사의 자녀이지만, 이들은 곧 나이가 들면 더 이상 예배에 참석하지 않는다. 목사의 자녀들처럼 행동하려는 동년배들이 없는데, 왜 그들만이 모범적인 태도를 보이기 위해 규칙적으로 교회에 가야 하는가?

목사가 모범을 보여야 한다는 관점에 대해 편안하게 생각할 수 있을 것이다. 만일 목사관 이상理想과 작별하고, 남녀 목사 개인, 그들의 의사소통 능력, 다양한 삶의 구상을 인정하는 그들의 능력에 눈을 돌린다면 말이다. 남녀 목사의 태도와 자기 이해(자신에 대한 상)는 과거 450년 동안보다 지난 50년간 더 급격히 변했다고 할 수 있다. 물론 과거 시대를 기억시키는 특징이 아직 남아 있기는 하다. 이것은 대학교육을 전제로 하는 다른 직업에서도 유사한 상황이다. 그러나 여전히 목사는 다르다. 그는 오랜 대학 수업 또 실무 전문교육을 받은 뒤 일자리를 얻는다. 이 직업은 법적 지위로 보면 일종의 공무원이며, 급여를 기준으로 고등학교 정교사 정도이고, 직업 활동 면에서 많은 점이 예술가와 유사하다. 그러나 전체적으로 보자면 그는 한 사람의 개인으로서 그 자신일 뿐이다. 너무 짧게 다루었는지는 모르겠지만, 이 책의 마지막 장은 이 개인 속에서 특히 뭔가 사적인 것을 볼 수 있다는 점을 부각했다. 직업 혹은 관직은 이 개인에게 영향을 주고 그를 지지해 준다. 목사는 그저 목사이기 때문에, 도움을 약속받고 초대받으며 신뢰를 가불받기도 하며, 반대로 '성직자 나부랭이'라고 평가받기도 한다.

또 목사관 내의 다양한 생활 방식과 생활 설계가 가능하다면, 목사가 모범을 보여야 한다는 관점에 대해 편안하게 생각할 수 있을 것이다. 많은 개신교 란데스키르헤에서 동성애 목사가 파트너와 함께 목사관에 살아도 되는가 하는 질문을 낳게 한 격한 싸움들은, 목사 가족이란 무엇이며 그들은 어떻게 살아야 하는가에 대한 논쟁이 지속되고 있다는 표시이다. 이 논쟁은 1960년대 여성 목사 취임식이나 목사 부인의 직업 활동에 관한 논쟁과 비교할 만하다. 당시 보수파는 이러한 것들을 목사관과 교회 종말의 시작으로 생각했다. 이것과는 또 다른 갈등, 즉 개신교가 아니거나 아예 기독교를 믿지 않는 파트너와 목사는 결혼해서는 안 된다는 금지사항을 둘러싼 교회 지도부와 이런 결혼을 할 '당사자'의 갈등이 있었다. 개신교도 사이에서 이런 결혼이 빈번한 시대에 이런 갈등이 있던 것이다. 따라서 목사관에 대한 전통적인 이해의 기초가 흔들렸다는 사실은 분명했고, 다양한 삶의 모델로 녹아들어 갔을 것이다. 목사관이 이에 적응하여 이미 존재하고 있거나 앞으로 존재하게 될, 그런 삶의 모델로 말이다.

원래 목사관의 의무라고 생각했던 모범으로서의 기능에 대해서는 이제 더 이상 묻지 않는다. 그러나 '대체 목사관에는 어떤 특별한 것이 있어야 할까'라는 질문은 여전히 남아 있다. 목사에게서는 직업과 생활 태도가 일치된다. 목사관은 반쯤은 공개적 기관이기 때문에 이러한 총체성은 교구민의 눈에 드러날 수밖에 없다. 교회는 여전히 목사의 직업과 생활 태도가 일치하기를 요구하며, 농촌 교구에서는 분명 아직도 그렇게 되고 있는지 확인받고 있을 것이다. 그러나 이제 목사의 생활 태도는 아무 영향도 주지 못한다. 오늘날 종교는 많은 사람에게는 여전히 삶의 특별한 영역을 위해서만 의미가 있기 때문이다. 목사관의 상징적 의미, 가정적 신앙심의 본보기인 목사관의 모범성, 이것은 경험적으로 볼 때 거의 증명될 수 없다. 목사가 그렇게 살기 때문에 자신도 그렇게 살겠다면서 삶을 바꿀 사람이 누가 있겠는가? 이런 생활 방식이 목사관에 거주하는 사람에게도 그렇게 멋지고 행복하겠는가. 그 생활 방식은 교회직무규정 아래 있는 특별한 존재의 표시로, 교회직무규정은 모든 분리를 직업상의 파멸로 만들어 버릴 수 있다.

그리고 누가 아직도 속이 훤히 보이는 유리집 같은 집에서 살려 하겠는가? 아마 그 집은 단어의 직접적인 의미에서 본다면 절대 존재하지 않았던 집일 것이다. 사생활은 시민 목사의 삶의 한 부분이었다. 물론 다른 시민의 가정 살림에 비하면 목사는 사생활을 외부의 시선으로부터 차단하기가 좀 더 어려웠다. 열린 문은 우선 현관으로 이어졌다. 그러나 거실이나 침실로 곧장 이어지지는 않았다. 교구민이 목사관 내의 삶을 들여다보는 것은, 그 삶이 열려 있을 때만 가능했다. 누가 목사관을 방문하고 그곳에서 묵는지는, 누군가 그 사실을 알고 싶어 할 때만 기록된다. 더 어려운 문제는 세상적인 것에서의 사적인 영역에 관한 문제뿐만 아니라, 종교적인 것 즉 믿음의 문제에서의 사적인 영역에 관한 문제다. 남녀 목사는 기독교 신앙이 자신의 삶에 배어 있다는 것을 보장해야 하고, 그 점에서 믿을 만해야 한다. 여러 설문조사의 연구 결과는 이런 사실을 보여 주었고, 최근 교회 지도부도 그렇게 기대하고 있었다. 이런 상황에서 남녀 목사는 성직자로서 질문을 받는다. 이는 그들 자신에 관한 것으로, 더 이상 남녀 거주민이 살고 있는 목사관에 관한 질문이 아니다. '당신도 목사들이 그곳에서 뭔가 설교를 한다고 생각하시는 건가요?'라는 질문은 목사로 일하는 사람이면 누구도 비켜갈 수 없으며, 누구도 그에 대한 답변을 피할 수 없다. 그러나 이 질문은 목사 개인에게 향한 것이지, 목사가 거주하는 집에 해당하는 것은 아니다.

목사관은 이제 더 이상 언젠가 그랬던 (혹은 그래야 했던), 그러한 곳이 아니다. 그러나 이런 상황은 다른 시민 가정집도 마찬가지다. 이제 시민 가정집에는 가장도 없고, 주부도 없으며, 집안일을 하는 고용인도 없고, 차를 마시기 위한 초대도 없으며, 의도적으로 연출된 가족생활도 없다. 주부들은 일을 하고, 상주하는 고용인 대신 시간제 청소원이 오며, 유동적 근무시간은 가족생활의 기반을 흐트러

뜨렸다. 여가 시간의 흥미는 달라졌으며, 대중문화가 시민의 집에도 밀려들어 왔고, 아이들은 사춘기를 마음껏 누릴 수 있게 되었다. 이 모든 것은 붕괴가 아니라 변화로, 목사관 안에서도 이런 일이 일어났다. 과거에 존재했던 그런 상황이 더 이상 자주 보이지 않는 것은, 당연히 목사 자녀의 숫자가 소수이며, 목사 부인도 일을 하기 때문에 집에 거의 있지 않기 때문이다. 전에는 문을 열어 주거나 사람들을 맞이하는 고용인이 있었으나, 이제 목사 부인도 이런 고용인을 두지 않게 되었다. 교구를 정리하는 시대에, 교구 정리를 통해 목사관도 빈 채로 남아 있을 수밖에 없는 이 시대에, 그리고 인터넷과 전화 음성사서함이 사용되는 이런 시대에 당연히 다른 의사소통방법도 가능하며, 목사관의 개방성은 이메일에 얼마나 빨리 응답하는가에 따라 측정될 수도 있을 것이다.

특히 대학을 졸업한 시민 계층 사이에서 관찰되는 것으로, 남성의 역할이 바뀐 것도 잊지 말아야 한다. 파트너가 직업이 있는 경우 목사는 아버지로서의 의무를 더 많이 요구받는다(반대의 경우도 마찬가지다). 이상적인 경우는 목사가 설교를 할 뿐만 아니라 요리, 세탁, 청소와 아이들 돌보기까지 하는 것으로, 이렇게 함으로써 종교개혁이 의미를 두었던 바로 그것이 정착된다. 즉 목사를 삶의 현실에 참여시키는 것이다. 다수의 출판물에서 언급된 '성스러운 남자' 혹은 '하나님의 남자'는 개신교적 의미에서도 존재해서는 안 된다. 남녀 목사의 파트너가 어떤 직업을 가졌는가에 따라 남성 혹은 여성 목사는 가족에게 다음과 같은 요구를 받게 된다. 즉 누가 언제 집에 있을 것이며, 누가 자녀들을 유치원이나 학교에서 데려올 것이며, 누가 자녀들을 데리고 병원에 갈지를 서로 결정해야 한다. 목사관은 이렇게, 그리고 여기서 요구하는 다양성 속에서, 전형적인 시민의 집이 되어 간다. 이 집에서 자녀들은 당연히 자신들의 장소를 가지며, 또 여전히 그들에게 요구되는 신앙심을 실천한다. 다른 집에서는 일반적으로 이 신앙심이 결여되어 있다.

현대의 실천신학에서 보면 목사관은 장차 잊힐 것 같다. 이제 남녀 목사 개인과 직업이 전면에 부각되었다. 실천신학자 울리케 바그너-라우Ulrike Wagner-Rau는 2009년 《문턱에서. 교회 변화 과정 속의 목사관Auf der Schwelle. Das Pfarramt im Prozess kirchlichen Wandels》을 출간했다. 여기서 언급된 문턱이란 목사관의 문턱과는 아무 상관이 없다. 그러나 이 책도 목사관이 어느 면으로든 문턱에 놓여 있는 것으로 보고 있다. 바그너-라우는 목사관 안에 사회의 눈길도 끄떡없이 이겨낼 수 있는 삶을 형성할 과제가 남아 있다고 주장한다. 그러나 그 삶이 의미하는 것은 오늘날에는 더 이상 관습을 통해 문서상으로 규정되지 않는다. 그리고 그렇게 규정할 경우에는 갈등이 발생할 수 있다. 늘 그렇듯이 프로테스탄티즘이 본연의 특성인 다원성 안에서, 사회 변화의 제물이 되지는 않은 듯 보이면서도 그 변화를 따르는 것은 쉽지 않다.

이 책 서론을 몇 가지 사적인 견해로 끝냈는데, 후기도 그렇게 끝맺어야겠다. 나는 목사관 출신이 아니라, 사회민주주의적 환경의 영향을 많이 받은 노동자 가족 출신이다. 정당과 노동조합은 사회제도를 형성한다. 그런 제도 안에 사람들은 뿌리 내렸고, 세상을 바꿀 수 있다는 의식에서 그런 제도를 위해 적극 참여했다. 사민당과 자민당 연정의 개혁 시기에는 더욱 그랬다. 나는 우리 가족 중 처음으로 김나지움을 다니고 대학 공부를 할 수 있었다. 이것은 부모님 입장에서는 모든 점에서 단념을 의미했다. 그러나 다음 세대가 더 나은 삶을 누리는 것은 미래에 대한 희망이었다. 이미 이 시대에 교육은 그것을 위한 결정적인 요소였지만, 능력이 된다고 해서 모두가 대학을 다닐 수 있거나 그럴 용기를 낼 수 있는 것은 당연히 아니었다(이는 지금도 마찬가지다).

이것이 독일 목사관과 무슨 상관이 있을까? 많은 실화들, 적어도 자신을 목사의 자녀라고 알려 준 사람들의 실화들은 부모의 체념, 자녀에게 좋은 학교교육과 대학 교육을 가능하게 해주려는 부모의 노력에 대해 말한다. 이것은 전형적인 시민 계층의 태도라 할 수 있다. 대학 졸업자의 자녀들이 다시 대학 졸업자가 되는 경우가 빈번하기 때문이다. 어쩌면 이것이 곧 목사관의 이야기일지도 모른다. 즉 자주 형편없는 급여에, 많은 의무로 혹사당했던 좋지 않은 직업 상황 아래서도 자녀들 때문에 교양 시민의 풍속을 지키고 계속 이어가게 만든 것이다. 형태와 내용상, 교양 시민의 풍속의 본질이라 할 수 있는 것은 당연히 아직도 계속 발견된다. 기독교적 이해에 따르면 교육이란 교육의 종결이 중요한 것이 아니다. 교육은 사람들이 측정하고 중요도를 판단할 수 있는 것 이상의 어떤 다른 것이다. "높고 낮은 모든 학교를 너의 훌륭한 정신의 작업장으로 만들어라"는 경건한 소망에 불과한 것이 아니다.

— 프로테스탄트 예배의 단순한 미학은 특히 목사관의 모습과 일치한다.

— 루카스 크라나흐(아들)가 파울 에버를 위해 그린 묘비명이 있는 기념판 〈주님의 포도밭〉. 비텐베르크 슈타트키르헤에 있다. 그림에서 오른쪽 아래에는 사망한 총 행정관리 목사의 가족이 보인다. 가톨릭 신자들은 포도밭 절반을 황폐화시킨 것으로 묘사되어 있다. 이들과 의식적으로 구분해서 파울 에버 가족은 프로테스탄티즘의 윤리와 도덕의 일부로 그려져 있다.

감사의 글

　이 책의 집필은 나의 구상이 아닌, 동료인 디르크 팔름이 주제를 제안하면서 시작되었다. 특히 2013년 가을부터 2014년 봄까지 베를린 독일 역사박물관의 전시 기간 중, 나에게 학장직을 맡음과 동시에 '목사의 자녀들'과 '개신교 목사관'이라는 주제를 연구하도록 (혹은 열광하게) 만든 사람도 그였다. 나는 이 주제를 다룬 저술이 이미 많을 거라 생각했다. 핑계나 다름없지만, 사실이기도 했다. 목사의 자녀들에 관한 짧은 전기를 포함시키려 계획한 덕분에 훌륭한 전기를 많이 찾아낼 수 있었고, 그 과정에서 근대를 새로운 방식으로 보게 하는 이 주제에 더욱 흥미를 느끼게 되었다. 하지만 많은 부분에서는 회의적이었는데, 특히 목사관이 증가했다는 점에서 그랬다. 책을 읽는 동안 독자들도 이를 알게 될 것이다. 목사관의 거주 의무와 새로운 생활 양식에 대한 최근의 논쟁들은 현실적인 생각을 하게 한다.

　아이제나흐에 있는 루터하우스 목사관기록보관소에 머물면서 이 책을 써야겠다는 마음이 확고해졌다. 루터하우스는 이곳이 역사적인 장소라는 것을 보여 주었고, 목사관이라는 곳은 많은 변화 속에서 그 안에 사는 사람들에 의해 유지된다는 사실을 증명해 주었다. 기록보관소에서 작업을 지원해 주신 브라이트슈프레혀 부부에게 감사드린다. 본문에 관해 세심하게 질문해 주시고, 다음 장을 언제 보낼지 끊임없이 물어봐 주신 팔메디아 퍼블리싱 서비스의 하이데 라인해켈 여사에게도 감사드린다. 학장직보다 더 중요한 것도 있었다.

아내 코르넬리아 슈베르트에게 감사하며, 이 책을 바친다.

2013년 7월 라이프치히에서,

클라우스 핏셴

옮긴이의 글

1517년 10월 31일, 토요일. 아우구스티누스 교단 수도사이자 신학 교수인 마르틴 루터는 비텐베르크의 성 부속 교회 문에 라틴어로 된 95개 조항의 반박문을 붙였다.

"우리의 주인이시고 스승이신 예수 그리스도께서 '회개하라'(마 4:17)고 말씀하셨을 때, 그분은 믿는 자의 온 삶이 회개여야 함을 뜻하신 것이다"로 시작하는 이 반박문이 어떤 영향과 결과를 불러일으킬지 34세의 루터는 전혀 예상하지 못했다. 그는 단순히 당시 대학의 관습에 따라 토론 주제를 제시했을 뿐이다. 물론 그 주제는 당대 모든 이의 삶을 좌지우지하는 바티칸의 뜻에 반항하는 것이었다. 그러나 이 논제에 대한 토론이 이뤄지고 긍정적인 결론이 났더라면, 신실한 믿음을 가진 수도사 루터가 가톨릭과 바티칸의 영향에서 벗어나지는 않았을 것이다. 그는 애초에 개혁을 염두에 둔 것이 아니었다. 그리스도교의 정화를 바랐을 뿐이다. 그러나 결과는 개혁과 혁명이 되었다.

이미 루터보다 훨씬 이전에 영국의 존 위클리프John Wycliffe(1320?
-1384)가 교황권에 도전했고, 그의 영향을 받은 체코의 얀 후스Jan
Hus(1372?-1415)가 교황권의 부패를 지적하며 그리스도교의 정화를
주장했다. 이들이 종교개혁의 불씨를 일으키기는 했어도 실제 삶에
변화를 주지는 못했다.

루터의 경우는 이와 달랐다. 그로 인해 유럽이 바뀌었다. 그리
스도교는 구교와 신교로 완전히 분리되었고, 신자들의 삶뿐만 아니
라 이들을 이끄는 사람들의 삶도 바뀌었다. 루터와 루터의 동지들은
최초의 개신교 목사가 되었다. 그리고 그 후 구교와 개신교가 공존
했던 독일에서 목사와 목사 가족은 신자들의 삶과 신앙의 잣대가 되
었다. 귀족의 삶은 일반인의 삶과는 항상 거리가 있었다. 그들은 정
치와 경제를 지배했고 그들 아래 있는 모든 이의 삶을 지배했지만,
삶의 모범이 될 수는 없었다. 가족이 없는 가톨릭 사제의 삶 역시 일
반인의 삶과는 거리가 멀었다.

그러나 신앙과 지식을 갖춘 목사와 그런 가장이 중심이 된 가정
은 일반인이 가장 가까이서 볼 수 있는 삶의 교과서였다. 목사의 아
내, 목사의 자녀들은 다른 가정의 구성원과는 달라야 했고, 다를 수
밖에 없었다. 교구에서 배정받은 '목사관'에 거주했던 이들은 마치
유리로 된 '온실'에 살 듯, 모든 것이 노출된 상태에서 생활했다. 이
런 상황 속에서 목사의 자녀 중 아들들은 때로는 아버지의 뒤를 이
어 목사가 되기도 했고, 때로는 사회의 지식 계층을 구성하는 일원
이 되기도 했다. 목사의 딸들은 목사와 결혼하는 경우가 많았다. 그
래서 점차 목사 가문이라는 하나의 계층이 형성되기도 했다. 이들이
높은 지위와 부를 누린 것은 아니지만, 독일 사회에서 그들의 영향
은 무시할 수 없는 부분이었다.

이 책의 저자 클라우스 핏셴은 목사의 집무실이자 거주지인 목사관이라는 장소를 중심으로, 그곳에서 살아가는 목사와 그의 아내, 자녀들에 관한 500여 년간의 역사, 특히 독일에서의 그 역사를 보여 준다. 변화하는 사회의 일원으로서 목사와 그의 가족은 어떤 변화 과정을 거쳤는지, 그들은 사회에 어떤 영향을 끼쳤으며, 현재 어떻게 변화하고 있는지를 기술한다. 이는 곧 독일 개신교 체계와 그 체계에 포함된 사람들의 역사이기도 하다.

이 역사는 긍정적으로 발전하기도 했고, 정체되기도 했으며, 때로는 퇴보도 했다. 그러나 단 한순간도 사회 변화와 동떨어진 적이 없었다. 500년을 거치는 동안 종교개혁 초기의 의도와 벗어난 부분도 있고, 사회와 너무 결합되어 종교의 본래 역할이 감소된 부분도 있다. 하지만 우리 역사 못지않게 격변했던 독일의 역사 속에서 개신교를 이끌어 가는 대부분의 목회자들은 종교인이자 직업인, 즉 사회 구성원으로서 자신들의 위치에 대한 성찰을 잊지 않았다.

이들의 이런 노력, 그럼에도 불구하고 종교와 멀어지는 사회, 이런 사회에 목회자와 목회자 자녀들이 끼친 긍정적·부정적 영향을 보여 주는 이 책은 우리에게 하나의 선례를 제공한다. 선례는 현재 상황에 대한 잣대 역할을 하며, 미래를 준비할 수 있게 해준다. 우리와 전혀 다른 상황의 독일 개신교와 목회자에 관한 이 책은 이런 점에서 우리에게 의의가 있다고 하겠다.

연대표

—— 이 책에서 언급된 목사 자녀의 이름과 생존 연도는 다른 색으로 표기되었다.

1500년 이전

1453: 오스만 제국 콘스탄티노플 점령하다. 비잔틴 왕국 멸망하다.
1483-1546: 마르틴 루터
1484-1531: 울리히 츠빙글리
1485-1558: 요하네스 부겐하겐
1486-1541: 안드레아스 카를슈타트
1497-1560: 필리프 멜란히톤

1500-1550년

1509-1564: 요하네스 칼뱅
1517: 10월 31일, 루터, 95개조 반박문 발표하다.
1520: 루터, 《독일 국가의 기독교 귀족에게 고함》 저술하다.
1521: 루터, 보름스 제국의회에서 이단자로 판결 받고, 파문되어 제국추방 판결 받다.
1521/22: 루터, 바르트부르크에 보호유치 됨. 독일어로 신약 번역하다.
1521: 안드레아스 카를슈타트, 성탄절에 독일어로 최초의 개신교 예배드리다.
1524-1526: 독일 농민 전쟁
1525: 루터, 수녀였던 카타리나 폰 보라와 결혼하다.
1529: 슈파이어에서 2차 제국의회 열림. 프로테스타티오(protestatio. 루터파의 제후가 신성로마 제국의 황제 카를 5세 등 로마 가톨릭 세력에 항거) 발표하다.

1530: 아우크스부르크 제국의회에서 카를 5세에게 〈아우크스부르크 신앙고백〉 제출하다.
1536: 〈비텐베르크 일치신조〉
1542: 로마종교재판소 설립되다.

1550-1660년

1555: 〈아우크스부르크 종교화의〉는 제후들에게 자신의 영토 내에서 종파를 자유롭게 선택할 수 있는 권한을 부여했다.
1555-1621: 요한 아른트
1562: 신학자 하인리히 블링어, 〈두 번째 스위스 신앙고백〉 작성하다.
1571-1621: 미하엘 프레토리우스
1575: 〈보헤미아 신앙고백Confession Bohemica〉 작성하다.
1577: 〈협화신조Formular Condordiae〉
1586-1654: 요한 발렌틴 안드레아이
1593-1677?: 파울 펠겐하우어

1600-1650년

1608/09: 프로테스탄트 연합 및 가톨릭 동맹 결성
1616-1664: 안드레아스 그리피우스
1618/19: 도르트레히트 교회회의
1618-1648: 30년 전쟁
1635-1705: 필리프 야코프 슈페너
1648: 베스트팔렌 평화조약으로 30년 전쟁은 끝났고, 군주적 교회정부가 강화되었다.

1650-1700년

1675: 필리프 야코프 슈페너, 경건주의적 저서 《경건한 열망》(독일서 제목 《진정한 개신교회가 하나님 마

음에 들도록 개심하기를 바라는 간절한 열망〉 집필)

1681-1767: 게오르크 필리프 텔레만

1688: 영국 윌리엄 3세의 명예혁명

1690: 브라운슈파이크 근교에 있는 이전 시토교단 수도원 리닥스하우젠에 최초의 신학교 세워지다.

1695: 신학자 아우구스트 헤르만 프랑케가 글라우하에 빈민학교 세움. 이 학교는 프랑케 재단으로 발전했다.

1700-1750년

1700-1766: 요한 크리스토프 고트쉐트

1706: 선교사이자 종교학자인 바르톨로매우스 치겐발크, 남인도에 최초의 개신교 포교단 세우다.

1707-1783: 레온하르트 오일러

1722: 니콜라우스 폰 친첸도르프, 자신의 영지에 '헤른후트 형제단' 세우다.

1729-1781: 고트홀트 에프라임 레싱

1738: 존 웨슬리 개종, 감리교 시작되다.

1740-1786: 프로이센 왕 프리드리히 2세 집권하다.

1740-1815: 마티아스 클라우디우스

1744-1811: 크리스티안 고트힐프 잘츠만

1750-1800년

1767-1845: 아우구스트 빌헬름 슐레겔

1768-1834: 프리드리히 슐라이어마허

1772-1829: 프리드리히 슐레겔

1776: 미국 독립선언

1778-1852: 프리드리히 루트비히 얀

1781: 임마누엘 칸트 《순수이성비판》 발표

1781-1841: 칼 프리드리히 싱켈

1782-1852: 프리드리히 프뢰벨

1789: 7월 14일 바스티유감옥을 공격함으로써 프랑스혁명 시작되다.

1791: 1791년 5월 22일 파리에서 최초의 개신교 예배 열리다.

1792: 최초의 개신교 선교단체인 침례교 선교회 Baptist Missionary Society가 설립되다. 이후 전 세계에 많은 선교단체가 그 뒤를 이었다.

1798-1876: 루이제 헨젤

1800-1850년

1806: 독일 민족의 신성로마제국 멸망하다.

1808-1881: 요한 힌리히 비헤른

1808-1884: 요한 구스타프 드로이젠

1811: 바닥까지 내려오는 긴 사제복이 프로이센에서 목사 관복으로 도입되다.

1814/15: 빈 회의, 근본적인 부분에서는 혁명 이전의 정치적 사회적 상태의 복귀를 결의하다.

1817: 구 프로이센 연합 결성하다.

1818-1897: 야코프 부르크하르트

1822-1890: 하인리히 슐리만

1824-1907: 쿠노 피셔

1827-1899: 헨리에테 슈라더 브라이만

1829-1884: 알프레트 브렘

1833: 요한 힌리히 비헤른, 일종의 목사관이자 떠돌이 아동 및 청소년을 위한 구호소 '라우에스하우스' 설립하다.

1836: 테오도르 플리트너, 뒤셀도르프에 최초의 구제사업관 열다.

1842-1934: 카를 폰 린데

1844-1900: 프리드리히 니체

1847-1929: 파울 플레히지히

1848: 파울교회 헌법Paulskirchenverfassung, 개신교 조합 형성의 주춧돌이라 할 수 있는 집회의 자유 보장하다.

1849: '독일 개신교회의 내부 선교를 위한 중앙위원회' 설립하다.

1850-1900년

1853: 앙트와네테 루이사 브라운 블랙웰, 미국 최초의 여성 목사로 임명되다.

1856-1915: 카를 람프레히트

1870/71: 독일 프랑스 전쟁(일명 보불전쟁)

1871: 빌헬름 1세, 베르사유 궁전에서 독일황제로 즉위하다.

1871-1887: 독일 내 문화전쟁

1875-1961: 카를 구스타프 융

1875-1965: 알베르트 슈바이처

1877-1962: 헤르만 헤세

1880-1930: 알프레트 베게너
1885: 잡지 〈목사관〉 첫 발간되다.
1886-1956: 고트프리트 벤
1887-1945: 한스 오스터
1888-1989: 마리 토르호르스트
1890: 개신교 사회전문가회의 설립되다.
1892: 독일 목사조합연맹 설립. 1897년부터 〈독
일 목사 신문〉 발행하다.
1892-1984: 마르틴 니묄러

1900-1950년

1902-1974: 에른스트 포르스트호프
1903-1942: 요헨 클레퍼
1905-1974: 아르눌프 클레트
1907-1930: 호르스트 베셀
1908: 프로이센 왕국, 여성이 대학에서 신학을 전
공할 수 있도록 허락하다.
1911-1988: 클라우스 푹스
1914-1918: 제1차 세계대전
1922-2000: 요아힘 에른스트 베렌트
1925: '목사관 기록보관소' 설립
1927: 대학에서 신학을 전공한 여성 신학자들이
부목사로 허락되다.
1928-2001: 게르하르트 슈볼텐베르크
1930: 닐스 죄니히젠
1931-2006: 요하네스 라우
1932: '독일 그리스도인들' 믿음운동으로서 성립
되다. 이 운동은 국가사회주의노동당, 즉 나
치를 지지했다.
1933: 히틀러, 독일에서 정권 잡다.
1933-1945: 나치 통치 아래서의 '교회투쟁'
1934: '고백교회'가 바르멘 선언을 근거로 '독일
그리스도인들'에 반대하다(〈바르멘 신학선언
Barmer Thologische Erklärung〉).
1939-1945: 제2차 세계대전
1940-1977: 구드룬 엔슬린
1940: 엘케 좀머
1941: 게르트루트 휠러
1947: 레초 슐라우흐
1948: 교회의 보편 심의회 공식적으로 설립되다.

1950-2000년

1950: 독일 개신교회총회, 나치시대 유대인 학살
에 교회가 연루되었음을 인정하다.
1952: 마르쿠스 메켈
1954: 앙겔라 메르켈
1956: 크리스토프 디크만
1958: 엘리자베트 하젤로프. 합법적으로 임명된
독일 최초 여성 목사 되다.
1969: '동독 개신교회 연합' 결성되다.
1970: 바젤에 '자유 신학 아카데미' 설립되다.
1971-1973: '로이엔베르크 합의', 수백 년간 종교개
혁 유파 사이에서 존재하던 배척을 종식시키다.
1972: 카타리나 슈바베디센
1975: 바이에른 국가교회에 여성 목사 취임 채택
되다.
1982: 〈리마 문서〉로 알려진 세례, 성만찬, 사역
에 관한 연구논문은 세계교회적 돌파구를 의
미한다.
1991: 샤움부르크 리페에 있는 개신교 란데스키르
헤, 개신교연합회의 소속 교회로서는 마지막
으로 독일의 여성 목사 취임 채택하다.
1991: 독일 개신교회의 법적 재건
1992: 함부르크에서 마리아 옙센, 세계 최초 루터
파 주교 되다.
1999: 루터파 신도, 가톨릭 신도, 감리교신도 '칭
의론에 대한 공동 선언' 통과시키다.

2000년 이후

2003: 베를린에서 최초의 '세계교회의 날der Oe-
kumenische Kirchentag' 열리다.
2006: 독일 개신교 연합회는 '자유의 교회'라는 추
진계획안을 발표함으로써 21세기 프로테스탄
티즘의 전망에 관한 개혁 과정을 시작했다.
2008: 루터 95개조 반박문 게시 500주년 기념
을 준비하는 '루터 10주년Luther Dekade' 시작
되다.
2017: 루터 95개조 반박문 게시 500주년(역자 첨부)

참고 문헌

── 본문에 언급한 모든 책을 기술하지는 않겠지만, 이 책들은 본문에 명기
된 내용으로 쉽게 찾을 수 있을 것이다. 근대의 교회 증거 서류는 대부분
인터넷에서 찾아볼 수 있다. 여기에 언급된 책들은 읽어 보기를 권한다.

옛 저술들

August Angermann: *Was für Männer gab das evangelische Pfarrhaus dem deutschen Volke?*, Essen 1939.

Wilhelm Baur: *Das deutsche evangelische Pfarrhaus. Seine Gründung, seine Entfaltung und sein Bestand*, Bremen 1894.

Das evangelische Pfarraus im Urteil der Geschichte. Herausgegeben im Auftrage des Reichsbundes der Deutschen Evangelischen Pfarrervereine. o.O.o. J.[um 1939]

Paul Drews: *Der evangelische Geistliche in der deutschen Vergangenheit*, Jena 1925.

Hermann Werdermann: *Der evangelisch Pfarrer in Geschichte und Gegenwart*, Leipzig 1925.

Hermann Werdermann: *Die deutsche evangelische Pfarrfrau*, 1. Aufl. Witten 1935.

근래 저술들

Dieter Becker und Richard Dautermann(Hrsg.): *Berufszufriedenheit im heutigen Pfarrberuf*, Frankfurt a. M. 2005.

Karl Wilhelm Dahm: *Beruf: Pfarrer. Empirische Aspekte*, München 1971.

Christine Eichel: *Das deutsche Pfarrhaus. Hort des Geistes und der Macht*, Berlin 2012.

Bettina Ernst-Bertram und Jens Planer-Friedrich: *Pfarrerskinder in der DDR*, Berlin 2008.

Martin Greiffenhagen(Hrsg.): *Das evangelische Pfarrhaus. Eine Kultur- und Sozialgeschichte*, Stuttgart 1984.

Verena Hennings: *Leben im Pfarrhaus. Eine sozialwissenschaftliche Untersuchung aus der Oldenburgischen Kirche*, Oldenburg 2011.

Nicolaus Heutger: *Das evangelische Pfarrhaus in Niedersachsen*, Frankfurt a. M. 1990.

Gerhard Isermann: *Helden, Zweifler, Versager. Das Pfarrerbild in der Literatur*, Hannover 2012.

Oliver Janz: *Bürger bosonderer Art. Evangelische Pfarrer in Preußen 1850-1914*.

Oliver Janz: *Das evangelische Pfarrhaus*, in: Etienne François und Hagen Schulze(Hrsg.): *Deutsche Erinnerungsort III*, München 2011, S. 221-238.

Manfred Josuttis: *Der Pfarrer ist anders*, München 1982.

Isolde Karle: *Der Pfarrberuf als Profession. Eine Berufstheorie im Kontext der*

modernen Gesellschaft. Gütersloh
2001.

Tabea Köbsch: *Die Pfarrersehe im
Spannungsfeld von persönlichen und
öffentlichen Erwartungen. Diplomarbeit
Erziehungswissenschaften*, TU Dresden
2009(http://tabea.koebsch.net/dok/
diplomarbeit.pdf).

Frank-Michael Kuhlemann: *Bürgerlichkeit
und Religion. Zur Sozial- und
Mentalitätsgeschichte der
evangelischen Pfarrer in Baden
1860-1914*, Göttingen 2001.

Gothard Magaard und Wolfgang
Nethöfel(Hrsg.): *Pastor und Pastorin im
Norden. Antworten-Fragen-
Perspektiven. Ein Arbeitsbuch zur
Befragung der Pastorinnen und
Pastoren der Evangelisch-Lutherischen
Landeskirche Mecklenburgs, der
Nordelbische Evangelisch-Lutherischen
Kirche und der Pommerschen
Evangelischen Kirche*, Berlin 2011.

Herbert Pachmann: *Pfarrer sein. Ein Beruf
und seine Berufung im Wandel*,
Göttingen 2011.

Richard Riess(Hrsg.): *Haus in der Zeit. Das
evangelische Pfarrhaus heute*,
München 1979.

Paul Bernhard Rothen: *Das Pfarramt. Ein
gefährdeter Pfeiler der eropäischen
Kultur*, Wien 2009.

Luise Schorn-Schütte und Walter
Sparn(Hrsg.): *Evangelische Pfarrer.
Zur sozialen und politischen Rolle einer
bürgerlichen Gruppe in der deutschen
Gesellschaft des 18. bis 20.
Jahrhunderts*, Stuttgart 1997.

Ulriike Wagner-Rau: *Auf der Schwelle. Das
Pfarramt im Prozess des kirchlichen
Wandels*, Stuttgart 2009.

Siegfried Weichlein: *Pfarrhaus, in:
Christoph Markschies und Hubert
Wolf(Hrsg.): Christliche Erinnerunsorte*,
München 2010, S. 642-653.

Anja Würzberg: Ich: *Pfarrerskind. Vom
Leben in der heiligen Famlienfirma*,
Hannover 2005.

사진 자료

Cover:	akg-images;
8-22	akg-images;
25	akg-images/Heiner Heine;
31	akg-images;
32	akg/Bildarchiv Monheim;
39-68	akg-images,
69	akg-images/Schütze/Rodermann;
78-86	akg-images;
88	akg/North Wind Picture Archives,
92-100	akg-images;
104	akg-images/bildwissedition;
109-114	akg-images;
116-140	akg-images/Erich Lessing;
124-125	akg-images/bildwissedition;
131-192	akg-images;
194	IAM/akg;
200-201	akg-images;
205	Joachim Richau/akg-images;
211-224	akg-images;
223	akg-images/AP;
228	akg-images/Gardi;
234-244	akg-images;
246	akg-images/Schütz/Rodemann;
250	BArch, Bild 146-2004-0007/ o.Ang.;
252-260	picture-alliance/dpa;
262	138DIPF/BBF/Archiv; NL Maire Torhort: TORM Bild 57;

378

266	akg-images;
269	picture-alliance/dpa;
274	akg-images;
277	akg-images/Henschel;
280-291	picture-alliance/dpa;
299	akg-images;
305	picture-alliance/dpa;
306	picture-alliance/zb;
308	akg-images;
316	Privat;
318	picture-alliance/dpa;
322	picture-alliance/dpa;
323	akg-images;
328	akg-images/Doris Poklekowski;
329	picture-alliance/ZB;
336	akg-images;
338	picture-alliance/dpa;
346	picture-alliance/ZB;
347	picture-alliance/dpa;
351	picture-alliance/dpa;
357	picture-alliance/ZB;
358	akg-images;
362	picture-alliance/Godong;
370	picture-alliance/Godong;
371	akg-images

1세대 목사 가정 이야기
Pastors Kinder

지은이 클라우스 핏셴
옮긴이 이미선
펴낸곳 주식회사 홍성사
펴낸이 정애주
국효숙 김의연 김준표 박혜란 송승호 오민택
오형탁 윤진숙 임영주 차길환 최선경 허은

2019. 8. 8 초판 1쇄 인쇄   2019. 8. 20 초판 1쇄 발행

등록번호 제1-499호 1977. 8. 1.
주소 (04084) 서울시 마포구 양화진4길 3 전화 02) 333-5161 팩스 02) 333-5165
홈페이지 hongsungsa.com 이메일 hsbooks@hsbooks.com
페이스북 facebook.com/hongsungsa 양화진책방 02) 333-5163

Pastors Kinder: Geschichte des evangelischen Pfarrhauses by Klaus Fitschen
Copyright ⓒ 2013 by Palmedia Publishing Services
All rights reserved.
Korean translation Copyright ⓒ 2019 by HONG SUNG SA, LTD.
This Korean translation was published by arrangement with Palmedia Publishing Services,
Berlin through Bruecke Agency.

ⓒ 홍성사, 2019

이 책의 한국어판 저작권은 브뤼케 에이전시를 통해
Palmedia Publishing Services, Berlin와 독점 계약한 (주)홍성사에 있습니다.
저작권법에 의하여 한국 내에서 보호를 받는 저작물이므로 무단전재와 무단복제를 금합니다.

• 잘못된 책은 바꿔 드립니다. • 책값은 뒤표지에 있습니다.
• 이 도서의 국립중앙도서관 출판예정도서목록(CIP)은 서지정보유통지원시스템 홈페이지(http://seoji.nl.go.kr)와
  국가자료공동목록시스템(http://www.nl.go.kr/kolisnet)에서 이용하실 수 있습니다.(CIP제어번호: CIP2019027682)

ISBN 978-89-365-1378-8 (03230)